KB261677

기술은 훔치는 거다!

기술은 훔치는 거다!

초판 1쇄 발행일 2013년 8월 30일
초판 2쇄 발행일 2014년 4월 7일

지 은 이 박창준
펴 낸 이 양옥매
편집 디자인 송은아, 신해니
표지 디자인 박무선

펴낸곳 도서출판 책과나무
출판등록 제2012-000376
주소 서울특별시 마포구 월드컵북로 44길 37 천지빌딩 3층
대표전화 02.372.1537 **팩스** 02.372.1538
이메일 booknamu2007@naver.com
홈페이지 www.booknamu.com

ISBN 978-89-98528-60-7 (93320)

「이 도서의 국립중앙도서관 출판시도서목록(CIP)은 서지정보유
통지원 시스템 홈페이지(http://seoji.nl.go.kr)와 국가자료공
동목록시스템(http://www.nl.go.kr/kolisnet)에서 이용하실
수 있습니다.(CIP제어번호: CIPCIP2013016236)」

| 미용실 창업 & 서비스 경영 실용서 |

기술은 훔치는 거다!

박창준 지음

뷰티산업 경영 구루 박창준 소장의 경영칼럼
대기업에서 체험한 경영시스템을 미용산업에 접목시켜
성과를 달성한 실제 사례들

책과나무

머리말

기술은 훔치는 거다.

기술은 배우는 게 아니라 훔치는 거다. 미용사가 훔쳐야 할 것은 예술과 상술이다. 베토벤은 다음과 같은 말을 했다. "예술창작과 그에 대한 보상은 아주 단순한 물물교환이다. 예술가는 단순히 자신의 작품을 세상에 내놓고 그에 대한 대가를 받는다. 따라서 예술가는 반(半) 상인이어야 하지만 모두들 너무나 서투른 상인이다." 미용사는 예술행위를 하기 전에 상술을 먼저 익히고 작품 활동을 시작해야 한다. 팔리지 않는 작품은 폐품이 되기 때문이다. 고객 또한 예술에 대한 가치를 공정하게 평가해서 훌륭한 작품이 시장에서 사라지지 않게 해야 할 의무가 주어진다. 그러나 예술가는 고객이 자신의 작품을 몰라준다고 원망할 권리가 없다. 미용사는 하루 일과 중 반만 예술을 해야 하고 나머지 반은 상술(판매)을 해야 한다.

경영자에게 꼭 필요한 두 가지는 올바른 판단력과 강력한 추진력이다. 올바른 판단력을 기르기 위해 전문성을 함양해야 한다. 전문가들은 목표를 달성하는 데 있어 지식을 활용하는 사람들이다. 처방전을 작성하는 의사, 판결문을 쓰는 판사, 건축물을 설계하는 건축사, 외모를 시술하는 미용사가 바로 전문가다. 전문가들은 과학적 지식, 동료의 지식, 자신의 지식을 통해서 판단해야 한다. 그러나 안타깝게도 예술가는 자신이 경험해서 터득한 지식 하나에만 의존해서 판단하는 경향이 있다. 경영자는 목표달성을 위해서 개인의 경험과 직감보다는 합리적인 사회과학적 지식에 의존해서 판단하기 때문에 성과 측면에서 예술가들과 큰 차이를 보인다.

가난한 사람과 부유한 사람은 지식의 양에는 차이가 없다. 반면에 지식의 질에는 큰 차이가 난다. 가난한 사람은 어려서부터 가난한 환경에 의해서 가난하게 사는 지식을 자연스럽게 배운다. 그리고 그 지식에 확신을 갖고 가난을 실천한다. 그래서 평생 가난하다. 부유한 사람은 어려서부터 부유한 환경에서 부유하게 사는 지식을 배운다. 그래서 자연스럽게 부자가 된다. 부자들은 가난한 사람들이 왜 가난하게 사는지 잘 이해하지 못한다. 가난한 사람은 지식이 부족해서가 아니라 오염된 지식, 가난한 지식으로 살아가기 때문이다.

예술가와 경영자도 비슷하다. 대부분의 예술가들은 자신들의 경험과 직관에 대단한 자부심과 확신을 갖는다. 심지어는 자신의 잘못된 지식 때문이 아니라 상대방(내부고객+외부고객)들에게 문제가 있기 때문이라고 생각한다. 그들은 경영학자들의 지식은 현실성이 없는 이론적 지식에 불과하다고 폄하하며, 자신들의 현실과는 무관하다고 단정한다. 예술가들은 자신이 직접 체험하고 경험한 지식만이 실질적이고 유용하다고 주장한다. 그리고 평생 원망과 한탄으로 인생을 마감한다.

경영자는 조언자를 구할 권리가 있다. 그럴 의지가 없다면 외롭게 싸워야 한다. 경영에서 독불장군이라는 종족과 무지한 종족은 멸종할 것이다. 가난한 예술가는 예술을 논할 자격이 없다. 셰익스피어의 말처럼 '좋거나 나쁜 것은 없다.' 팔리면 명품이고 못 팔면 폐품이다.
진정한 예술가는 기술(예술+상술)을 훔쳐야 한다. 그래서 예술가의 인생은 그 자체가 예술이어야 한다. 예술가가 입는 옷, 타는 차, 먹는 밥, 사는 집 등이 예술이어야 한다. 예술가가 상술을 훔치는 순간부터 그들의 인생은 예술이 된다. 오스카 와일드의 말처럼 '예술가는 내 인생이 내 예술작품' 이어야 한다.

나는 이 책을 독자들이 구입해 주길 바라는 마음으로 쓰지 않았다. 훔치길 바라면서 썼다. 당신이 이 책을 사든지 말든지 나의 인생에는 별다른 변화가 없을 것이다. 그러나 만약 당신이 이 책을 훔칠 만큼 의지가 강하다면 이 책은 분명 당신의 인생에 큰 변화를 줄 것이다.

나는 대한민국 모든 원장님들이 부자가 되길 바라지 않는다. 그렇다고 나 혼자만 부자가 되고 싶지도 않다. 나에게 1조 원의 현금이 있다 한들 그 곳이 무인도라면 무슨 소용이 있겠는가. 나는 내 회원의 최소 300명을 백만장자로 만들면 그것으로 족하다.

인생 성공의 핵심은 원천기술과 인간관계다. 자신이 얼마나 좋은 지식과 기술을 겸비했는가가 원천기술이며, 그 원천기술을 세상의 사람들과 연결하는 것이 인간관계다. 원천기술이 예술이고 인간관계가 상술이다. 예술과 상술은 반드시 만나서 결업(business marriage)해야 한다.

베토벤이 한 말을 강조한다. "예술창작과 그에 대한 보상은 아주 단순한 물물교환이다. 예술가는 단순히 자신의 작품을 세상에 내놓고 그에 대한 대가를 받는다. 따라서 예술가는 반(半) 상인이어야 하지만 모두들 너무나 서투른 상인이다."
기술자가 예술가가 되기 위해서는 상술을 훔쳐야 한다. 그래서 예술가는 자신의 인생 그 자체가 예술이어야 한다. 예술가가 입는 옷, 타는 차, 먹는 밥, 사는 집 등이 모두 예술이어야 한다.

당신이 이 책을 사든 안 사든 세상에는 아무런 변화가 없지만, 당신이 이
책을 훔치는 순간부터 당신의 인생은 예술이 되며, 당신은 300명의 백만
장자가 된다.
와일드의 말처럼 '예술가는 내 인생이 내 예술작품'이어야 한다.

Contents

1. 살롱 경영

2. 마케팅 비법

3. 인사관리 및 교육

4. 고객 서비스

1. 살롱 경영

성공할 자격을 갖춘 사람이 실패하는 것은 성공에 반드시 필요한 요소. 즉 자신의 능력을 판매하는 기술이 부족하기 때문이다. 베토벤(Ludwig van Beethoven)은 다음과 같이 말했다. "예술창작과 그에 대한 보상은 아주 단순한 물물교환이다. 예술가는 단순히 자신의 작품을 세상에 내놓고 그에 대한 대가를 받는다. 따라서 예술가는 반(半) 상인이어야 하지만 모두들 너무나 서투른 상인이다."

경영에 대한 **올바른 이해**

살롱 경영의 목적은 이윤 극대화

살롱의 존재 이유 즉, 단 하나의 목적은 이윤의 극대화다. 경영목적은 여러 가지가 될 수 없다. 경영목적을 달성하기 위해 청결한 시설유지, 차별화된 서비스, 경쟁력 있는 시술력 등은 경영목표에 해당한다. 목적은 단 한 가지여야 한다. 이러한 목표가 프로젝트 단위로는 전략이 된다.

등산을 한다고 생각하면 목표점은 '전략', 등산로는 '전술'이 된다. 목표를 확정하기 위해서는 현재 내가 서 있는 곳(현 상황)을 이해해야 한다. 현 상황을 알아내는 것을 '측정'이라고 한다.

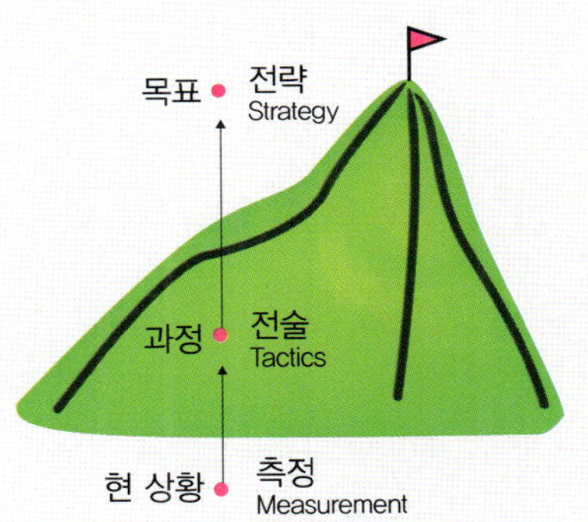

전략수립과정
현 상황 파악(측정) → 도착지점 확정(전략) → 등산로 선택(전술)

1. 측정 – 현 상황을 분석하는 과정(기록이 없는 상황에서는 효율적 측정이 어렵다.)
2. 전략 – 목표는 ① 구체적이어야 한다. ② 달성 가능해야 한다. ③ 마감시간이 있어야 한다.
3. 전술 – 수행자의 열정을 강조해서는 안된다.(언제, 어디서, 누가 하더라도 목표달성이 가능한 매뉴얼이 필요하다. 보통 사람이 보통 열정과 보통 노력으로 목표달성이 가능하게 관리해야 한다.)

커트를 예로 들어보자! 커트를 하려면 적당한 구획으로 섹션 (Section)하고 원랭스(One-Length), 레이어(Layer), 그래쥬에 이션(Graduation), 스퀘어(Square)의 4가지 기법으로 적절한 길이 조절(Cut)을 하게 된다. 이렇듯 경영에서도 인사 · 재무 · 생산 · 판매의 4요소 즉, 경영의 4대 과목을 조화롭게 관리해야 한다. 아무리 멋진 스타일을 연출하더라도 시간이 오래 걸린다면 문제다. 커트시간을 줄이듯, 경영에서도 투입요소를 최소화하고 산출량을 최대화해야 효율이 높다고 한다. 그럼, 경영의 4대 과 목은 구체적으로 무엇인지 자세히 알아보자.

인사관리

살롱에서 이윤을 극대화하기 위해서는 우수한 기술력, 친절하고 차별화된 서비스, 감각적인 분위기를 연출하는 것이 우선순위다. 이를 위해서는 인재 · 자금 · 기술 · 판매 등을 갖추고 있어야 하 는데, 이것을 제공하고 관리해야 하는 주체가 사람이다. 그 사람 을 원장이 총괄하기 때문에 경영자인 원장의 자질이 가장 중요한 성공 요소다. 이처럼 구성원 관리의 효율성을 높이는 것이 바로 인사관리다. 보통은 인사관리를 가장 어렵게 생각한다. 경영자 대부분이 어렵다고 아우성이다. 인사관리 분야에 특별한 애로사 항을 호소하는 원장님은 하나같이 인사관리규정이 준비되어 있 지 않다. 생각해보자. 여러분은 교통법규를 100% 준수하는가? 아니면 지키려고 하는가? 여러분 살롱 직원들은 규정을 철저하 게 지키는가? 아니면 최선의 노력은 하는가? 아무리 철저한 사람 이라도 교통법규를 100% 지키지는 못한다. 그래도 최대한 지키려고 노력하는 이유는 안 지키면 스티커를 발부 받게 되기 때문이다. 물론 자신의 안전을 위해 교통법규를 철저하게 지키는 사람도 있다. 방어운전까지 철저하게 실천하려고 애쓰는 사람도 있다. 그러나 교통법규가 없다고 생각해보라. 교통법규가 없는 도로는 혼란과 무질서가 예상 되듯이, 살롱에도 인사규정이 마련되어 있어야 혼란과 무질서를 예방할 수 있다.

재무관리

재무관리란 자금을 어떻게 확보하고 그 자금을 효율적으로 배분하고 사용하는가의 시책을 말한다. 자금의 조달과 운용에 대한 부분이 재무관리라면, 자금의 사용 내역을 기록하고 계산하는 것을 회계라고 한다. 세무는 말 그대로 세금과 관련된 업무를 말한다.

매출이 100만 원 증가하면 순이익은 20만 원 정도다. 순이익 200만 원을 벌려면 매출을 1,000만 원 높여야 한다. 낭비되고 있는 비용(매출원가, 판매비, 관리비)을 200만 원 절약하면 200만 원 전부가 순이익이 된다. 여기서 주의해야 하는 것은 낭비요소를 줄이라는 것이지 투입(비용)을 줄이라는 게 아니다. 예를 들어, 염색제품 사용을 절반으로 줄이면서 시간이 두 배로 늘었다면 결과적으로는 큰 손해다. 남아서 버리는 것을 줄여야 한다. 효율적이지 않은 부분 즉, 낭비요소는 철저하게 제거해야 한다. 그러나 맹목적으로 비용을 줄이면 장기적으로는 손해가 된다.

생산관리

서비스를 효율적으로 제공하기 위한 경영활동(수요예측 · 시술과정 · 접객동작 · 시술시간 · 시설관리 등)이 생산관리다. 미용의 경우 수요예측에 의한 생산관리의 중요성은 제조업에 비해 절대적으로 높다. 살롱에서는 시간대별로 오전이 한가하고 오후가 바쁘다. 요일별로는 토 · 일요일 등 휴일에 집중된다. 슈퍼마켓과 같은 소매업의 경우 한가한 시간에 판매가 부진했더라도 바쁜 시간에 고객이 몰리기만 하면 평소의 수 십 배 이상 집중적으로 판매가 가능하다. 하지만 살롱의 경우는 서비스의 제공시간에 한계가 있기 때문에 한가한 시간에 서비스가 이루어지지 못 하면 그 시간은 그대로 손실이 된다. 이처럼 미용서비스의 생산관리에서 특히 수요공급조절(수요예측관리)은 그 중요성이 매우 크다.

시술시간 관리에 대해서 알아보자. 고객 16명의 커트시간을 30분에서 20분으로 10분을 줄였을 때, 총 160분(16명X10분)을 절약할 수 있으므로 8명을 더 시술할 수 있게 된다.

커트 시간	커트 요금	근무 시간	근무일 수	예상 매출
30분일 경우	10,000	8시간 (480분)	25일	10,000원 ×16명 × 25일 = 4,000,000
20분일 경우	10,000	8시간 (480분)	25일	10,000원 ×24명 × 25일 = 6,000,000

위 예로 보면 근무하는 미용사 선생님이 한 명일 때는 200만 원 차이가 난다 그러나 10명의 미용사 선생님이 근무하는 경우라면 2,000만 원의 차이가 발생한다. 일 년으로 환산하면 2억 4천만 원이 된다.

판매관리

고객이 없는 살롱을 상상할 수 있는가? 판매관리는 고객을 많이 오게 하고 방문한 고객을 최대한 만족시키는 활동이다. 살롱의 여건에 맞춰 7Ps(시술, 요금, 입지, 촉진, 사람, 시설, 과정)를 효과적으로 조화시키는 활동이 마케팅이다. 마케터는 고객의 욕구를 파악하여 효과적으로 해결해 주어야 한다. 고객의 애로사항을 해결해 주면 고객이 몰려온다. 고객의 욕구는 끝없이 변화한다. 그 변화에 가장 잘 적응하고 응대하는 것이 기업의 진화다. 고객은 지금 이 순간에도 빠르게 진화하고 있다. 고객의 욕구는 충족되는 순간 진화하지만, 기업의 추진력은 욕구를 충족시키는 순간 멈춘다. 고객의 욕구를 끊임없이 따라가서 만족시켜야 하는 게 마케터의 운명이다.

'행복한 가정에서는 행복의 이유가 거의 비슷하다. 그러나 불행한 가정은 불행한 이유가 저마다 다양하다.' 톨스토이의 소설 〈안나 카레니나〉의 첫 구절이다. 사격을 할 때도 표적을 명중하는 코스는 거의 비슷하다. 하지만 표적을 빗겨 지나가는 길은 수없이 다양하다. 살롱 창업의 성공도 마찬가지다. 번성하는 살롱의 이유는 거의 다 엇비슷하지만, 실패한 살롱의 사연은 너무나 다양하다. 사소함이 많은 곳에 위대함은 사라진다.

성공을 보장하는 창업은 결코 쉽지가 않다. 그렇다고 방법이 없는 것은 아니다. 방법은 분명히 있다. 살롱을 창업할 때 꼭 지켜야 하는 것들을 알아보자.

성공을 위한 첫걸음 – 창업비법 공개

성공창업을 위한 7가지 요소 살펴보기

훌륭한 운동선수는 기초체력이 좋다. 뿌리가 건실해야 낙락장송이 된다. 유능한 헤어 디자이너는 기초가 튼튼하다. 창업도 기초에 충실해야 성공한다.

성공창업을 위한 7가지 요소를 알아보자.

예비창업자라면 아래의 '미용 SVC 성공창업 7요소'를 읽고 또 읽어보자! 철저하게 준비되었다고 생각되면 창업해도 좋다. 그러면 성공할 것이다.

미용 SVC 성공창업 7요소

창업자 환경	적성, 경력, 자금력, 가족 협력, 경영 지식, 건강 상태 등
상권 · 입지	집객요인, 잠재 고객 수, 라이프스타일, 소득 수준, 접근성, 가시성 등
분위기	인테리어, 간판, 시설, 디스플레이, 음향시설, 향기 등
서비스	미소, 자세, 언어, 배려, 청결, 품위, 과정(Process), 상담(Counseling) 등
기술력	스타일, 트렌드, 시술 동작, 맞춤화(Customization), 시술 과학화 등
마케팅	메뉴 구성, 요금 책정, 이벤트, 고객 유치/관리, 머천다이징, 판촉, 광고, 홍보 등
조직관리	채용, 급여 책정, 동기 부여, 장기 근속 유도, 성과 관리

창업절차

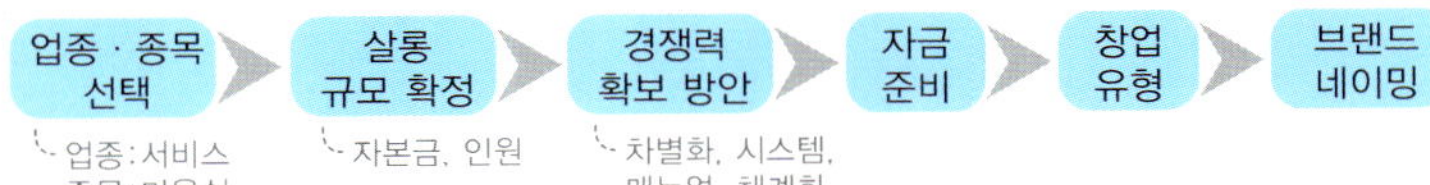

자금 준비	① 임차료	보증금은 적게 할수록 좋다. 월세(임차료) + 보증금이자는 예상매출의 10% 이하를 권한다. 절대 15%를 초과하면 안 된다.
	② 시설비(인테리어, 익스테리어)	소형 살롱은 투자비용을 최소화 한다. 100 평방미터 이상 규모는 살롱전문가에게 의뢰해서 경쟁력을 높인다. 인테리어 비용은 투자금액이다. 투자비용을 아끼면 경쟁력을 잃는다.
	③ 설비비	소형 살롱은 저렴하고 깔끔하게 한다. 100 평방미터 이상은 고급스러움으로 차별화 한다.
	④ 운영자금	최소 3개월 운영자금을 확보해야 한다. 부족한 자금을 빌려서 창업하는 경우 전체 자금의 30%를 초과하면 이자 부담이 커지므로 자제해야 한다.
브랜드 (살롱) 네이밍	○ 마케팅에 적합한가?	살롱의 성격을 잘 표현하고 알리기 쉬워야 한다. 연상되는 이미지가 미용업에 적합하고 시각적 효과가 좋아야 한다.
	② 차별화되었는가?	타 살롱 브랜드와 구별되는 참신한 아이디어가 필요하다.
	③ 언어적으로 적합한가?	발음하기 쉽고 듣거나 쓸 때 편해야 한다.
	④ 법률적 하자가 없는가?	특허청에 상표등록이 가능해야 한다.
창업 유형	① 독립적 창업	경영능력을 최대한 발휘, 시장변화에 신속한 대처, 창업비용이 상대적으로 저렴하다는 장점이 있다. 그러나 브랜드 인지도가 떨어지고 경영 노하우가 부족해서 경쟁력이 낮다는 단점이 있다.
	② 공동(가족) 창업	지분 관계 명확화, 지분 50 : 50은 절대금물(최종의사결정자는 반드시 1인이어야 한다). 업무분장을 철저하게 분리해야 한다.

창업 유형	③ 공동(타인) 창업		공증으로 권리권한과 지분을 명확히 한다. 공동 창업보다는 지분투자가 바람직하다.
	④ 프랜차이즈 창업	장점	브랜드 및 서비스표 이용, 경영 및 영업 노하우 이용, 지역별 영업독점권 부여, 공동 광고·판촉에 의한 원가절감, 본사의 지속적 지원으로 시장변화에 합리적 대처.
		단점	창업비용이 높음(가맹비, 로열티, 인테리어비 등). 독자적 경영권 제한, 본사와 분쟁소지 상존, 일정 규모 이상의 성장 제한, 본사의 무능 시 동반추락
	⑤ 실속 있는 공동 브랜드 창업		디자인, 원재료, 마케팅, 인테리어, 경영 시스템 지원

상권분석과 입지선정

상권 및 입지 선정에서의 핵심은 접근성과 인지성 두 가지다. 접근성은 가까울수록 좋으며 2층보다는 1층이 낫다. 고객의 생활권 내에 위치하고 있다면 퇴근 시 접근하기 쉬운 장소가 좋다. 쇼핑센터 내에 입점했다면 쇼핑할 때 접근이 가능하며 대중교통 이용을 위한 터미널, 역, 정거장 등도 접근성에 해당한다. 병원은 접근성에 악영향을 미친다. 산부인과나 소아과도 마찬가지다.

인지성이란 고객의 브랜드 인지도에 의한 구매력과, 간판이나 살롱의 노출이 잘 되어 눈에 잘 띄는 가시성을 모두 포함한다. 간판의 크기, 색상, 디자인은 인지성에 중요한 요소다. 간판은 살롱 전면의 파사드와 함께 큰 역할을 한다.

살롱하기에 좋은 곳

① 유동인구가 많은 곳

② 접근하기 편한 곳

③ 가시성이 좋은 곳 – 눈에 잘 보이는 곳

④ 유인요소가 있는 곳 – 은행, 대형쇼핑센터, 편의시설 등(병원
　은 유인요소가 아니다)

⑤ 퇴근길 방향에 있는 곳

⑥ 주차장이 있는 곳

⑦ 코너상가 – 끝 쪽의 상가(단절된 상가를 뜻하는 것이 아님)

⑧ 지대가 낮은 곳의 중심지

⑨ 정류장이나 역을 끼고 있는 대로변

⑩ 노점상이 많은 곳, 점포가 활성화된 곳 – 비어 있는 상가가
　없는 곳

⑪ 아파트 진입로 및 중심권

⑫ 고층 건물보다 5층 이하의 저층 사무실이 밀집된 곳

⑬ 배후지가 좋은 곳

개점 시점의 마케팅 및 고객관리

개업 당일과 초기에 전력을 다해야 한다. 시작이 좋아야 한다. 첫 달의 매출이 낮은 상태에서부터 매출을 끌어올리려면 몇 배의 노력이 필요하다. 개업 초기의 매출을 높이는 게 소문을 내는 데도 유리하다.

판매촉진 방법	① 사은품 및 경품제공
	② 요금 할인
	③ 지불조건의 다양화(현금, 카드-무이자할부, 각종 상품권, 연간회원권, VIP상품권-고액권)
	④ 쿠폰 발행-연간회원권, VIP상품권(100만원 티켓팅하면 30% 추가지급)
개업일의 광고 및 홍보 방법	① 현수막 & 전단(신문 삽지, 가두 및 방문 배포 등)
	② 쿠폰 및 우편발송(DM)
	③ 이벤트
	④ 제휴마케팅-카드사, 이동통신사, 영화관, 보험사 등
고객관리	① 생일, 결혼기념일, 명절 : 카드(쿠폰 포함) 및 이메일, 문자 등 입체적 관리
	② 첫 방문 고객 : 감사 인사와 재방문 유도의 쿠폰 발송
	③ 휴면고객 : 포인트, 쿠폰, LCTM(헤어랑에서 개발한 휴면 고객마케팅 기법) 등 제안(우편 & 문자쿠폰 발송)
개업 쿠포닝 전략	개업 시 신규고객을 유치할 때, 매출상승보다 고객 수를 확보하는 것이 우선이다. 개업 초기에는 강력한 할인이 허락된다. 그러나 개업 한참 후에도 지속적으로 할인행사를 진행하면 기존고객의 로열티를 약화시키게 된다. 개업 후 6개월이 지나면 반드시 Loyalty(애호도)관리를 시작해야 한다.

※ 캐시백 제도 : 고객의 재방문율을 높이기 위하여 일정 금액(10%)을 쿠폰(현금처럼)으로 지급하는 방식. 미용마케팅연구소에서 회수성 쿠포닝(BBC)전략을 적용한 결과, 매출액 78퍼센트 증가의 효과가 입증되었다. 저자의 논문 〈쿠폰판촉의 거리 효과와 손익분기점계산〉를 참고하세요.

어느 살롱 원장은 '우리 살롱에는 체계가 없어요'라고 한다. 과연 체계란 무엇일까? 체계를 의미하는 시스템(System)은 또 다른 시스템과 결합 · 연관될 때 강한 에너지를 방출한다.

성공 살롱의 토대는 **경영시스템 구축**

어느 살롱 원장은 '우리 살롱에는 체계가 없어요'라고 한다. 과연 체계란 무엇일까? 체계를 의미하는 시스템(System)은 또 다른 시스템과 결합·연관될 때 강한 에너지를 방출하게 된다.

'System + System = Energy' 이것을 바로 시스템에너지(System Energy)라 하며 준말은 시너지(Synergy) 즉, 상승효과라고 한다. 상승효과는 둘 사이의 결합이 단순합의 덧셈결과가 아니라, 상호작용에 의한 곱셈결과를 나타낸다.

시스템 이해를 위한 예시

1. 살롱의 평범한 예

A 유능한 디자이너 : 매출 500만 원/월

B 성실한 스태프 미용사 : 급여 80만 원/월

▶ A디자이너 혼자서 500만 원/월 매출을 한다.

B미용사(Staff)는 혼자서 매출을 발생시킬 수 없다.

그러나 A와 B가 협업하면 1,000만 원/월 매출이 가능하다.

2. 살롱의 극단적 예

최고 수준을 100으로 기준할 때, 기술력과 서비스 수준이 100이고 마케팅 능력이 0인 디자이너 7명(일명 칠공주)과 마케팅 능력은 100이고 기술력이 0인 미용마케팅연구소가 있다고 가정해 보자.

▶ 칠공주(디자이너 집단)와 미용마케팅연구소가 함께하지 않을 때는 매출 증대를 기대할 수 없지만, 칠공주(디자이너 집단)와 미용마케팅연구소가 함께 노력한다면 월 7,000만 원

매출이 가능하다. 실제로 미용마케팅연구소는 원장님들과 함께 이러한 신화를 수없이 창조하고 있다.

3. 파마 방치시간 예

파마시술에서 방치시간을 모른다고 가정하자. 손상도 9의 극손상모 방치시간이 21분이고 건강모 방치시간이 30분이라면 그 사이의 방치시간은 유추해서 알 수 있다. 각각의 하나가 서로 연관되어 전체를 이루는 것이 바로 시스템이다. 옳은 일을 반복적으로 실행하여 습관화시키는 과정에서 성공은 현실이 된다.

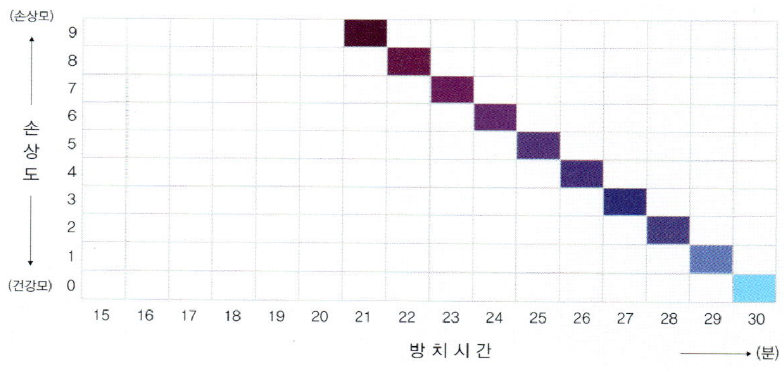

주판을 버려라, 변화를 두려워하지 마라

주판이 개발되면서 숫자계산이 빨라졌다. 암산이나 손으로 계산하는 사람과 주산을 배워서 계산하는 사람은 빠르기나 정확도에서 비교가 되지 않았다. 그러나 전자계산기가 출현하면서 주산은 그 위력을 다했다.

　과거에 익숙해 있던 지식이나 기술을 버리는 것은 불편하지만,

세상은 끝없이 변화하며 새로운 지식과 기술을 요구한다. 주판을 버리고 계산기(Computer)를 새로이 도입하는 과정을 인류의 진화 과정이라고 할 수 있다.

진화는 일시적으로 불편하지만, 문명 발전의 근원이다.

컴퓨터시스템을 활용한 고객관계관리

과거 공급이 부족했던 시대에는 소비자보다 제공자의 시장지배력이 높았다. 하지만 기술발전과 정보화는 공급에서 수요로 시장지배력을 이동시켰다.

고객은 소비자에서 품질과 서비스의 요구자가 되었으며, 다양한 고객의 욕구충족을 위한 고객관계관리(Customer Relationship Management)는 제공자들의 기본이 되었다.

경영정보시스템 구축

살롱을 경영할 때 합리적인 운영을 위한 판단은 수시로 이루어져야 한다. 경영정보시스템은 이 같은 의사결정의 유효성을 높이기 위해 활용되며, 경영과 관련된 모든 정보의 수집 · 전달 · 처리 · 저장 · 이용을 위한 컴퓨터시스템의 도입은 필수다.

경영정보시스템의 설계에서는 영업관리, 고객관리, 상품관리, 인사관리, 회계관리, 마케팅관리, 통계분석 등으로 구성하고, 정보입력 및 활용의 유효성을 기초로 네트워크(Network)를 구성해야 좋은 경영정보시스템이 탄생하게 된다.

경영정보시스템의 도입 목적은 정보공유에 의한 높은 성과달성에 있다. 기업체 입장에서는 고객의 데이터(Data)를 가능한 상세하게 기록하고 싶어 하지만 고객의 입장에서는 귀찮고 번거로운 일일 수 있다. 특히, 개인정보 유출은 심각한 문제를 불러올 수 있으므로 철저한 관리가 요구된다. 빅데이터를 기초로 한 경영분석은 현대경영의 강력한 경쟁력이다.

Tip

고객관계관리 실무 30가지

1. 고객의 이름 불러주기
2. 고객별 선호음료 제공하기
3. 생일 축하하기
4. 결혼일 축하하기
5. 적절한 시술주기 알려주기
6. 시술시간 맞추기
7. 약 적정량 사용하기
8. 가족 기억하기
9. 시술이력 관리하기
10. RFM 파악하기
11. 방문주기 예측하기
12. 휴면고객 관계 맺기
13. 우수고객 찾아내기
14. 맞춤식 응대하기
15. 안부인사 여쭈기
16. 계절 인사하기
17. 회원추천 유도하기
18. 회상시키기
19. 부채감정 심기
20. 전문성 전달하기
21. 직원별 교육이력 관리하기
22. 스캔런 급여시스템 적용
23. 비수기 매출 높이기
24. 근태상황 파악하기
25. 시술별 관리법 제공하기
26. 예약제도 정착하기
27. 맞춤식 DM발송하기
28. 재고량 관리하기
29. 과거 스타일 기억하기
30. 고객특징 기억하기

요즘 들어 직원들 인성교육을 요청하는 살롱이 특히 많아졌다. 지식경영에 눈을 뜬 현명한 원장들이 많아지고 있다는 방증이다. 하지만, 착각하는 것이 있다. 직원들의 인성교육에 앞서 원장의 인성교육이 우선되어야 한다.

젊은 총각·처녀들이 결혼을 해서 행복하게 살려면 부부로서의 기본 인성을 갖춰야 한다. 부부로서, 부모로서 기본 인성이 갖춰지지 않는 젊은이들이 부부가 되어 아기를 낳으면 그 아이는 물론 부부도 불행해 진다.

원장이 갖춰야 할 인성

경영자 먼저 인성을 갖추어야 한다

경영은 사람과 사람과의 관계다. 사람들과 훌륭한 인간관계를 유지하기 위해서는 기본적인 인성과 커뮤니케이션 기법을 알아야 한다. 직원과 커뮤니케이션이 잘 안 되는 원장은 직원이나 거래처와 원만할 수 없으며 고객이나 거래처와의 친밀한 관계 형성 또한 불가능하다. 경영자가 훌륭한 인성을 갖추었을 때 비로소 경쟁력 있는 조직관리가 가능하다.

살롱을 운영하는 원장도 자기 관리는 필수다. 기술력을 높이려고 기능장 공부를 했고 살롱 경영에 필요한 지식을 습득했다고 해서 성공적인 경영이 보장되는 것이 아니다. 원장의 인성이 높아야 직원의 인성도 높일 수 있다. 원장은 고객, 직원, 거래처 등 많은 사람들과 매일매일 커뮤니케이션을 한다. 원장의 커뮤니케이션 능력에 따라 경영 성과는 크게 달라진다. 겸손하고 세련된 고객관리, 자상하고 단호한 직원관리, 품위 있고 원만한 거래처 관리가 수익을 결정하는 중요한 요소다. 인사관리 능력은 규모에 관계없이 요구되는 능력이지만 특히 소규모 살롱에서 더 절실하다.

훌륭한 인간관계를 위한 커뮤니케이션 능력

커뮤니케이션 능력을 높이려면 知彼知己(지피지기) 해야 한다.

에니어그램은 사람의 성격을 크게 머리형, 가슴형, 배짱형 3가지로 나눈다. 머리형은 객관적이며 분석적이다. 가슴형은 감성적이며 사교적이다. 배짱형은 주도적이며 권위적이다. 당신은 어떤 성격인가? 상대에 대해 잘 모르는 상황에서 원만한 커뮤니케이션이 이루어지겠는가? 나와 상대의 성격을 알고 그 성격에 맞추어 커뮤니케이션 한다면 훌륭한 인간관계를 형성할 수 있다.

사람은 마음이 먼저 움직여야 행동이 따라온다. 마음을 움직이게 하는 것이 동기부여(Motivation)다. 사람의 마음을 움직이게 하려면 호기심, 목표, 보상이 필수적이다. 호기심이란 지적 호기심 즉, 교육과 훈련이다. 목표는 호기심과 보상을 숫자로 표현한 측정치다. 특정 과목을 어떤 수준까지 공부하는 것, 급여를 어느 정도까지 받은 것 등이 목표다. 보상은 정신적 보상과 물질적 보상이 있다. 정신적 보상은 인정해주는 것, 칭찬해주는 것 등이며, 물질적 보상은 한마디로 돈이다.

살롱 경영 인사관리의 핵심

1. 마음 관리

인사 관리에서 마음은 한없이 배려한다. 직원이 지각했다면 그 이유를 떠나서 무조건 배려해야 한다. 경영자의 입장에서는 상식 밖의 이유가 대부분이지만, 직원들의 입장에서는 매우 합리적인 이유다.

2. 육체 관리

육체는 기계적으로 관리해야 한다. 정확한 업무 프로세스에 의한 생산 관리, 표준화된 서비스 매뉴얼 등으로 철저하게 관리해야 한다. 직원별 성과 관리, 서비스 수준 관리, 위생 관리, 복장 관리, 태도 관리 등 과학적이고 체계적으로 관리한다.

마음관리와 육체관리의 실제 사례

어느 날 직원이 지각을 했다. 이유를 물으니 부모님께서 편찮으셔서 밤새 병간호를 했단다. 당신은 이러한 상황에서 지각에 대한 처리를 어떻게 하겠는가?

① 사정이 딱하니 그냥 넘어간다.
② 규정은 규정이니까 이유 불문하고 지각 처리한다.
③ 효성이 갸륵하니 공개적으로 칭찬한다.
④ 지각은 규정대로 처리하고 개인적으로 칭찬한다.

저자의 경험으로는 대부분의 경영자들이 ①번을 선택할 것이라 생각한다. 심정은 이해되지만 경영자의 바람직한 인사관리 기법이 아니다.

대처방안

딱한 사정으로 지각을 했으므로 먼저 마음관리를 해야 한다.
"걱정 많이 했겠구나. 잠도 제대로 못 잤겠네? 부모님 건강상태는 어때?" 직원의 마음을 한없이 배려하고 있다는 마음을 전달하는 커뮤니케이션을 한다. 그러나 여기서 끝나면 훌륭한 인사관리가 아니다. 사정은 매우 딱하지만 결과(지각)에 대해서는 기계적으로 처리한다. "○○○씨 사정은 충분히 이해하지만, 미안해! 우리는 조직이잖아." 지각에 대한 벌칙은 정확히 집행한다.
　여기서 중요한 것은 우리는 어떠한 사정이 있더라도 규정은 지킨다는 의지를 전달하는 것이다. 인사관리가 잘 안 되는 살롱에서는 지각 상황이 발생하면 마음관리는 기계적으로 냉철하게 대하면서, 행동관리는 인간적으로 한없이 따뜻하게 배려하는 경우가 많다. 출근시간보다 늦게 출근하는 직원을 보고도 무시하거나 심하게 잔소리를 한다. 마음관리에서 완전히 방치하거나 엄청난 질책을 퍼붓는다. 그러나 그다음 행동관리에서는 아무런 제약이 없이 무심하게 방치한다.

원장의 인성을 높이는 방법

직원 이야기를 들어 준다	커뮤니케이션의 시작은 듣기부터 시작된다. 직원에게 적절한 질문을 하고 편안하게 이야기할 수 있는 분위기를 만들어 준다. 경영자는 말을 최대한 자제하며 직원이 말을 많이 하게 한다. 진심으로 사랑하는 마음을 갖는다. 직원이 없다면 경영자도 없다는 생각으로 배려한다.
장점을 찾아 칭찬 한다	칭찬은 나와 상대방을 행복하게 하는 매우 가치 있는 피드백이다. 진심이 담긴 칭찬이 원칙이지만 잘 안되면 입에 발린 말이라도 칭찬하라.
잘 한 일은 찾아서 피드백 한다.	상사에게 인정받는다는 것은 매우 행복한 일이다. 경영자인 당신은 직원에게 인정받으면 행복하지 않은가? 상사의 인정하는 말 한마디가 직원의 열정을 키운다. 직원들의 인성이 부족하다고 힐난하지 말고 경영자의 인성을 높여라. 인격 높은 경영자에게 능력 있는 직원들이 몰려온다.

가난한 원장은 매출을 신경 쓰고 부자인 원장은 세금을 신경 쓴다. 잘 되는 살롱을 경영하는 경영자는 세금에 대해 정확히 알고 대처하는 것이 재무관리의 기본이다. 세금은 크게 국세와 지방세로 구분한다.

국세는 나라 살림을 꾸려나가기 위해 필요한 돈을 세금으로 충당하는 것이다. 지방세는 지방자체단체(시청, 구청 등)가 필요한 돈을 세금으로 거두어들이는 것이다. 살롱을 경영하는 원장이 납부하는 세금은 국세로 부가가치세(Value Added Tax)와 소득세(Income Tax)가 있다.

자영업자가 **알아야 할 세금**

자영업자는 어떤 세금을 내는가?

살롱을 경영하는 자영업자인 원장이 내는 세금에는 부가가치세와 소득세가 있다. '부가가치세'란 상품의 거래에서 발생하는 국세를 뜻하며, '소득세'는 개인사업자가 이익(소득) 실현에 대해 납부하는 국세(법인기업은 법인세를 낸다)를 의미한다.

즉, 하나의 상품에는 물건을 팔고 받은 가치(요금)에 대해 납부하는 세금인 부가가치세가 있고, 판매한 상품의 마진에 대하여 납부하는 소득세가 있다.

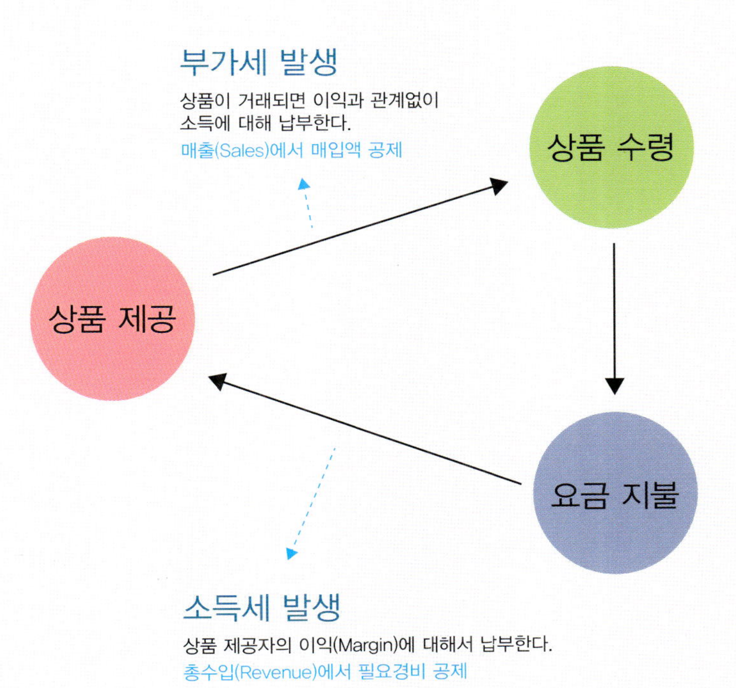

소득세

사업에서 발생한 소득(이익)에 대해 자영업자가 내는 세금을 말한다. 소득이란 1년(1월 1일~12월 31일) 간 발생한 총수입(Revenue)에서 수입을 얻기 위해 들어간 비용(Cost) 등 필요경비를 공제한 액수를 말한다. 이 책에서는 살롱 경영에 필요한 영업소득에 한정하여 기술하며 가능한 쉬운 언어로 순화했다.

소득세할 주민세 : 주민세에는 균등할과 소득할이 있다. 균등할 주민세는 자치구역 내에 주소를 둔 개인에게 균등액으로 과세되는 세금이다. 소득할 주민세는 자치구역 내에 사업장을 둔 사업자에게 소득세액의 10%를 과세하는 지방세이다.

소득할 주민세는 소득세와 함께 신고 납부 한다.

소득금액 = 연간총수입금액 − 필요경비

= 연간총수입금액 − 주요경비(증빙서류) − (수입금액×기준경비율)

일반과세자와 간이과세자 바로 알기

1. 일반과세자

원칙적으로 부가가치세 과세사업은 일반과세를 적용한다. 하지만 현실적으로 부가가치세(부가세/VAT)를 포함한 매출이 연간 4,800만 원을 초과하면 일반과세로 등록한다. 간이과세가 배제되는 지역에서 사업을 할 때에도 일반과세로 등록한다. 일반과세는 10%의 세율이 적용된다. 단, 매입(구입비용) 세금계산서상의 부가세액 전액을 공제받을 수 있으며, 세금계산서를 발행한다.

$$\text{매출세액} - \text{매입세액} = [\text{매출액(공급가액)} \times 10\%] - [\text{매입세액}]$$

2. 간이과세자

영세자영업자의 신고편의와 세부담 경감을 목적으로 간이과세 제도가 있다. 간이과세자는 연간매출액 4,800만 원 미만인 사업자나, 창업 시 예상매출액 4,800만 원을 초과하지 않을 것으로 추정될 때 가능하다. 세금계산서를 발행할 수 없으며 단지 계산서를 발행해야 한다. 1분기 과세 기간(1월~6월)의 매출이 1,200만 원 미만이면 세액을 전액 면제한다.

일반과세자와 간이과세자의 차이

구분	일반과세자	간이과세자
매출세액	공급가액×10%	공급대가×10%×업종별 부가가치율
매입세액 공제	전액 공제	매입세액×업종별 부가가치율
세금계산서 발행	의무적으로 발행	발행할 수 없음 (계산서는 발행)
기장의무	매입·매출장 등 기장의무	주고받은 영수증 및 세금계산서만 보관하면 됨
의제매입세액 공제	모든 업종에 적용 2/102	헤어 살롱 해당 안 됨 (음식점만 해당)

부가가치세

상품의 거래단계에서 발생하는 부가가치를 과세하는 것으로 모든 제품(Products)과 서비스(용역)의 소비활동에 대해 부과되는 일반소비세이다. 상품의 거래과정에서 제공자가 팔 때 받은 세금에서, 사을 때 낸 세금을 뺀 차액을 납부한다. 소득세의 경우 소득에서 세율에 따라 소득세를 납부하기 때문에 소득이 없으면 세금을 내지 않지만, 부가가치세(VAT)는 소비자가 거래 시에 부담한 세금을 잠시 보관했다가 국가에 내는 세금 개념으로 소득이 없어도 매출이 발생하면 부가가치세를 납부해야 한다.

소득금액 = 연간총수입금액 − 필요경비

= 연간총수입금액 − 주요경비(증빙서류) − (수입금액×기준경비율)

[자영업자가 세금 줄이는 방법 5가지]

① 영수증 관리를 철저히 한다.

② 세금계산서를 꼭 챙긴다.

③ 신용카드를 사용한다.

④ 거래 내용을 장부에 기장한다.

⑤ 창업자는 사업 개시 이전에 사업자등록을 한다.

고용과 세무

근로소득세

점포 경영에서 인건비는 매출(Sales)의 35~45%를 차지하는 가장 큰 경비다. 인건비를 세법상 적법하게 인정받기 위해서는 매월 급여를 지급하면서 갑근세를 원천징수해서 납부해야 한다.

인건비 신고는 사회보장보험(4대 보험) 신고와 보험료 납부도 뒤따라야 한다.

근로소득세와 4대 보험료

구분	사업자 부담	근로자 부담
국민연금보험료	50%	50%
건강보험료	50%	50%
고용보험료 중 실업급여 부분	50%	50%
고용보험료 중 고용안정 / 직업능력 부분	100%	0%
산재보험료	100%	세액표 참조

※ 세액표 = 근로소득 간이세액표 → http://www.nts.go.kr/cal/cal_06.asp 참조

세무는 국가에서 챙겨주지 않는다. 납세자 스스로 세법을 이해하여 절세하는 방안을 지속적으로 공부하고 실천해야 한다. 세법의 부당성이나 모순점을 비판하기보다는 적법성을 찾아 절세하는 것이 현명한 방법이다.

대한민국에서 수학으로 인기 높은 H강사가 있다. 특히 요즘은 인터넷의 발전과 e-learning의 보급으로 지방에서 공부하는 수험생들도 그의 강의를 언제 어디서나 쉽고 저렴하게 들을 수 있다. 이처럼 H강사가 인터넷 동영상 강좌로 전국의 수험생들에게 좋은 강의를 제공하게 되면서 수익이 수십 배 늘었단다. 그러나 1등인 H강사를 제외한 대부분의 수학강사들 수입은 급격하게 줄었다. 환경 변화에 따라 2등도 시장에서 약자가 되는 쏠림 현상(Tipping Effect)이 나타난 것이다.

격동기의 **진화론**

변화되는 환경 속 적응과 진화

세상의 모든 것은 변한다. 변하지 않는 것은 '세상의 모든 것은 변한다' 라는 것뿐이다. 생물이 외부의 영향과 내부의 발전으로 간단한 구조에서 보다 복잡하고 우수한 종류로 발전하는 것을 진화(Evolution)라고 한다. 변화된 환경에 적응하는 종은 생존할 것이다. 변화된 환경을 거부하거나 뒤처지면 도태될 것이다.

초원에는 사자와 가젤이 살아간다. 사자는 가젤보다 빨리 달려야 가젤을 잡아먹을 수 있다. 가젤보다 느리면 강한 사자도 굶어 죽는다. 반면에 약자인 가젤도 사자보다 빠르면 생존할 수 있다. 사자보다 느린 가젤은 도태되어 멸종할 것이다. 가젤보다 느린 사자도 사라질 것이다. 강자든 약자든 환경에 적응하지 못하는 종은 결국 도태된다.

국내 살롱의 경영환경 변화

살롱의 경영환경이 급속하게 변화하고 있다. 80년대 중반에는 기술이 곧 매출인 시대였다. 오엽주 선생의 뒤를 이은 미용후배들은 미용기술의 눈부신 발전을 이룩했다. 88올림픽이 끝난 90년대 초에 한국 경제는 크게 성장하는 시기였다. 90년대 초반은 '창업은 곧 매출'이라고 해도 좋을 정도로 호황기였다.

90년대 중·후반에는 미용업계에도 마케팅의 개념이 적극 도입되었다. 그 당시 마케팅을 도입한 살롱들은 빠르고 가파르게 성장했다. 특히, 금융계와 통신사들의 침투전략에 편승한 살롱이 크게 발전하는 계기가 되었다. 헤어 디자이너라면 당연히 기술이 좋아야 하지만 기술력만 믿고 환경변화에 소홀하게 대처했던 1등 살롱이 그 권좌를 내어주는 현상이 자주 나타났다. 환경 변화에 순응하지 못하면 결국 멸종된다는 다윈의 적자생존 법칙이 더욱 피부에 와 닿던 시기다. 2000년대 접어들면서 미용시장은 체계적인 경영시스템이 도입되었고 중대형(초대형 아님) 살롱들이 그 위세를 떨치고 있다.

미용경영 환경의 시대별 변화

연도	변화 내용	비고
1933년 ~ 1985년	도입기(화신백화점)	오엽주 선생
1986년 ~ 1990년	초과수요기	기술이 곧 매출
1991년 ~ 1995년	호황기	경제 호황기
1996년 ~ 2000년	초과공급기	경쟁심화, 마케팅 도입
2001년 ~ 2009년	프랜차이즈기	양극화, 체계화, 프랜차이즈
2010년 ~ 2020년	컨설팅기(예측)	전문화, 컨설팅

개선은 없다! 혁신만 있다

살롱 경영자인 원장들은 경영개선을 위해 무엇인가를 변화해야 한다는 것에 쉽게 공감한다. 나무를 휠 때는 천천히 부드럽게 구부려야 하지만, 사람을 변화시킬 때는 서서히 점증적인 개선방법은 먹히지 않는다. 한 번에 강하고 급격하게 혁신해야만 변화할 수 있다. 사물은 중독이 없지만, 사람은 중독이나 고정관념이 형성되기에 느슨한 개선은 효과가 낮다. 저자는 살롱의 문제점을 진단하고 해결하는 컨설턴트이자 교육자다. 사람을 변화시키는 것은 물질을 변화시키는 것과 비교되지 않을 정도로 어렵고 힘들지만, 보람 있는 일이다.

지금부터 혁신방안의 한 예인 '인사 잘하기' 혁신과정을 알아보자.

저자는 미용인들에게 왜 인사를 잘해야 하는지 교육을 한다. 교육에 대한 반응은 매우 고무적이다. 대부분의 미용사들은 교육받은 대로 매일매일 열심히 노력하고 실천한다. 고객들의 반응도 아주 좋다. 노력한 시간이 1주일 지났다. 그래도 열심히 실천한다. 한 달이 지났다. 그러나 매출에는 변화가 없다. 원장과 직원들은 조금씩 의심을 한다. 열정이 식어간다. '인사 잘해서는 매출에 도움이 안 된다'라는 생각을 한다. 처음에 다짐했던 '인사 잘하기'는 연기처럼 사라지고 교육받기 전의 살롱으로 되돌아간다. 약간의 개선은 효과가 없다. 가죽을 벗겨내는 혁신만이 결과를 도출해 낸다. 좋은 지식을 많이 알면 옳은 의사결정을 내릴 수 있다. 다음의 이론을 알게 되면 저자가 '살롱혁신 90일'을 강조하는 이유에 동의하게 될 것이다.

단속평형 이론을 살롱에서도 적용할 것

굴드(Stephen Jay Gould)와 닐스 엘드리지(Niles Eldredge)는 1972년 발표한 단속평형 이론(Punctuated Equilibrium)에서 다음과 같은 내용을 발표했다. 진화는 '긴 기간의 진화적 안정 상태에 있다가 어느 순간 급격하게 진화적 변화가 일어난다' 라고 주장했다. 이 이론은 도약진화설 또는 균형 이론으로 번역하는 경우도 있으며, 비즈니스 환경에도 적용된다.

경영환경에서 변화는 땀방울을 하나 둘 떨어뜨려 잔을 넘치게 하는 것과 같다. 처음 몇 방울로는 부족하지만, 어느 순간에는 넘치게 된다.

경영자는 직원들에게 잔의 높이가 얼마이니까 얼마만큼 채우면 넘친다는 사실을 정확하게 측정해서 분명하게 알려줘야 한다. 잔의 크기가 어느 정도인지, 현재 쌓인 높이가 얼만큼인지, 얼마나 더 노력하면 넘치는지 등을 숫자로 구체적인 설명을 해야만 따라가는 직원들이 지치지 않는다. 훌륭한 경영자는 조직이 가야 할 곳을 알고 지도(Map)를 준비해야 한다. 눈을 감고 항해할 수 없듯이 목표 없이 경영할 수 없다. 갈 곳을 명확히 제시하는 경영자가 진정한 지도자다.

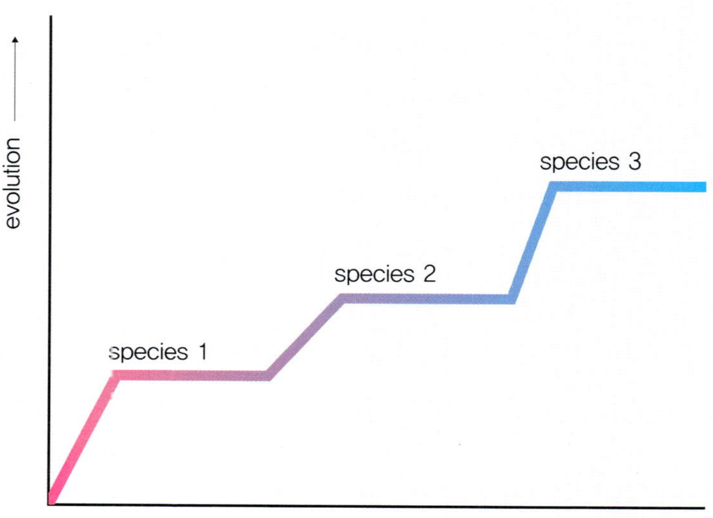

격동기에 주의할 경영전략

1. 우수고객을 지켜라.

불황이 되면 경영자들은 발등에 떨어진 불을 끄려는 심산으로 신규고객을 유치하는 쪽으로 시선을 돌리게 된다. 단기간에 고객을 늘리겠다는 욕심으로 할인행사에 집중하게 되면 애호도 높은 고객들이 먼저 실망해서 떠난다. 신규고객을 유치하기 전에 기존고객 로열티(Loyalty 애호도) 관리가 선행되어야 한다.

신규고객과 우수고객을 맞바꾸는 우를 범하지 말라. 우수고객을 경쟁사로 보내도 되겠는가?

2. 마케팅 비용을 유지해라.

불황기의 마케팅은 사막의 오아시스다. 불황을 이기고 살아남는 기업이 호황이 되면 시장을 독점하게 된다. 마케팅 활동을 줄여 고객을 경쟁 살롱으로 빼앗겨도 되는가?

기업에서 마케팅은 체력을 유지하는 근육이지 빼야 할 뱃살이 아니다.

3. 커뮤니케이션 하라.

기업과 고객 사이에 존재하는 사실이 있다. 그 사실은 고객이 분명 해당 살롱에 좋은 이미지를 가지고 있다는 것이다. 그렇지 않았다면 벌써 떠났을 것이다. 고객이 좋아하는 살롱의 장점을 지속적으로 알리고 교류해야 한다. 불황이라는 사실을 살롱만 아는 것이 아니다. 고객도 불황이라는 사실을 직시하고 있다. 어려운 상황이지만 살롱이 고객을 위해서 무엇을 하고 있는지, 서비스와 혜택은 어떤 것들이 있는지, 지속적으로 소통하라.

4. 신중하게 할인하라.

할인전략이 일시적으로 고객을 유치하는 데 좋은 SP(판촉) 수단이지만, 요금할인은 꿀에 탄 독이 될 수 있다. 부적절한 요금할인은 기업의 악성종양이 될 수 있으며 장기적으로는 사망에 이르게 한다.

5. 교육을 계속하라.

불황을 타개하기 위해서 비용을 줄이는 것은 당연하다. 비용절감은 효율성을 높이고 낭비요소를 찾아 줄이는 것이다.

　교육비용은 성장과 발전을 위한 투자요소이지 비용이 아니다. 불황에 교육을 줄이는 것은 환자가 아프다고 숨쉬기를 멈추는 것과 같다.

춘추시대 오나라에는 '손무'라는 명장이 있었다. 그의 이름을 높여 지금은 손자라고 부른다. 그가 쓴 손자병법에는 '실패하는 장수의 다섯 가지 유형'이 있다. 상대가 나를 공격할 때, 어떤 방법을 채택하면 무력화시킬 수 있을까?

책에 대한 이해는 자신의 경험과 지식의 크기와 비례한다. 최근 연구에 의하면 사람은 성공경험에 의해서 배우고 성장하며, 실패경험은 성공에 전혀 도움이 되지 않는다고 한다. 즉, '실패는 성공의 어머니다'라는 말은 더 이상 과학적인 교수법이 아니다.

당신은 어떤 유형의 리더인가!

안철수 원장이 미국 와튼 스쿨에서 경영학을 공부할 때 'Art of War'라는 과목을 배웠다고 한다. Art of War는 손자병법의 영어표현이다.

상대를 알고 나를 알면 싸움에서 유리한 것은 당연하다. 상대가 어떤 유형인지 잘 살펴서 약점을 파고들면 그 장수를 무력화시키거나 사로잡을 수 있는 것은 물론이요, 죽이는 것 또한 가능하다. 전정은 육탄전도 있지만, 사상전도 있다. 사람이나 조직을 움직이게 하는 동기요인은 물리적 요인보다 심리적인 요인이 더 크게 작용한다.

[손자병법에서 말하는 실패하는 장수의 다섯 가지 유형]

① 죽기를 각오하고 싸우는 장수라면 죽이기 쉽다.

② 자기만 살려고 애쓰는 장수는 포로로 잡으면 된다.

③ 화를 잘 내는 장수는 모욕을 주면 된다.

④ 청렴결백한 장수는 욕을 보이면 된다.

⑤ 백성을 사랑하는 장수라면 백성을 괴롭히면 된다.

1. 죽기를 각오하고 싸우는 장수

전략적인 사고 없이 무조건 열심히 하는 리더 유형이다. 무조건 열심히 한다는 이유로 모든 것이 용서되지 않는다. 중요한 일과 급한 일을 정해서 업무를 처리해야 한다. 전략적 판단 없이 무조건 열심히 일하는 리더는 단순한 업무에만 성과를 나타내고, 중요하고 장기적인 업무에서는 조직에 큰 피해를 줄 수 있다. 단순한 방법으로 죽을 힘을 다해 노력하는 것은 리더가 할 일이 아니라 기계가 할 일이다.

2. 자기만 살려고 애쓰는 장수

조직의 이익보다 개인의 이익을 우선시하는 리더 유형이다. 조직은 조직원 간의 팀워크가 중요하다. 모든 조직원이 개인주의에 빠져 있다면 그 조직은 성공할 수 없다. 식민지를 지배하는 데 필요한 병력은 인구의 3%면 충분하다고 한다. 식민지 국민들은 강력하게 단합하지 못하기 때문에 적은 병력으로도 지배가 가능하다. 단기적으로 자리보전을 하려고 애쓰는 리더는 결국 실패하게 된다. 필사즉생(必死則生) 필생즉사(必生則死)라는 말처럼 죽으려는 자 반드시 살 것이며 살려는 자 반드시 죽을 것이다.

3. 화를 잘 내는 장수

자신의 감정을 다스리지 못하는 리더 유형이다. 원장이 자신의 감정을 다스리지 못하면 조직원을 다스릴 수 없다. 리더는 어떠한 상황에서도 감정이 앞서 화를 내서는 안 된다. 이기심, 갈등, 우울, 스트레스 등도 화의 다른 표현방식이다. 또한 리더가 잘못된 결과를 조직원이나 다른 사람에게 책임을 전가하는 방어적 태도는 조직에 심각한 결과를 초래한다. 자신의 무능을 책임회피 하는 것은 조직 전체에 불신감을 조장하며, 결국은 조직 전체가 분열된다.

4. 청렴결백한 장수

자신의 원리원칙에 지나치게 집착하는 리더 유형이다. 청렴결백이란 좋게 해석하면 좋은 뜻이지만, 조금만 방향을 선회하면 옹고집일 수 있다.

객관성이 결여된 신념은 곧 고집이다. 보편타당성이 전제된 원리원칙이라야 만인에게 통용될 수 있다. 커뮤니케이션이란 내 주관으로 판단한 내용을 전달하는 게 아니다. 나의 말을 상대가 듣고 이해한 내용이 곧 내가 한 말이 된다. 일방적인 의사 표현은 소음에 불과하다.

5. 백성을 사랑하는 장수

사랑을 강조하며 무책임하게 할 말을 분명하게 못하는 리더 유형이다. 잘못을 알고도 바르게 잡아주지 못하는 것은 사랑이 아니라 방임이다. 조직원을 진정으로 사랑한다면 혹독한 교육과 지독한 훈련을 실시해야 한다. 배려와 사랑은 조직원의 성장을 위한 배려와 애정이어야 한다. 무력한 지도력을 사랑이라는 당의정으로 포장하는 것은 매우 위험한 처사다. 꼭 해야 할 말을 하지 않는 리더는 무책임하다.

시장 환경에 대한 적절한 대처와 노력

그렇다면 당신은 5가지 유형 중 어디에 해당한다고 생각하는가? 조직원이든 리더든 자신의 성격을 바꾸는 것은 불가능하다고 한다. 그러나 현상에 대처하는 방법에 변화를 준다면 성공 경영이 결코 어려운 것은 아니다. 시장에서 우위에 서려는 것과 전쟁에서 승리하려는 것은 같은 이치다. 모든 사람이 평화가 지속되길 희망한다는 착각을 버리자. 시장 환경에서 절대적인 평화나 평등은 존재하지 않는다. 주어진 환경에서 최상의 결과를 창출하고, 자신과 조직과 사회를 아름답게 만들기 위해서 경영자는 반드시 승리해야 한다.

보이지 않는 과녁은 맞출 수 없다. 경영에서 과녁은 비전과 목표다.

직원들과 비전과 목표를 공유하는 방법은 반복적으로 보여주고 피드백 해야 한다. 경영자가 자신의 생각을 말하지 않았는데 직원이 알아주기를 바라지 마라. 내가 알고 있으니까 상대도 그것을 알 것이라는 착각에서 벗어나라. 이것이 지식의 저주다. 열 번 말하지 않은 것은 한 번도 말하지 않은 것과 마찬가지다. 백 번을 말해도 제대로 전달되지 않는 게 커뮤니케이션이다.

진정한 리더는 커뮤니케이터다

[살롱 원장에게 묻는 질문]

① 오늘 매출목표는?

② 이달 매출목표는?

③ 당신 업무 중 커뮤니케이션 하는 시간은?

④ 우리의 핵심 경쟁 요소는?

⑤ 비전과 목표가 있습니까?

⑥ 인사말이 맞이・상담・배웅에 따라 분명합니까?

⑦ 복장규정이 명확합니까?

⑧ 조직혁신을 위해 원장이 모범을 보입니까?

⑨ 청소방법이 확실합니까?

조직구성원들과 함께 꿈꾸는 리더

9가지 질문에 당신은 몇 개를 답했는가? 피터 드러커(Peter Drucker)는 말했다. 인간이 동물과 구분되는 이유는 더 착해서도 현명해서도 고상해서도 아니다. 그 이유는 바로 언어라는 탁월한 커뮤니케이션 수단을 만들어냈기 때문이다. 인간은 언어를 이용해 감정과 지식, 정보를 교환하면서 문명을 발전시키고 꿈을 현실로 바꾸어 나간다. 기업도 마찬가지다. 기업이 혁신을 성공적으로 추진하려면 명확한 비전과 도전적인 목표를 설정해야 한다. 그리고 이를 조직구성원들과 커뮤니케이션을 통해 공유해야 한다.

설정된 비전과 목표가 아무리 훌륭하더라도 전체 조직구성원에게 공유되지 않으면 아무런 소용이 없다. 조직구성원들에게 공유되지 않은 비전과 목표는 몽상일 뿐이다. 허공의 메아리로 단순한 바람으로 끝나고 만다. 꿈은 이루어진다. 단, 그 꿈은 조직 구성원 모두가 함께 꾸는 꿈이어야 한다. 기업의 목적달성에 있어 커뮤니케이션의 기능은 매우 중요하다. 경영자에게 자기표현 능력은 반드시 갖춰야 할 덕목이다. 기업경영이나 인사관리는 커뮤니케이션에 의해 좌우된다. 혼자 가면 빨리 가지만, 함께 가면 멀리 간다. 꿈도 혼자서 꾸면 단지 꿈에 불과하지만 모두 함께 꾸면 현실이 된다. 물 한 방울로 산불을 끌 수 없다.

말하고 또 말하라

당신의 친구가 당신에게 간절하게 전달한 메시지를 모두 기억하는가? 전달자(Communicator)에게는 간절한 사실도 수신자(Communicatee)에게는 무관심한 일일 수 있다. 심리학자 자욘스(Robert B. Zajonc)의 주장에 의하면 특정 메시지를 반복해서 들려주면 수용자들이 그 메시지를 선호하게 되고, 결국 그 메시지의 내용을 쉽게 받아들이게 된다고 한다. 연인들도 가까운 곳에서 자주 만날 수 있어야 결혼에 성공할 확률이 높아진다. 보사드(J. H. Bossard)는 '큐피드의 화살은 멀리 가지 못한다'라고 했다. 사람은 자주 보면 볼수록 서로에 대한 호감도가 높아진다.

커뮤니케이션이 잘되는 메시지

1. 간단해야 한다.

간결하고 명확해야 한다. 우리에게 〈돈키호테〉로 잘 알려진 세르반테스는 '긴 경험에서 우러나온 짧은 문장'을 속담이라고 했다. 당신이 전달하고자 하는 메시지를 속담처럼 간단하게 표현하라.

2. 구체적이어야 한다.

비전이나 목표가 애매모호하거나 추상적인 경우가 많다. 커뮤니케이션 메시지는 매우 상세하고 구체적이어야 한다. 내 손 안의 한 마리 새가 숲 속의 열 마리보다 낫다. 추상적이고 원대한 목표보다 작더라도 구체적인 메시지가 설득력이 높다.

3. 믿게 하라.

믿지 않으면 행동하지 않는다. '목표에 과연 도달할 수 있을까? 나의 능력으로 가능할까?'라는 물음에 조직구성원이 믿고 따를 수 있도록 신뢰성을 전달한다. 성공을 체험하게 하는 것이 신뢰성을 높이는 가장 빠른 방법이다. 과거의 성공경험을 구체적이고 실감나게 설명하라.

4. 반복해야 한다.

'열 번 말하지 않은 것은 한 번도 말하지 않은 것과 같다.' 잭 웰치의 말이다. 당신 배우자의 나쁜 버릇을 몇 번이나 말하면 개선되겠는가?

자녀에게 공부하라고 한 번만 말하면 1등을 하는가? 반복하고 또 반복하라. 될 때까지 반복하라. 목표를 향한 길을 가로막은 장벽의 높이는 당신의 의지를 재는 잣대에 불과하다.

5. 스토리가 있어야 한다.

이상의 모든 것을 스토리로 말하라. 간단하고 구체적이며 믿을 수 있고 반복되는 메시지를 이야기하라. 전달하려는 내용을 따로 국밥처럼 펼어지지 않게 하나의 이야기로 말하라. 모든 재료를 한 그릇에 넣고 비비는 비빔밥이어야 한다.

목표를 지속적으로 커뮤니케이션하는 리더

우리는 천재 과학자 아인슈타인도, 경영의 아버지 피터 드러커도 아니다. 그리고 최첨단 경영기법을 연구하고 공부하는 것이 경영이 아니다. 경영은 목표를 정하고 꾸준히 실천하는 것이다. 농구 황제 조던은 '행동과 힘든 연습이 뒷받침되지 않는 말은 아무 가치도 없다'고 했다. 리더십은 목표를 설정하고 조직원들에게 그 목표에 대해서 도달할 때 까지 지속적으로 커뮤니케이션 하는 것이다. 위의 질문 9가지에 답할 수 있고 커뮤니케이션 활동에 당신 업무의 50% 이상을 투입한다면 당신은 성공한다. 커뮤니케이션 없는 경영은 없다.

자신의 노력으로 현실을 탈피할 수 없다고 생각하거나, 좀 더 쉽게 인생 반전을 생각하는 사람들이 도박을 한다. '로또인생'이 그렇다. 자신의 노력보다는 행운에 의해 삶의 변화를 꾀하는 경우다. 부자들은 로또를 선호하지 않는다. 로또 선호층은 대부분 서민들이다. 부자처럼 행동해야 부자가 된다는 것을 알면서도 왜 로또를 살까?

로또경영을 멀리하고 지식경영을 도입하라!

사업과 로또는 일맥상통하다

로또를 마케팅 할 때 서민들을 유혹하기 위해 나눔로또라는 수식어를 쓴다. 로또 판매액의 절반은 당첨금으로 지급하고 나머지 대부분은 운영비, 그 나머지 일부를 수익금이라고 한다. 수익금 대부분은 지역개발사업 재원조달, 녹색자금 조성, 중소기업 창업 및 진흥기금 등 공공부분에 쓰인다. 이러한 사업들의 수혜는 대부분 부자들에게 돌아간다. 그런데도 서민들은 인생반전이라는 사탕발림에 속아 희망을 팔아 로또를 산다.

경영에도 로또경영이 있다. 좋은 상권에 번듯한 시설을 하고 잘난 직원을 채용하고 적당히 할인행사를 하면 영업이 잘 된다고 생각한다. 사업과 로또를 일맥상통하다고 보는 것이다. 어떤 사장은 초등학교를 나와서도 우리나라를 대표하는 식당프랜차이즈의 CEO가 되었다. 착각하지 마라. 그 사장의 최종 학력은 초등학교지만 실제 실력은 박사학위 이상이다. 겉으로 보이는 것이 전부가 아니다. 생텍쥐페리는 그의 저서 어린왕자에서 "진짜 소중한 것은 눈에 보이지 않는다"고 말했다.

하지만, 어찌하랴. 대부분의 실패한 사람들은 눈에 보이는 것에만 집중하는 것을!

기업은 경영자 크기만큼 성장한다

분명 기업은 경영자의 능력만큼 성장한다. 그래서 경영자의 역할이 매우 중요하다. 성공한 경영자들에게 비법을 물으면, 대부분은 이렇게 답한다. "나는 한 것이 없지요! 운이 좋았을 뿐입니다. 우리 회사 임직원들이 열심히 노력한 결과입니다. 나는 직원들을 믿고 지원할 뿐입니다." 옳은 말이다. 기업의 모든 업무를 혼자서 다 할 수 없다. 각자의 구성원들이 그 역할과 책임에 최선을 다할 때 비로소 성공한다. 회사는 목적을 함께하는 사람들이 모여 일하고 그 결과를 나누는 곳이다. 목적이 다른 사람들도 함께 묻어가는 자선단체가 아니다. 무임승차자를 태우면 안 된다.

경영에도 로또가 있다. 시장에서 반칙을 일삼는 반칙왕들이 일시적으로는 성공한 것처럼 보일 수 있다. 하지만 이는 신기루에 불과하다. 은행 돈을 횡령한 직원, 고리사채업자, 밀수업자, 도굴자, 사기꾼, 작전세력 등이 로또성공으로 보일 수 있다. 또한, 경영 현장의 성실한 경영자 중에서도 로또경영으로 성공한 예가 있다. 전략적 분석 없이 창업을 했는데, 때마침 해당 상품이 유행을 타서 성공한 경우다. 이런 경우 경영자의 실력으로 성공했는지, 아니면 행운이었는지 판단하는 기준은 간단하다. 그 경영자가 2호점을 창업했을 때도 성공적이라면 능력 있다고 인정을 하고, 2호점 경영이 원활하지 않다면 이는 우연한 로또성공일 가능성이 높다.

경영은 과학이다

'경영에 정답은 없다'는 사람들이 있는데, 이는 경영환경의 다양성으로 인해 확실하고 명확한 정답을 찾기가 어렵기 때문이다. 경영은 분명한 과학이다. 꽃피는 시기가 몇 월, 며칠, 몇 시라고 정확하게 답할 수 없지만 봄이 오면 꽃이 피는 것은 분명한 과학이다. 꽃피는 것에 대한 더 분명한 사실은 비닐하우스처럼 빛, 온도, 습도 등을 어느 정도 유지하면 개화된다. 이렇게 원인과 결과가 분명하다면 이것은 과학이다.

경영을 과학으로 생각하지 않는 사람은 무지하기 때문이다. 세계적으로 내로라하는 경영석학이나 CEO들이 경영학을 공부하는 이유가 뭘까? 그들이 답도 없는 학문을 공부하고 발전시킨다는 말인가?

경영학은 실용적 학문이며 과학이다. 경영이 과학이라는 사실을 쉽게 받아들이지 못하는 이유는 사람과 사람과의 관계라는 사실 때문이다.

사람들은 저마다 다양한 개성을 나타내지만, 그 사람들도 하나의 집단으로 묶으면 또 한 명의 거인일 뿐이다. 체중이 40kg인 사람이나 체중이 80kg인 사람이나 둘 다 똑 같은 한 사람이다. 세부적으로는 변수가 많아도 거시적 관점에서는 하나의 집단이다.

동전을 한 번 던졌을 때 앞면이 나올 경우

동전을 한 번 던졌을 때 앞면이 나올 경우는 어떻게 된다고 생각하는가? 동전을 한 번 던져서 앞면이 나올 경우는 있거나 없거나 둘 중 하나다. 반반이 아니다. 반이라면 동전이 섰을 경우다. 말장난이라고 주장해도 좋다. 확률은 여러 번 반복했을 때 기대되는 가능성의 정도다. 동전을 단 한 번 던졌을 때 앞면이 나올 경우는 100%이거나 0%이다. 이런 상황을 일컬어 답이 없다고 한다. 하지만, 동전을 무수히 던지면 앞면이 나올 확률(경우의 수)은 50%가 분명하다. 혹시 앞의 질문에서 50%라고 생각했다면 당신은 과학자다. 순간만 바라보는 근시안은 인생의 정답을 찾을 수 없다. 미래를 내다보는 통찰력이 있어야 삶의 지혜를 얻는다.

　사람을 한 사람 한 사람 관찰하면 저마다 개성이 뚜렷하여 도저히 예측 불가능하다고 여기게 마련이다. 하지만 다수의 사람을 성격유형별로 구분해 보면 좀 더 과학적인 접근이 가능하다. 사회과학에서 통계는 유용한 분석수단이다. 하나하나의 사건을 정확하게 예측하기는 어렵지만, 여러 가지 사건을 종합적으로 분석하면 오차범위 내에서 명쾌한 답을 찾을 수 있다. 사람들은 변수가 적은 문제에 직면하면 과학적으로 접근하며 최대한 정답에 접근하려고 노력한다. 그러나 복잡성이 높아지면 과학적 접근은 포기하고 미신이나 운명에 의존하려는 경향이 높아진다. 과학적이기보다는 직관적으로 해결책을 모색하려 한다. 직원을 채용할 때, 판촉을 진행할 때, 수익을 분석할 때, 매출을 예측할 때 등 의사결정 과정에서 대충 찍어서 맞추려고 한다. 열심히 공부하지 않은 학생이 '객관식-사진선다형' 문제를 찍어서 맞출 때 정답일 확률은 25%다. '주관식-서술형' 문제를 풀 때는 정답 확률이 거의 0에 가까워진다. 경영은 분명한 과학이라는 사실을 거부하지 마라. 이를 거부하는 경영자는 결국 실패한다.

경영문제 해결과 수학문제 풀이는 비슷하다

수학문제를 잘 푼다는 것은 정확하고 빠르게 답을 찾아낸다는 의미다. 정확하게 계산하더라도 속도가 느리면 높은 성적을 못 받는다. 마찬가지로 빨라도 정확하지 못하면 헛수고다. 수학문제를 잘 풀려면 기본공식을 충분히 이해하고 풀이방법이 손에 익숙해질 때까지 계산하고 또 풀어야 한다. 수학문제는 머리로 푸는 것이 아니라 몸으로 푸는 것이다.

　경영 문제도 마찬가지다. 경영기초 이론을 익히고 현장경험을 체득해야 훌륭한 경영자가 탄생한다. 경영에는 무지경영, 지식경영, 상상경영, 로또경영이 있다.

　무지경영자는 크게 염려할 필요가 없다. 그는 자신이 무지하다는 사실을 알고 있기에 무모하게 도전하지 않으며 배우려고 한다. 지식경영자는 이론과 실무가 겸비된 상태이므로 하는 일마다 승승장구한다. 상상경영은 이론은 있고 실무경험이 부족한 사람이 생각만으로 '이렇게 하면 되지 않을까?' 하는 경우다. 경영 실패의 대부분은 상상경영의 결과다. 또 하나의 예는 로또경영이다. 각박하고 힘든 세상! 로또복권에라도 의지하고픈 심정이야 이해가 되지만, 경영은 과학이다. 아무리 간절하게 운명이나 행운을 기대해도 그것은 해결책이 못 된다.

시험을 보는 학생이 문제의 답이 보이지 않으면 좋은 성적을 기대할 수 없다. 경영 현장에서도 경영자에게 문제의 해결책이 떠오르지 않으면 좋은 성과를 기대할 수 없다. 경영문제에 해답이 없다고 생각하는 경영자가 어찌 높은 성과를 달성하겠는가. 경영에는 분명히 답이 있다. 그것도 정확한 해결방안이 존재한다. 단, 그 해답이 문제마다 다르고 환경변화에 따라 달라질 뿐이다. 커트 스타일도 사람의 두상이나 신체 특성에 따라 각기 다르듯이 경영의 정답도 상황에 따라 변한다.

리모컨경영 – 코칭 기술

'경영에 답이 없다'고 생각하는 이유

사람의 마음에 열정을 불어 넣기만 한다면 세상에 불가능한 일은 없을 것이라고 생각하는 경영자가 의외로 많다. 이렇게 얼토당토않은 생각으로 경영의 해답을 찾으려고 헤매는 이가 부지기수다. 그들은 막무가내로 경영 현장에 돌진해서 불도저처럼 밀어붙이고 큰 성과를 기대한다. 그렇게 밀어붙인 후 모든 자본·체력·의지·신뢰가 소진된 후에야 이구동성으로 "경영엔 답이 없어!"라고 외치며 자신의 무능을 핑계라는 덮개로 감추려 한다.

경영의 중심

경영에는 정답이 있다. 경영엔 명확한 해답이 있지만, 경영 환경이나 기업가다 처해진 상황이 다르기 때문에 풀이방법이 조금씩 다를 뿐이다. 때로는 전혀 다른 방식으로 경영 문제를 해결해야 할 때도 있다. 하지만 하늘에 밤과 낮이 있듯이 경영에도 변하지 않는 불변의 원칙들이 적용된다. 창업의 3요소는 사람, 상품, 자본이다. 이 세 가지 중에서 경영의 중심에 사람이 놓인다. 상품과 자본은 물질로서 사용자의 의지대로 쉽게 움직일 수 있지만, 사람은 각자 스스로의 의지와 개성이 존재하기에 경영자의 뜻대로 쉽게 움직여지지 않는다. 이러한 이유로 경영이 어렵다. 경영에 답이 없다고 하소연한다. 물질은 과학이론을 따르고 사람은 사회과학이론을 따른다. 자연을 지배하려는 오만처럼 민심을 지배하려고 해서는 안 된다.

관리와 경영의 차이, 그리고 코칭

상품이나 자본은 관리한다고 표현하며, 인재와 기업은 경영한다고 표현한다. 관리자는 상품, 물건 등 자본을 지배하는 사람이고 경영자는 임직원뿐만 아니라 관계자 모두를 리드하는 지도자다. 관리자는 수직적인 방법을, 경영자는 수평적인 방법을 선택한다. 수직적이라는 것은 획일적이며, 수평적이라는 것은 다양성을 의미한다.

관리자는 하루 10개를 생산하는 기계를 10대 투입해서 100개의 제품을 생산한다고 하면, 경영자는 10의 능력을 갖은 사람 10명에게 100 이상의 성과를 달성하게 한다. 관리는 1:1로 대응한다면 경영은 1:다(多)로 대응한다. 물자와 자본은 수동적·과학적이기 때문에 관리가 쉽지만, 사람은 능동적·감성적이기 때문에 어떻게 변할지 예측하기 어렵다. 상품, 자본, 사람 중에서 사람관리 즉, 인사관리가 가장 힘들다고 한다. 사람은 물과 같다. 100도가 되면 끓고 0도가 되면 언다.

사람도 물처럼 도달 가능한 목표가 주어지면 끓고, 비난 받거나 희망을 잃으면 꽁꽁 얼어붙는다. 사람의 행동과 경험에 의해 만들어진 지식과 신념은 한 번 형성되면 쉽게 변화되지 않는다. 이렇게 고착된 생각이 고정관념이다. 사람의 내면에 있는 잠재능력을 최대한 끌어내어 코치가 의도한대로 사람을 움직이게 하여 능력을 향상시키는 기술을 코칭이라고 한다.

리모컨 경영 – 코칭

경영의 중심에는 사람이 있다. 사람은 물건과 같이 하나의 관리

대상이 아니라 지식과 기술을 습득하는 능력을 갖춘 지도대상이다. 사람의 중심에는 코칭이 있다. 사람을 리모컨처럼 올바른 방향으로 곡적한 바를 달성하도록 이끄는 코칭 기술을 배운다면 사람을 지도하는 능력을 생각보다 쉽게 향상시킬 수 있다. 개성과 의지가 있는 사람을 리모컨처럼 움직이게 하는 '리모컨 경영'을 위해서는 먼저 코칭 기술을 배워야 한다.

어떤 사람을 코칭하기 위해서는 제일 먼저 개인의 목표와 조직의 목표를 절충해야 한다. 목표는 장기목표와 단기목표로 분류한다. 미래에 도착하고 싶은 곳 즉, 장래에 되고 싶은 것, 내일에 어떤 사람이 되고 싶은 것이 목표다. 목표를 설정할 때 원칙이 있는데 이를 스마트(SMART) 목표라고 한다. 목표는 구체적이고 생생하게 머리에 떠올릴 수 있어야 한다. 과정보다는 결과를 우선시해야 한다. 꼭 마감시간이 있어야 한다. 종점이 없는 출발은 의미가 없다. 지도자의 목표와 대상자의 꿈을 일치시켜야 진정한 코칭이 가능하다. 대상자에게 목표를 생생하게 인식시키고 지속적인 피드백을 실행한다면 대상자는 지도자(Coacher)의 의도대로 성장 발전한다. 사람에게 가야 할 곳을 알게 하고 그곳에 도착할 수 있도록 지도하는 것이 진정한 지도자의 역할이다. SMART는 Specific(구체적), Measurable(측정가능), Achievable(도달가능), Result oriented(결과지향), Time bounded(마감시간)의 머리글자다.

목표를 위한 변화

가야 할 곳이 목표이고, 처해진 상황이 현재다. 목표치에서 현재치를 빼면 그 수치가 개선해야 할 변화량이다(목표치−현재치=변화량). 변화란 가야 할 곳에서 현재 있는 곳을 빼면 된다. 쉬운 예로 현재매출이 2,000만 원인 살롱의 목표매출이 3,000만 원이라면 원장과 직원들이 노력해야 할 변화량은 1,000만원 어치가 된다. 결국 1,000만 원 만큼 변화하려고 노력하지 않으면 3,000천만 원의 목표매출은 단지 희망사항에 지나지 않는다. 1루에 머물면서 2루에 도달할 수 없듯이 현재의 개선점을 찾아 목표만큼 변화해야 목표에 도달할 수 있다. 변화에는 퇴출요소, 강화요소, 추가요소가 있다. 이를 '변화 3요소'라고 한다. 퇴출요소는 현재 상황에서 목표에 도달하기 위해서 버려야 할 것들이다. 살롱에서 매출을 높이기 위해서는 불친절이라는 퇴출요소는 사라져야 한다. 강화요소는 현재의 인사수준이나 청소상태를 강화하는 것이다. 추가요소는 아직 몰랐거나 없었던 것들을 추가하는 것이다. 지금까지 상담기법을 몰랐다면 상담기법은 새로 배워야 할 추가요소가 된다.

변화 3요소가 확정되면 '변화실행 5요소'가 필요하다. 변화실행 5요소는 첫째 언제(When)부터 할 것인지, 둘째 누가(Whom)가 할 것인지, 셋째 무엇(What)을 변화시킬 것이지, 넷째 방법(How to)이 뭔지, 다섯째 반드시 하고야 말겠다는 강한 의지(Will)가 있어야 한다.

변화에 대한 저항자들

아무리 좋은 의미로 변화를 시도해도 변화에 저항하는 사람은 존재하게 마련이다. 변화에 저항하는 저항자들의 유형은 5가지로 구분한다. 저항 유형별로 현명하게 대처하자.

'미루기'형	변화는 인정하지만, 지금은 때가 아니다. 개선의 여지가 있다는 것에는 동의하지만 시간이 필요하다. 지금은 시기가 안 좋다. 시장 환경이 변화되면 시작하자고 미룬다. 상반기라면 하반기에, 하반기라면 내년에 시작하자고 미룬다. 하기는 하되 나중에 하자는 저항자들이다.
'천천히'형	확실하지 않은 미래를 위해 노력하는 것은 위험한 일이다. 급하게 하지 말고 천천히 점진적으로 진행하자. 변화는 완벽하게 준비하고 시작하는 것이다. 다양한 방법으로 변화의 의지와 열의를 꺾으며, 하기는 하되 단계별로 천천히 하자는 저항자들이다.
'안분지족'형	개혁해야 할 특별한 이유가 없다. 1등은 아니지만 10등은 하고 있다. 우리만 매출이 감소한 것이 아니라 경쟁자들도 줄었다. 경기가 회복되면 우리도 나아질 것이다. 우리에겐 아무런 문제가 없다고 주장하면서 변화를 회피하는 저항자들이다.
'하봤어'형	예전에 해봤는데 잘 안 되었다. 다시 해도 잘 안 될 것이다. 이들은 '변화에 위험이 따르지만 복지부동하면 위험률이 100 퍼센트가 된다'는 사실을 간과한다. 변화는 꾸준한 노력이 필요하다는 것을 망각하고 고리타분한 과거 경험으로 변화를 방해하는 저항자들이다.
'무저항'형	찬성도 반대도 하지 않는 가장 고질적인 저항자들이다. 이들의 본 모습은 개혁이 한참 진행되는 상황에서 나타난다. 이들은 개혁에는 찬성하지만 협력하지 않는다. 개혁에 필요한 지원을 말로는 약속하지만, 막상 개혁이 시작되면 지원을 미룬다. 결국 조직은 피동적이 되고 지쳐 쓰러진다. 반대 없이 반대하는 저항자들이다.

살롱의 성공요소는 과연 무엇일까? 모든 경영자들의 관심사다. 하지만, 살롱의 성공요소에는 어떤 것이 있는지 정확히 알고 있는 경영자는 드물다. 지금부터 '성공하는 살롱의 핵심'을 정리해 보자.

성공하는 살롱 핵심정리

매출, 비용, 이익의 상관관계

살롱 경영에서 성공하기 위해서는 먼저 매출과 비용, 이익의 개념을 정확하게 이해해야 한다.

매출에서 비용을 빼면 이익이다. 그래서 이익을 높이려면 비용을 최소로 줄여야 한다. 반면 이익에 비용을 더하면 매출이 된다. 즉 비용을 높여야 매출이 높아진다. 언뜻 생각하면 뭔가 모순된 말장난으로 생각될 수 있다. 이와 같이 모순처럼 보이는 비용의 실체를 정확하게 간파해야만 경영에 성공할 수 있다.

① 매출 - 비용 = 이익 (이익을 높이려면 비용을 줄여야 한다)

② 비용 + 이익 = 매출 (매출을 높이려면 비용을 늘여야 한다)

①에서는 매출이 고정되었을 때 비용을 줄여 이익을 높이는 개념이고 ②에서는 매출을 높일 때 비용을 투자해야 한다는 개념이다. 개념적으로 매출과 이익은 좋은 것으로 보고, 비용은 나쁜 것으로 줄이거나 없애야 할 것이라고 착각하는 경영자가 의외로 많다. 매출과 이익은 누가 봐도 긍정적인 것으로 보인다. 비용에는 낭비요소와 투자요소의 2가지 개념이 포함되어 있다는 사실을 알아야 한다. 낭비요소로서 비용은 가능한 줄여야 할 요소이고, 투자요소로서 비용은 과감하게 투입해야 한다. 경영을 어려워하는 이유에는 비용관리처럼 흑백으로 결정되지 않는 요소들이 있기 때문일 것이다.

비용에 대한 낭비요소와 투자요소를 파악하라.

다음의 비용은 낭비요소인가? 투자요소인가?

1. 급여	급여를 높이면 이익이 높아질까?	근로의욕, 생산성
2. 임차료	임차료가 높은 'A+' 상권에 살롱을 입점하면 이익이 높아질까?	유입률, 신규고객
3. 광고비	광고비를 늘리면 이익이 높아질까?	인지도, 구매력, 소구력
4. 시설비	시설비를 높이면 수익성이 높아질까?	작업효율, 고객만족, 직원만족
5. 주5일제	주5일제를 실행하면 이익이 높아질까?	근로의욕, 재충전, 생산성
6. 할인이벤트	할인이벤트를 실시하면 이익이 높아질까?	반응률, 선구매효과, 로열티
7. 고품질 제품 (약품)	고품질 제품(약품)을 사용하면 이윤이 높아질까?	머릿결, 고객만족, 매출액

1. 급여

스탠리 레버갓(Stanley Lebergott)은 자신의 저서 'Pursuing Happiness'에서 인간의 장기적 행복은 유전적 설정 값에 50% 정도, 10%는 환경(거주지, 돈, 건강), 40%는 자신의 생각과 행동에 영향을 받는다고 했다. 결국 급여는 행복에서 10% 정도의 비중이다. 엘튼 메이요(Elton Mayo) 교수가 4차에 걸쳐 실시한 호손 실험(Hawthorne experiment)에서도 급여인상이 생산성 증대에 미치는 영향은 일시적으로 높아지지만, 효과는 3개월을 지속하지 못했다. 연차나 호봉에 의한 계단식 급여인상은 생산성 증대에 의미 있는 영향력을 미치지 못한다. 성과에 따른 탄력적인 급여제도인 성과급제나 스캔런플랜(Scanlon plan)를 추천한다. 물론 성과급제나 스캔런플랜이 완벽한 것은 아니다.

2. 임차료

살롱은 생산과 판매가 동일한 장소에서 이루어지는 특성이 있다. 살롱은 상권력의 영향이 매우 높은 업종이다. 그렇다고 무조건 좋은 상권(A+급)을 선정하기 보다는 상권에 따른 사업타당성을 분석해 본 후 출점 여부를 결정해야 한다. 임차료의 대부분은 마케팅비용이라고 생각해야 올바른 판단을 할 수 있다. 신규고객을 유치하는 마케팅비용이 임차료라고 생각하자.

3. 광고비

상업광고는 상품이나 브랜드의 긍정적인 측면을 널리 알려서 매출을 높이려는 데 그 목적이 있다. 고객의 마음을 얻으려고 진행하는 이미지광고와 직접적인 매출향상을 목적으로 하는 반응광고에 광고비를 적절히 배분해야 한다. 창업 초기에는 반응광고에 집중하는 것이 유리하고 매출이 일정 수준에 도달하면 이미지광고 비용을 늘여야 한다. 상품의 장점과 비교우위를 능률적(효율적+효과적)으로 소구하여 광고효과를 높여야 한다.

4. 시설비

편리한 작업공간은 시술시간이 단축되고 인건비를 줄여주기 때문에 생산성 자체가 크게 높아지는 효과가 있다. 훌륭한 인테리어는 신뢰도를 높인다. 그래서 외부고객의 마음속에 긍정적 감정을 전달하며 내부고객(직원)에게는 근무만족도를 높이며 애사심을 갖게 만든다. 고객과 직원의 감성을 자극하는 인테리어와 편리한 조닝(Zoning시술구획)은 성공 경영의 포인트다.

5. 주5일제

산업사회로 접어들면서 근로자들의 생산성이 크게 높아졌다. 정보·지식사회에 접어들면서 인간 노동력은 대부분 기계로 대체되었다. 그러나 기계화된 산업에서는 인간의 노동력 수요량을 급감시켰기 때문에 대량해고 및 대량실업 사태를 가져왔다. 여기에 급격한 인구증가는 불난 집에 부채질 하는 상황이 되었다. 정부에서는 실업률을 줄이기 위해 근로자들의 노동시간을 단축시켜 채용인원을 늘리는 고육지책을 펼쳤다. 상대적으로 급여는 낮아졌다. 주5일제에 근무하는 젊은 인재들은 일주일에 5일은 일하고 2일은 자기계발에 전념해야 한다.

6. 할인이벤트

단순하게 생각하면 30% 할인이벤트로 고객이 30% 이상 늘어난다면 그 이벤트는 성공적이라고 생각할 수 있다. 그러나 할인율보다 반응률을 더 높일 수 있는 이벤트 기획법을 배우지 않으면 제살 깎기가 된다. 할인이벤트는 매출증대를 위한 주요한 마케팅 기법이다. 그러나 선구매효과(Forward-buying)에 의한 일시적 매출증대로 결국 조삼모사가 되어서는 안 된다. 할인이벤트는 인지도를 높이고 고객수를 늘리는데 도움이 되지만, 기존고객의 애호도(Loyalty)를 떨어트리는 역효과를 낼 수 있다.

7. 고품질 제품(약품)

품질요스는 물리적 요소와 감성적 요소가 있다. 헤어디자인의 품질도 조형적 요소와 인지적 요소로 나눈다. 고객이 진정으로 바라는 것이 '절대적 아름다움'일까, '상대적 아름다움'일까. 혹, '지저분하지 않은 정도의 모습'이 아닐까? 우리는 '행복하기'를 원할까, '불행하지 않기'를 원할까? 행복하기 위해 보험에 가입하는가, 불행을 예방하기 위해 보험에 가입하는가? 심리학적으로 인간 내면의 밑바닥에는 행복해지려는 마음보다 안정적이기를 바라는 마음이 우선이다. 고객을 안심(불행하지 않은 마음)시킬 수 있는 제품을 선택해야 한다.

성공으로 가는 창업절차

① 경영 및 마케팅 전략–비전수립, STP전략, 7Ps

② 상권분석과 입지선정

③ 시설 및 인테리어

④ 인재선발

⑤ 서비스 청사진

⑥ 고객 유치 및 관리

⑦ 재무관리(회계/세무)

축구 전용경기장을 건축한다고 생각해보자. 축구를 좋아하는 사람들이 느구인지 찾아야 한다. 연령대, 성별, 소득, 취미, 라이프스타일 등을 조사하여 기업에게 가장 적합한 고객층을 선별하고, 다른 구장들과의 차별화 요소를 찾아서 구체화하는 전략을 수립한다. 전략이 수립되면 관중(고객)들의 요구 사항을 간파해야 한다. 관람객들이 표현하는 말이나 행동은 물론이고, 그들도 미처 생각하거나 예측하지 못한 내용을 발견하면 그게 바로 블루오션이다. 레드오션에서는 1등을 따라가는 모방전략이 제일이고, 블루오션에서는 1등과 달라지는 차별화 전략이 효과적이다.

①경영전략이 수립되었다면 ②관중들이 접근하기 편리한 위치를 선정하고 ③그들의 기대보다 높은 수준의 시설(인테리어)을 갖춘다. ④밝은 표정, 낭랑한 목소리, 긍정적 마인드를 갖춘 직원을 선발한다. ⑤고객이 평안하게 즐길 수 있게 입실에서 퇴실까지 매끄러운 프로세스 청사진을 작성한다. ⑥소개받을 수 있는 수준을 의식하고 개인화·맞춤화 서비스를 제공한다. ⑦비용을 절약한다는 것은 몸통을 줄이는 게 아니라 군살을 빼는 거다.

살롱의 성공요소를 알고 풀어 나가는 경영 해법

축구선수에겐 골대라는 목적이 있고, 상대편이라는 장애물이 있다. 적을 교란하고, 같은 팀끼리의 커뮤니케이션이 원활해야 팀워크가 강해진다. 약속된 세트플레이가 있고 전술이 있다. 관중들은 골을 원하고 화려한 플레이를 원한다. 입장료를 잘 관리해야 구단이 생존할 수 있다. 축구에서 수많은 골(Goal)이 나더라도 똑같은 골은 없다. 경영에도 똑같은 상황은 없지만 비슷한 상황은 많다. 복잡한 환경에서도 성공의 해답은 반드시 있다. 지금부터 '경영 해법'과 만나보자.

세상에는 3종류의 사람이 있다. 꼭 필요한 사람, 있으나마나 한 사람, 없어야 할 사람이다. 기업을 경영하는 경영자들도 경영 수준에 따라 '자신이 일하는 경영자', '직원이 일하게 하는 경영자', '직원이 일하고 싶게 하는 경영자', '직원이 일할 수밖에 없게 하는 경영자' 등 4가지 등급으로 나눌 수 있다.

경영수준과 **경영자 등급**

당신은 어떠한 경영자인가

조직에서는 업무 내용, 경영 수준에 따라 경영자의 등급이 결정된다. 일하는 경영자는 4등급, 하게 하는 경영자는 3등급, 하고 싶게 하는 경영자는 2등급, 할 수밖에 없게 하는 경영자가 1등급이다. 1등급 경영자는 우수한 인재를 채용하는데 집중하고 그들의 끼와 잠재력을 맘껏 발휘할 수 있도록 한다. 4등급 경영자는 아무나 채용해서 잘 가르치고 다독여 써먹으려고 한다. 이는 자신의 능력을 과대평가하는 몽상가에 해당한다.

경영 수준과 경영자 등급

경영 수준	활동	경영자 등급	업무 내용	도구
하는	작업	근로–경영자	육체행위, 근로행위	신체
하게 하는	관리	관리–경영자	동작관리, 작업관리	매뉴얼
하고 싶게 하는	리더	지도–경영자	동기부여, 의욕고취	감정, 영혼
할 수 밖에 없게 하는	경영	전문–경영자	환경구축, 습관형성	시스템

채용과 선발에서 경영자가 반드시 의식할 것은 대충 뽑지 않겠다. 반드시 꼭 필요한 사람을 채용하겠다는 강한 신념과 의지다. 아무나 채용한 후, 교육으로 개선해서 키워보겠다는 것은 황소가 암소처럼 송아지 낳길 바라는 마음과 같다. 간절한 심정은 이해되지만 불가능한 일이다. 조직에는 우수한 인재와 위대한 경

영자가 필요하다. 명품 악기들로 구성된 악단이라도 연주자가 무능력하면 명곡을 기대할 수 없다. 좋은 연주자를 찾는 일이 채용이라면, 좋은 곡(악보)을 선곡하는 것이 매뉴얼이다. 경영자가 연주자들에게 본인의 인생은 물론이고, 관객의 영혼까지 음악으로 보듬어주겠다는 마음자세를 갖게 하는 것이 리더십이다. 연주자는 오로지 악기와 관객을 사랑하면 된다. 지휘자(경영자)는 연주자가 연주에만 전념할 수 있는 환경과 여건을 조성하는 것이 시스템이다.

진정한 경영자는
만인의 항복을 위해 일하는 사람

원시사회에서는 일하는 사람이면 충분했다. 시력과 후각의 발달, 큰 체격, 사냥감보다 빠르고 강해야 생명을 보존하고 유전자를 보전할 수 있었다. 그래서 큰 체격에 근력이 강한 남자와 다산이 가능한 여자가 매력적이었다. 농경사회에서는 경험과 경륜이 간절했다. 기후 변화는 중요한 정보이며, 소나 말 등 가축을 이용한 농업에서 오랜 경험과 경륜은 체력을 능가하는 요소가 되었다. 그러나 경험과 경륜이라는 암묵지를 매뉴얼이라는 형식지로 체계화(기록)하면서 개인의 경험 가치는 축소되기 시작했다. 산업사회에서는 기계와 동력이 출현했다. 체력은 엔진(동력)으로 교체되었고, 경험은 매뉴얼(자동화 시스템)로 대체되었다. 산업사회는 근로자들의 감정과 영혼을 리드하는 새로운 지식과 기술이 필요했다. 근로자에게 의욕을 고취시키고, 동기를 부여하는 리더십이 탄생된 이유다. 지식사회에는 네트워크와 정보, 지식이 요구된다. 이 세 가지 요소는 창의력의 기초가 된다. 창의력이 곧 가치창출이며 경쟁력이다.

순환적인 인간의 욕구

인간의 무한한 욕구는 굴렁쇠처럼 순환적이다. 최하위에는 동물적 욕구가 있다. 동물적 욕구는 단순한 생존본능을 위한 욕구다. 중간에는 이기적 욕구가 있다. 이기적 욕구는 자기중심적 이성과 감성의 욕구로, 세상의 모든 판단기준이 자기 본위다. 최상위에는 영성적 욕구가 있다. 영성적 욕구란 성인(聖人)의 반열에 도달, 인간 본질에 대한 이해와 성찰의 단계다. 여기에 도달하면 다시 중간으로 내려와 이타적 욕구에 도달한다. 내가 곧 이웃이며 이웃이 곧 나라는 생각, 진정한 사회적 동물로 나와 남을 동일하게 생각하려는 욕구다. 최종점에는 새로운 원점으로 돌아와 전체적 욕구로 귀환한다. 전체적 욕구란 인간만이 아니라 자연도 인간과 하나라는 생각 즉, 세상의 모든 것이 하나라는 생각이다.

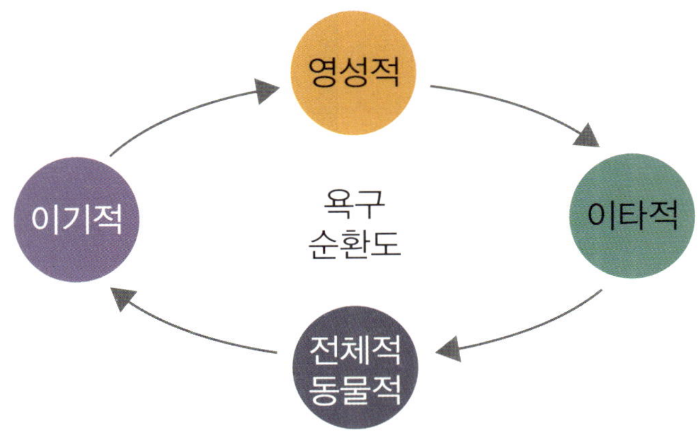

사회	경영 수준	경영자 등급	핵심 사항	등급
원시사회	하는	근로–경영자	**체력, 근력**	4등급
농경사회	하게 하는	관리–경영자	**경험, 경륜**	3등급
산업사회	하고 싶게 하는	지도–경영자	**기술, 동기**	2등급
지식사회	할 수 밖에 없게 하는	전문–경영자	**지식, 정보**	1등급

4등급의 '하는' 경영자

무늬만 경영자고 실제 하는 일은 근로자다. 1인 기업가라는 말로 경영자를 현혹시키는 사람들이 있는데, '1인 기업가'의 다른 표현은 '독불근로자'를 미화한 표현이다. 독불장군(獨不將軍) 즉, 혼자서는 장군이 될 수 없다. 인간은 사회적 동물이다. 인간은 사회 속에서만 행복을 누릴 수 있다. 자신은 경영자라고 주장하지만, 실제는 자아도취에 빠져있는 근로자다.

3등급의 '하게 하는' 경영자

자신의 경험과 경륜으로 시키는 경영자 즉, 관리형 경영자를 뜻한다. 솔선수범보다는 근로자의 사회적·경제적·신체적 약점을 이용해서 성과를 강제하는 경영자다. 경영자라기보다는 착취형 관리자다.

2등급의 '하고 싶게 하는' 경영자

리더십을 갖춘 지도자로 근로자의 환경과 심리상태를 이해하고 동기를 부여함으로써 삶의 의욕을 고취시키는 경영자다. 보통 훌

륭한 경영자라고 생각하지만, 리더십은 경영의 일부분이지 전부
가 아니다. 경영자라기보다는 지도자다. 사회적 기여도는 높지만
경영성과가 미흡한 경영자다.

1등급의 '할 수 밖에 없게 하는' 경영자

진정한 경영자다. 사람을 아는 경영자는 고객과 직원을 이해하
고 사랑한다. 인간의 생리적, 심리적, 사회적, 문화적, 지리적 특
성에 대해 알고 있다. 또한 물질의 특성을 알고, 역사를 이해하
며 미래를 예측하고 준비하는 경영자다. 고객과 직원을 행복하게
만든 경영성과에 대한 대가가 수익이라는 확신을 갖고 있다. 우
주의 법칙을 이해하고 티끌 하나도 소홀히 않는 대관세찰(大觀細
察)의 경지에 다다른 경영자다. 조직의 행복뿐만 아니라 경쟁자
도 배려하는 참 경영자다. 사망 후 100년 뒤에도 그리움과 존경
의 대상이 되는 경영자가 1등급 경영자다. 1등급 경영자와 함께
일하면 일이 저절로 되는 것 같은 느낌이 든다.

〈근로자 · 관리자 · 지도자〉가 아닌 경영자

자기의 행복을 위해 일하는 사람이 근로자라면 만인의 행복을 위
해 일하는 사람이 진정한 경영자다. 지금까지 자신의 안위만을
생각하며 경영했다면, 그는 경영자가 아니라 근로자였다. 자신과
고객만을 위해 일한다면 관리자다. 자신과 고객과 조직원을 위해
일했다면 그는 지도자다. 자신과 인연이 없는 타인은 물론이고,
경쟁자까지 배려하는 경영인이 진정한 경영자다. 살아 숨 쉬고
있는 모든 것들을 위해 노력하는 사람이 최고 수준의 경영자다.

인간의 뇌 속에는 이성과 감성이 존자한다. 이성과 감성은 한 집에 살면서도 끝없이 대립한다. 또한 인간의 생각과 행동에는 차이(부조화)가 존재한다. 그래서 페스팅거는 '인간은 합리적인 존재가 아니라 합리화하는 존재'라고 했다. 인간은 현실과 이상, 생각과 행동이 조화롭지 않으면 진공상태를 느껴 빈 곳을 채우려고 한다. 이러한 심리적 공백을 '인지부조화'라고 한다.

인지부조화 전략으로 공략하라

살롱에서의 인지부조화 사례들

'인지부조화 이론'은 1957년 〈예언이 틀렸을 때(When Prophecy Fails)〉라는 논문에 페스팅거가 주장한 이론이다. 인간은 생각과 행동의 일치 내지는 조화를 추구한다.

그래서 불일치할 때 불안을 느끼게 되며, 이러한 인지부조화가 심해지면 해소하려는 욕구는 더욱 강해진다. 이에 따른 인간의 행동은 ①피하거나(자기를 불편하게 하는 정보를 무시함) ②나름대로 해석(자기에게 유리한 방향으로 해석) ③잊는다 등의 경향을 보인다.

사례1 고객은 어떤 기대를 갖고 살롱을 방문하는데 맞이하는 헤어 디자이너의 표정, 복장, 인사 등이 기대수준보다 낮으면 불만이 생긴다. 반면 기대보다 높으면 만족도가 높아진다. 만족도가 높아진 고객은 자신이 현명한 소비자(Smart Shopper)라는 생각에 기뻐진다. 고객만족이란 고객을 소비행복감에 빠지게 만드는 것이다. 디자이너의 표정, 복장, 인사 등이 그 살롱의 품질이다. 상품에 단점이 보이는 순간부터 고객은 인지부조화를 체감하며 불안감에 빠져든다.

사례2 [90점의 A살롱]과 [80점의 B살롱]이 있다고 가정하자. A살롱이 B살롱보다 우수하기 때문에 고객은 현재 A살롱을 다니고 있다. 그런데 B살롱에서 강력한 이벤트를 진행하여 고객이 B살롱을 방문했다면, 고객은 인지부조화에 빠지게 된다. 그래서 고객은 인지부조화를 해소하기 위해 A살롱의 단점을 찾아 B살롱을 선택한 자신의 판단이 옳았다고 합리화한다. 즉, 호의적이었던 경쟁 살롱 A를 나쁘게 평가절하 하기 시작한다. 고객 입장에선 당연한 일이다. 한 번 빼앗긴 고객을 다시 뺏어오기 위해서는 인지부조화라는 엄청난 벽을 넘어야 가능하다. 고객을 유치하기가 쉽지 않지만 반대로 잃기도 쉽지 않다. 고객이 떠난다는 것은 매우 불친절했다는 방증이다.

사례3 절대 상대를 비난하지 마라. 비판은 자신의 행동결과와 판단력의 부조화를 일으키므로 본능적으로 거부한다. 비판은 상대방의 존재감 자체를 붕괴시키는 행동이다. 신규고객이 경쟁 살롱을 떠나 우리 살롱으로 처음 방문했을 때, 경쟁 살롱을 절대로 비난해서는 안 된다. 이러한 비난은 고객이 과거에 행동했던 구매과정을 폄훼하는 행동이 된다. 과거의 판단도 좋았지만, 현재의 판단이 훨씬 더 좋다고 인식시키는 것이 바람직하다.

사례4 구머 후 고객의 판단력이 옳았다고 확신할 수 있는 분명한 근거자료를 제시하라. 우리 살롱이 왜 우월한지 말로만 주장하지 말고, 인쇄물이나 근거자료를 제공해서 고객의 선택이 탁월했음을 증명하라. 그 효과는 무척 강력하다. 고객의 판단과 현실과의 투조화에 대한 근거자료를 제공해서 확실하게 충족시켜야 한다.

사례5 고객에게 투입요소를 늘리게 하라. 고객정보는 그 자체로 큰 가치가 있지만, 고객의 투입요소를 늘려 만족도를 높이는 효과도 있다. 회원신청서, 설문조사, 성격분석 등을 문서에 기록하게 함으로써 철저하고 과학적인 시술 및 서비스 제공은 물론이고, 고객의 애착도를 높일 수 있다. 상품을 얻기 위해 투입된 노력량이 클수록 만족감도 비례해서 높아진다.

인지부조화로 세뇌시켜라

레온 페스팅거(Leon Festinger)는 흥미로운 실험을 진행했다. 거짓말을 하는 대가로 한 그룹에는 20달러를, 다른 그룹에는 1달러를 주었다. 그 결과 1달러를 받고 거짓말을 한 그룹이 20달러를 받은 그룹보다 그 거짓말을 사실이라고 주장하는 경향이 훨씬 강했다. 왜 그럴까? 큰 보상 앞에서 거짓말은 보상이라는 정당화(합리화)가 가능하지만, 고작 1달러로는 거짓말을 정당화하기에 타당성이 부족했기 때문이다. 도마베치 히데토(米地英人)의 〈세뇌의 법칙〉에서는 '세뇌란 우리의 신경 수준에서 신호를 처리하는 단계에 약간의 개입적 조작을 보탬으로써 그 사람의 생각·행동·감정을 마음먹은 대로 통제하려는 것이다'라고 했다.

에드워드 헌터의 브레인 워싱

6.25 한국전쟁에서 중국은 미국인 포로들을 세뇌시켰다. 세뇌라는 단어는 미국 CIA 출신 저널리스트인 에드워드 헌터가 자신의 저서 〈중국의 심리 전쟁을 해부한다(Brain-Washing in Red China)〉에서 중국어의 '세뇌'를 영어로 직역하여 '브레인 워싱(Brain Washing)'이라고 썼다. 이때부터 세뇌(洗腦)라는 단어가 브레인 워싱이라고 쓰이기 시작했다.

세뇌는 뇌를 세척한다는 의미다. 6.25 한국전쟁 때, 중국인들은 미국인 포로들에게 가혹한 고문 대신, 단지 반미적인 글을 쓰는 포로들에게 약간의 쌀과 사탕 몇 개를 주고 일일 노동에서 제외시켜 줬다. 포로들은 수용소 생활이 귀찮았기 때문에, 다분히 형식적으로 반미적 글을 썼을 뿐이다. 하지만 전쟁 종료 후 귀국한 미군들 대부분은 공산주의자로 전향했거나 최소한 중국에 적대적이지 않았다.

인지부조화 이론에서는 자신의 신념과 대치되는 행동에 대하여 보상이 작을수록 자신의 믿음을 바꿔 행동과 일치시킬 가능성이 높다.

반면 스키너는 보상이 클수록 행동을 강화하고 처벌은 소멸시킨다고 주장했는데, 이는 페스팅거의 이론과 정면 배치된다. 보상은 동기를 끌어내지만, 만족은 떨어뜨린다. 동기는 물질적 보상으로 끌어내고, 만족은 심리적 보상으로 채워줘야 한다. 물질적 보상이 돈이고 심리적 보상이 칭찬이다.

자기 지각 & 과잉정당화 효과

사람들은 다른 사람을 판단하듯 자신을 판단한다. 타인의 행동으로 그를 구정하는 것처럼, 자신의 행동으로 스스로를 규정한다. 이런 현상을 심리학교수 다릴 벰(Daryl Bem)은 '자기 지각(Self Perception)'이라고 했다.

자신이 보상을 받고 어떤 일을 한다면 자신이 그 일을 하는 것은 보상 때문이라고 생각하게 되고, 특별한 보상이 없는 데도 그 일을 했다면 그것은 정말 좋아서 하는 것이라고 믿게 된다. 상과 벌은 즉각적으로 이뤄져야 한다. 그리고 정당해야 한다. 업무성과에 대한 높은 보상은 내적 자부심과 자긍심을 감소시킨다. 이를 '과잉정당화 효과(Overjustification Effect)'라 한다. 특히 잘

못한 사람에게도 보상하는 것은 잘한 사람의 자긍심을 짓밟는 최악의 처사다. 지나친 보상도 문제지만, 무의미한 보상은 더욱 심각한 문제다. 인간은 이성적 존재가 아니라 감성적 존재다.

인간의 의식적인 합리화는 신경화학물질로 인한 정서적 시스템을 해제한 후에 온다. 정서적 시스템은 의식적인 사유로부터 독립한 채 본능적으로 작동한다. 그리고 일정 정도의 시간이 지나면 인지적 시스템이 작동한다.

결론적으로 감정과 정서는 일상에서 수많은 판단을 내리는 데 결정적인 역할을 하는 판단체계로서 기능한다. 인간은 감성으로 판단하고 이성으로 합리화한다. 본능이 감성을 제어하고 감성이 이성을 지배한다. 이성은 본능과 감성의 꼭두각시다.

직원과 고객을 세뇌시켜라

고객에게 회원추천이나 방문후기를 적극적으로 유도한다. 직원들에게 목표를 세워 글로 써서 제출하게 하면 기록한 대로 하려고 한다. 자신이 쓴 글과 한 행동에 차이가 발생하면 ‘인지부조화’가 생긴다. 자신의 좌우명이나 각오를 적어 시술대에 붙여 놓으면 고객에게도 좋은 인상을 전달하면서, 디자이너 본인 스스로를 세뇌시키는 긍정적 결과를 도출한다. 글로 쓰게 하고 말로 표현하게 하는 것이 세뇌의 기본이다. 글로 쓰고 말로 표현하면 행동이 따라온다.

마음에 답이 있다

자식은 부모의 몸을 빌려 생명을 얻는다. 부모는 자식의 몸을 빌려 이 세상에 유전자를 남긴다. 직원은 고객과 회사의 몸을 빌려 성공하고, 원장은 고객과 직원의 몸을 빌려 경영한다. 소중한 순서는 고객 그리고 나다. 부모 없이 내가 없고 고객 없이 내가 없다. 부모에게 효도하고 고객에게 친절함은 '인간의 도리'다.

　실력 있는 사람은 많은데, 마음을 읽는 사람은 적다. 세상에 마음 착한 사람은 많은데, 실력까지 갖춘 이는 드물다. 여자와 남자는 많은데, 여자 마음 이해하는 남자가 귀하고, 남자 마음 알아주는 여자가 드물다. 욕심 많은 사람은 많은데, 직원 마음 보듬는 원장은 흔치 않다. 또한 원장 마음 이해하는 직원도 찾기 힘들다. 사람은 누구나 마음이 공허하다. 생각과 고민이 많아 골치 아프다는 이들도 마음은 허전하다. 그 텅 빈자리를 감정으로 채워주는 사람이 인생에서 성공한다. 모든 문제의 해답은 마음에 있다. 소중한 것들은 마음에 있기에 눈에 잘 띄지 않는다.

살롱이 중병에 걸렸다면 혁신이라는 이름의 사약을 받아야 한다. 중환자 살롱의 원장은 사약을 받되, 그 사발까지 씹어 먹겠다는 비장한 결의로 임해야 한다.

중환자 살롱 **치료법 1**

살롱에 불치병은 없다. 건강한 사람과 평범한 사람은 생활방식과 생각방식이 다르다. 부자와 가난한 사람은 차이가 있다. 성공한 원장과 실패한 원장은 마인드가 다르다. 살롱은 경영자에 따라 건강한 살롱과 중환자 살롱으로 나눈다. 첨단과학이 총 동원된 현대 의술조차도 중환자 치료에는 한계를 드러낸다. 미용산업에도 중환자 살롱은 많지만, 불치병 살롱은 없다. 다행하게도 미용 산업에 속해있는 모든 중환자 살롱은 완치가 가능하다.

중환자 살롱의 원장과 미용사들은 사약을 받겠다는 각오로 의식개혁과 경영혁신을 진행해야 한다. 왕족 또는 조정의 신하가 죄를 범하건 사약을 내린다. 사약은 평민에게 내리지 않는다. 원장은 왕족이고 미용사는 대신들이다. 살롱을 중병이 들도록 방임했다면, 혁신이라는 이름의 사약을 받아야 한다. 중환자 살롱의 임직원은 사약을 받되, 그 사발까지 씹어 먹겠다는 비장한 결의로 개혁에 임해야 한다.

건강한 살롱이 되기 위해서는 당면한 환부를 도려내고, 생활방식을 바꿔야 건강이 회복된다. 운영방식을 체계적으로 개선하고 임직원의 마음과 행동을 한곳으로 모아야 한다. 썩은 사과 한 개를 방치하면 상자 전체가 썩는다. 원장은 이를 명심해야 한다. 미용사는 개혁에 적극 동참하거나 아니면 빨리 퇴사하라. 중환자를 치료하지 않고 방관하는 것은 동반자살이다. 자신의 인생을 진심으로 사랑한다면 사발까지 씹어 먹겠다는 각오로 개혁에 적극 동참하라. 그럴 각오가 없다면 지금 당자 퇴사하라. 적극적으로 살롱치료에 임하거나 아니면 지금 당장 떠나라. 방관자는 필요 없다. 반대보다 더 나쁜 행동이 방관이다. 중환자 살롱에서 근무하면 직원들의 생각과 가치관도 전염된다. 성공한 살롱에서 근무한 미용사가 창업하면 성공하지만 중환자 살롱에서 근무한 미용사가 창업하면 빠르게 망한다.

체계적 경영과 온정적 경영

조직의 규정과 매뉴얼에 의해서 군대처럼 위계적으로 운영하는 것이 체계적 경영이다. 명령보다는 따뜻한 마음 즉, 온정과 애정으로 가정처럼 운영하는 것이 온정적 경영이다. 미국 경영자들은 체계적이다. 단순하고 명쾌하게 경영한다. 조직 내에서 저항이 용인되지 않는다. 회사의 경영방침을 따르지 않는 사람을 참고 인내하지 않는다. 반항적 태도를 보이는 직원은 '즉시' 해고한다. 썩어가는 사과는 망설임 없이 솎아낸다. 미국식 의사결정은 빠르다.

급여도 주급이다. 미국에서 유능한 경영자는 조직원들이 경영방침을 적극적으로 따르게 하고 저항을 단호하게 차단한다. 미국의 CEO들은 스톡옵션이나 인센티브에 의한 금전적 보상이 크다. 자본주의에서 자본가인 주주의 영향력은 절대적이다. 대량해고를 감내하더라도 재무상태를 개선한 경영자는 영웅처럼 대접받는다.

가족처럼 따뜻한 감정은 인간적으로 매우 바람직한 것처럼 보인다. 중환자에게 위로의 말과 희망적 위로만으로 치료가 안 된다. 환부를 찾아내서 통증을 참아내며 그 환부를 도려내야 한다. 침체된 기업에서 많은 땀과 노력을 투입해서 위로하는 것은 시간낭비다. 혁신을 회피하고 해고를 미루는 온정적 경영은 집단자살이다. '사이좋다'는 미명하에 명쾌한 규율이 없는 살롱환경에서 중환자가 발생한다. 실패했던 방법으로, 나약한 마음으로, 어떻게 중환자를 완치시키겠는가? 온정적 경영이든 체계적 경영이든 먼저 시작(창업)만 하면 성공하던 성장기가 있었다. 하지만, 모두 지난 얘기다.

살롱이 중환자가 된 원인은 비효율적 방법에 있다. 중환자 치료법은 경영방식을 개선하거나 환부를 도려내는 방법뿐이다. 무능하고 비능률적인 조직원은 계발시키거나 해고해야 한다. 그 이외의 다른 방법들은 모두 환상에 지나지 않는다. 온정이란 강한 규율이 보장된 시스템 내에서 베풀 때, 그 가치가 있다. 살롱 경영은 임대업이 아니다. 경영자가 열정적이지 않아도 좋은 시스템과 직원만 채용하면 된다는 주장은 어불성설이다. 경영자가 열정적으로 매진하지 않고 남에게 위임해서 성공하기는 힘들다. 권한 위임과 책임 방조는 엄연히 다르다. 현실에서 너무나 아쉬운 것은 새내기 미용사들이 선배 미용사들의 안일함과 무능함에 분노를 표출하면서도 머지않은 시간에 쉽게 물들어 버린다는 사실이다. 통탄할 일이다.

옳은 것은 다 수용된다는 생각을 버려라. 보통사람들은 옳은 것을 하는 것이 아니라 하고 싶은 것을 한다. 세상에는 무조건 저항하는 사람도 있고, 개혁에 전혀 관심이 없는 사람도 있다.

중환자 살롱 **치료법 2**

미용사들의 커트 기술력은 저마다 천차만별이다. 원장들의 경영 능력드 살롱마다 천양지차다. 중환자 살롱의 원장들은 자신감이 없고 의심이 많으며 맹목적이다. 성공과 실패의 방법은 별도로 존재하지 않는다. 전체에서 실패요소를 철저히 골라내면 성공요소만 남는다.

성공요소를 제거하면 실패만 남는다. 일반적으로 병약한 사람이 건강에 관심이 높고 건강한 사람이 건강에 무신경한 것 같지만 현실은 그렇지 않다. 건강한 사람이 건강관리에 관심이 더 높다. 병약한 사람이 건강관리에 소홀하며 인생을 방치한다. 기업도 마찬가지다. 건강한 살롱은 긴장과 열정으로 생동감이 넘쳐나고, 중환자 살롱은 나태와 불신으로 늘어지고 무기력하다. 매출이 부진한 살롱이 더 긴장하고 위기감이 팽배하리라 생각한다면 이는 착각이다.

조직원과 원장의 생각이 하나라는 생각도 착각이다. 변화는 아래에서 위로 분수나 샘물처럼 내뿜는 것이 아니라, 소나기나 폭포처럼 위에서 아래로 퍼부어야 한다. 원장이 팔 걷어 붙여야 경영개선이 시작된다. 혁신자는 목표가 분명하게 보이면 무모하게 도전한다. 요리조리 궁리하다간 어떤 발전도 이뤄낼 수 없다.

혁신은 호소나 설득으로 안 된다. 혁신이 그렇게 쉽다면 누가 실패하랴. 기존 가죽을 벗겨내야 혁신이다. 오래된 지식, 잘못된 신념을 뜯어내고 탈피해야 혁신이 이뤄진다. 혁신은 구호로 하는 것이 아니라 집요하고 끈질긴 추진력으로 달성한다. 중환자들은 변화를 싫어한다. 전

[중환자 살롱의 증상]

① 느리고 게으르다.

② 산만하고 지저분하다.

③ 거만하고 오만하다.

④ 무지하고 무식하다.

⑤ 교만하고 무례하다.

⑥ 부정하고 회피한다.

⑦ 무능하지는 않다.

그러나 버티는 힘은 대단하다.

통을 강조하고 순수혈통을 좋아한다. 새로운 문물, 새로운 지식, 새로운 사람을 배척하고 고정관념을 좋아한다. 중환자 살롱의 원장은 조직원들에게 존경 받는다. 단호하고 철저하게 실천하는 성공 살롱의 원장은 조직원들에게 존경받기가 쉽지 않다. 전 세계 어떤 나라도 국가를 발전시킨 지도자는 존경 받지 못했다. 통치 당시에 존경 받는 지도자는 온유한 지도자였다. 통치 당시 비난 받은 지도자는 후대에 칭송 받고, 통치 당시 칭찬 받은 지도자는 퇴임 후 원망을 듣는다. 성공한 원장도 혁신 당시에는 엄청나게 비난 받는다. 물론, 성공한 이후에는 모두의 존경을 받는다. 숙제를 많이 내주는 선생님은 재학생들에게 비난 받지만, 졸업생들은 그분을 훌륭한 은사님이라고 인정한다.

'옛날이 좋았다'라고 말하는 조직은 현재가 병들었다는 신호다. 다시는 과거로 돌아가기 싫다는 조직은 지금 현재 성공했다는 뜻이다. 현재 망한 사람은 자랑할 것이 과거뿐이다. 현재 성공한 사람은 과거의 어려운 시절을 뿌듯해 한다. 패자는 과거가 화려할수록 그 실패가 비참하고, 승자는 과거가 초라할수록 지금의 성공이 돋보인다. 성공은 조직원들의 행동뿐만 아니라 가슴속을 파고들어야 한다. 혁신자는 조직원들의 심장 속으로 들어간다. 자동차는 휘발유로 움직이고, 사람은 꿈으로 움직인다. 실패한 조직이 과거에 연연하는 이유는 미래가 없기 때문이다. 미래란 목표다. 망원경으로 미래를 바라보는 조직은 역동적이고, 현미경으로 과거를 바라보는 조직은 무기력하다. 성공과 실패는 서서히 진행된다. 실패는 버틴다고 막을 수 있는 게 아니며, 성공은 서두른다고 달성되는 게 아니다. 초기에는 성공과 실패의 징후가 잘 안 보인다.

개혁 추진자와 저항자는 일정한 패턴이 있다. 〈턴어라운드 경영〉의 저자 사에구사 다다시(三枝匡)는 개혁의 추진과 저항의 유형을 5가지로 구분했다.

개혁선도자 (Inncvator)	• 기존의 체제를 강하게 부정하고 개혁논리로 똘똘 뭉쳐 앞장서는 사람 • 위험을 감수하고 논리적이고 균형 감각이 있으며, 실무적으로 다가가면서 개혁을 추진할 수 있는 사람
개혁추종자 (Follower)	• 마음으로는 개혁의 사고방식이 옳다고 생각하면서 위험을 피해서 상황을 지켜보는 사람 • 위기의식이 별로 없고 변화에 대한 희망도 희박한 대다수의 사원들 • 겉으로는 수용하는 척하면서 속으로는 반대하는 경향이 있다.
개혁저항자 (Anti)	• 개혁을 옳지 않다고 단언할 뿐만 아니라 개인적으로 개혁자를 싫어하는 사람 • 야당 성향이 강해서 뒤에서 행동으로 비판하는 사람
경질더상자	• 자신의 책임을 인정하고, 담담하게 물러나는 사람 • 자신의 퇴진을 납득하지 못하고, 개혁자에게 저항하라고 주위를 선동하고 나서 물러나는 사람
방관자	• 본사의 인사부나 경리부처럼 개혁부문에 견제기능을 가지고 있는 사람 • 개혁저항자에게 동조세력이 많아지면 임원을 움직여서 개혁리더를 잘라버리는 경우도 있다.

옳은 것은 다 수용된다는 생각을 버려라. 보통 사람들은 옳은 것을 하는 것이 아니라, 하고 싶은 것을 한다. 세상에는 무조건 저항하는 사람도 있고, 개혁에 전혀 관심 없는 사람도 있다.

살롱에 원장은 있지만 경영자가 없는 경우가 허다하다. 경영자가 있다고 해도 그 역할을 간과하면 없는 것과 같다. 자동차에 운전자가 없다면 자동차는 무용지물이다. 또한 달리는 자동차에서 운전자가 졸고 있다면 최악의 상태다. 운전자가 졸면서 운전하는 자동차보다는 차라리 운전자가 없어서 멈춰있는 자동차가 더 안전하다. 운전자 없는 자동차는 출발을 못하기 때문에 사고 날 염려가 없다. 경영자여, 지금 당장 경영에 눈떠라.

졸고 있는 경영자여, 눈떠라!

경영자의 역할

살롱에서 원장은 무엇이고, 무엇을 해야 하는가? 대부분 이 질문에 답을 모른다. 살롱에서 근무하는 디자이너들이 모르는 것은 이해할 수 있다. 그러나 살롱을 경영하는 원장이 자신의 역할을 모르고 있다면 상황은 심각하다. 원장이 어떤 일을 해야 하며, 무슨 일을 하고 있는지, 왜 그 일을 하는지 모르고 있다. 그렇기 때문에 원장의 역할을 잘하고 있는지 못하고 있는지 판단하지 못한다. 일을 하는 사람은 직원이고, 일을 시키는 사람이 관리자며, 일을 하고 싶게 만드는 사람이 리더다. 원장은 관리자나 리더보다 상위 개념이다. 경영자는 시키는 수준과 하고 싶게 동기부여 하는 수준을 넘어서, '할 수밖에 없게' 또는 '저절로 되게' 살롱 시스템을 구축하는 사람이다. 잘 구축된 시스템은 구조화된 방법으로 임무달성이 저절로 되도록 한다.

원장과 직원, 인간과 사람, 전체와 개체

원장은 임무를 완수하는 사람이다. 이러한 그럴싸한 대답은 경영의 본질과 역할을 조금도 이해하지 못한 대답이다. 무면허 경영자들이 대부분 이렇게 대답한다. 경영자는 임무를 완수하는 게 아니라 목표를 달성해야 한다. 임무는 개인의 것이고 목표는 조직의 것이다. 원장과 직원은 인간과 사람의 관계다. 인간은 전체(조직)이고 사람은 개체(개인)다. 전체는 구성원 각각 개체의 합으로 표현되고, 개체는 개인과 전체의 관계로 표현된다. 어떤 살롱이 친절하다면 개체들 모두가 친절하다는 것이지 원장이나 어떤 한 사람이 친절하다는 뜻이 아니다. 조직에서 원장이나 직원은 개체가 될 수 없다.

기업과 국가의 차이는 가치창출에 있다. 기업은 상품(제품+서비스)을 생산하여 가치를 창출한다. 국가는 가치유지에 목적이 있다. 국가를 발전시키는 것이 기업의 역할이고 국가를 유지하는 것은 정부의 역할이다. 기업이 파이를 만들고 국가가 나눠준다. 국가는 국민을 상대로 돈을 벌면 안 된다. 정부는 기업이 경영을 잘하도록 조장하고 기업들이 낸 세금으로 국가경영을 해야 한다. 국가를 부유하게 하는 것은 기업의 역할이고 정부는 기업이 돈을 많이 벌 수 있도록 여건을 조성하고 기업이 낸 세금으로 국가를 안전하고 튼튼하게 유지하는 역할을 해야 한다.

경영자는 경영을 해야 한다

경영자는 목표달성에 꼭 필요한 일을 해야 한다. 경영자의 업무는 과학적·실천적이어야 한다. 지식적이고 과학적이지만 실천적이지 못한 사람이 '학자들'이다. 실천적이고 역동적이지만 과학적이지 못한 사람들이 '노동자들'이다. 실천적이고 지식적인 사람들 즉 지식과 실행이 겸비된 사람들이 '지식노동자'다. 경영자는 문무를 겸비해야 한다.

경영은 달성 목표에 의해 평가 받아야 한다.

과정이 아무리 좋아도 결과가 나쁘면 안 된다. 경영자는 자신이 잘하는 일을 하는 것이 아니라 기업에 필요한 업무를 수행해야 한다. 경영자에겐 반드시 책임이 따르기 때문에 책임에 상응하는 권력이 주어진다. 또한 경영자는 바쁘면 안 된다. 경영자가 바쁘면 중요하지 않은 일에 매달리게 된다. 한마디로 급하면서 사소한 일들에 대부분의 시간을 소모한다. 경영자의 직무 범위는 기업 경영과 관련된 모든 것이며 무한대다. 기업에서 경영자가 인정받는 이유는 중요한 직무를 수행하기 때문이다. 경영자가 하찮은 일에 매달려 바쁘다면 그는 경영자가 아니라 관리자나 운영자다.

경영자와 조직원의 관계

사공이 많으면 배가 산으로 간다는 옛말이 있다. 말 그대로 옛말이다. 기계가 융합하고, 학문이 융합하고, 문화가 융합하는 시대다. 제왕적·독재적으로 경영하는 기업보다 최고경영자가 다원적으로 구성된 기업체가 훨씬 강하다. 사공이 많아지면 배는 산뿐만 아니라 하늘로도 날 수 있다. 의학과 심리학이 만난 뇌과학이 있고, 기계공학과 컴퓨터공학이 만나 로봇학이 탄생되었다. 컴퓨터공학과 뇌과학의 만남은 인간보다 더 탁월한 인공지능을 탄생시킬 수도 있다.

수평구조의 원만한 커뮤니케이션

건전지의 병렬연결은 파워를 키우지만 에너지를 키우지 못한다. 반면, 조직의 에너지는 병렬구조에서 탄생한다. 조직의 수직구조는 건전지의 병렬구조처럼 파워가 세지지만 소통을 방해하는 경직된 조직구조로 전락한다. 반면 조직의 수평구조는 건전지의 직렬구조처럼 강한 에너지를 분출한다. 소통과 협력의 커뮤니케이션이 잘 이루어지기 때문이다.

감독관계가 아닌 의무관계

경영자는 '할 수 있는 일이 아니라, 해야 할 일'을 해야 한다. 조직원은 '좋아하는 일이 아니라, 잘하는 일'을 해야 성공한다. 순진한 사람들은 좋아하는 일을 해야 행복하다고 한다. 틀린 말이다. 성공은 잘하는 일, 중요한 일을 반복함으로써 달성된다.

조직원들의 직무는 조직원의 것이다. 성과에 대한 보상도, 결과에 대한 책임도, 모두 개인의 것이다. 경영자는 단지 그들의 목표달성 과정에서 모든 역량을 남김없이 발휘할 수 있게 도와주는 것이 전부다. 경영자와 조직원은 감독관계가 아니라 의무관계임이 분명하다.

경영자가 배우는 목적은 '위대한 조직구성'에 있다

지식과 기술은 훌륭한 인간관계를 위함이다. 지식과 기술을 배우는 목적은 다른 사람의 가슴속에 깊이 들어가 그들을 진정으로 이해하고 자신보다 더 훌륭한 사람을 자기 곁에 두기 위함이다. 지식과 기술은 경쟁에서 이기기 위한 경쟁수단이 결코 아니다. 인간을 더 깊게 이해하고 더 넓게 사랑하기 위해서 배운다. 위대한 일은 혼자서 이뤄지지 않는다. 혼자서 할 수 있는 일에는 위대한 일이 없다. 사람 없는 세상에 신이 존재할 수 없듯이, 조직 없는 세상에서 개인들은 미물일 뿐이다. '철강왕' 엔드류 카네기의 비문에는 '자신보다 더 뛰어난 사람들의 협력을 얻는 방법을 아는 사람이 여기에 잠들다'라고 쓰여 있다. 빌 게이츠는 "우리 회사 직원은 저보다 10배는 더 똑똑해야 합니다"라고 말했다. 평범한 사람들의 모임에 위대한 경영자가 나타나면 그 조직은 위대해진다. 위대한 개인들의 모임에 평범한 경영자가 나타나면 그 조직은 평범해진다.

위대한 조직은 조직원들의 장점만 본다.

단점 없는 사람은 세상에 없다. 천재인 개인의 능력도 조직에 견주면 무능하다. 위대한 조직은 개인의 장점만 바라보고 그 장점을 마음껏 발휘하도록 한다. 인간의 수명은 장점만을 발휘하기에도 턱없이 짧다. 조직원의 장점을 찾아 알리고 장려하고 포상하라. 경영자는 조직을 폼 나게 하고, 기술자는 자신을 뽐낸다. 기술자는 조직보다 자신을 드러내려 하고, 경영자는 자신보다 조직을 돋보이게 한다. 기술자는 작은 일을 두드러지게 잘하고, 경영자는 위대한 일을 묵묵히 한다. 장점이 많은 사람이 좋은가! 아첨을 잘하는 사람이 좋은가! 나쁜 조직에서는 아첨하는 사람이 발탁되고, 좋은 조직에서는 팀워크 좋은 사람이 드러난다. 위대한 조직은 단점을 덮고 장점을 부각한다.

접점과 교차는 다르다

조직의 생명은 에너지다. 에너지는 접점에 있다. 접점은 만남이다. 이종 간의 만남이 접점이라면 동종 간의 만남은 교차다. 수소와 수소의 만남은 교차지만, 수소와 산소의 만남은 접점이다. 조직은 이종 간의 장점이 만나는 접점에서 에너지를 방출한다. 이것이 이종결합이다. 동종 간의 단점이 교차하면 전쟁터로 변한다. 사람과 사람의 접점에서 에너지가 나온다. 좋은 조직은 투입된 조직원의 에너지 합보다 산출된 에너지가 훨씬 크거나 전혀

다른 것을 탄생시킨다. 전체는 부분의 합보다 커야한다. 그것이
경영자가 해야 할 역할이다.

책은 처음부터, 경영은 끝에서부터!
"책은 첫 페이지부터 읽어나간다. 그러나 사업 운영은 반대로 한다. 즉 끝에서부터 시작한 다음 최종 목적지에 이르기 위해 필요한 일을 하나도 남김없이 처리한다." – 해럴드 제닌

목표관리

‘미로 찾기’에서 목적지에 도착하는 방법을 가장 빠르게 찾는 방법은 뭘까?

목적지를 모르면서 무턱대고 출발지를 떠난다면 삶을 운명에 떠맡기는 꼴이다. 목적지를 알지 못하고 ‘언젠가는·어딘가에는 도착하겠지?’라고 막연히 생각하고 떠나는 것은 비능률적인 방법이다. 목적지에 도달하는 가장 합리적인 방법은 출발지가 아닌, 목적지로부터 시작해서 역으로 출발점을 찾아내는 방법이다. 경영에서 정확한 목표가 없는 경영은 망망대해에서 이정표 없이 떠다니는 표류경영(Drifting Management)이다. 사람에게 몸과 뇌가 있다면 경영에는 조직과 목표가 있다. 뇌 없는 몸은 시체이고, 목표 없는 조직은 집단이다.

기업은 조직원 개개인이 팀을 이루고 공동으로 협력하여 목표에 도달할 수 있도록 목표관리를 해야 한다. 조직원 각자는 서로 다른 일을 하지만, 그들 모두는 공동의 목표달성에 공헌해야 한다. 그들의 행동은 한 방향이어야 하고 목표와 일치해야 한다. 조직원의 개성은 다르지만, 행동만은 목표와 하나여야 한다. 목표를 향한 행동에는 중복이 없고 누락도 없어야 한다. 행동과 목표는 완벽하게 일치하면서 하나의 중복도 조금의 누락도 없는 상태 즉, 미시(MECE:mutually exclusive, collectively exhaustive 중복과 누락이 없는 전체) 개념에 따라 분담한다. 경영자는 하급 조직원이 해야 할 업무와 기대성과를 명확히 알린다. 그리고 결과를 평가해야 한다. 목표에 도달했다면 물질적, 감정적으로 보상하고, 미달됐다면 문제점을 본인이 파악할 수 있도록 돕고 조언해서 개선한다. 목표달성에 대한 합리적 보상이나 미달에 대한 정확한 문제파악이 즉시 이뤄지지 않으면 오해·좌절·갈등이 표출된다. 목표는 충분한 노력과 수단이 따라줘야 달성되기 때문이다.

경영자의 편중된 전문성은 낮은 단계의 목표달성에는 도움이 되나 높은 단계나 투입 인원이 많아지는 프로젝트에서는 단점으로 작용한다. 경영자가 전체를 보지 못하고 자신이 능통한 분야에만 편중해서 업무를 수행하기 때문이다. 이는 의외로 경영 현장의 모든 부문에 만연되어 있다. 수직적 계층구조는 계층 간 알력에 의해 의견교환을 단절시켜 목표달성을 저해한다.

전체목표를 수립할 때, 지원부서의 공헌목표와 지원사항도 목표로 수립되어야 한다. 직원 개인에게는 개인목표, 부서목표, 전체목표에 대한 상세한 설명서가 목표달성에 매우 유용하다. 기업은 전체이지 분리되는 개체가 아니다. 공작새의 머리와 다리는 따로 분리해서 존재할 수 없다. 날개와 다리가 구분되어 상품화 된다는 것은 공작이 아니라 고기로 팔 때만 가능하다. 조직은 분할하거나 해체할 수 없다. 매장의 시설물도 폐업할 때는 에어컨, 냉장고, 시설 등을 분할 처분할 수 있지만, 영업을 위한 매각에서는 어떤 경우도 분할이 불가하다. 생명력이 있는 전체는 부분의 합보다 크고, 생명력을 잃은 시체는 전체보다 부분의 합이 크다. 공작새의 다리는 공작새 전체를 위한 존재이지 다리를 위해 공작새가 존재할 순 없다. 바람직한 조직이나 사회에서는 전체의 이익이 개인의 이익보다 우선된다. 인간은 사회적 동물이기 때문이다. 유능한 지도자는 개인의 자유를 희생시켜서라도 조직의 힘을 키운다. 결국, 조직이 강해지면 개인의 행복이 더 커지기 때문이다.

반대로, 독재자는 자신의 행복을 위해 개인의 자유를 희생시킨다. 목표관리가 달성목표에 한정된다면 경영자와 독재자를 구분할 수 없다. 달성목표와 배분목표가 함께 제시돼야 바람직한 목표관리다. 기술자는 부분목표만 바라보고 전문가는 전체목표에 집중한다. 전체목표는 단순히 개체들의 총합(Sum)이 아니다. 전체목표는 조화된 개체들의 종합(Synthesize)이다.

경영자의 사소한 행동 하나가 직원들에 미치는 영향은 크다. 직원들은 경영자의 행동에 즉각 반응한다. 직원들은 경영자의 일거수일투족을 의도된 행동으로 받아들이기 쉽다. 직원에게 비춰지는 경영자의 무의식적 행동이 기업과 경영자에 대한 신뢰감의 상실과 존경심의 결여로 표출된다. 업무성과가 떨어지는 이유는 장기적 안목이 없어서가 아니라, 사소한 오해에서 시작한다. 경영자의 사소한 행동이 직원에게는 등대처럼 보인다. 목표관리와 직무수행에 대한 요구기준이 분명하게 제시되어야 직원들의 시선을 경영자에게서 업무기준으로 돌릴 수 있다. 정보전달은 말과 글로 하지만, 감정은 행동으로 전달된다. 입으로는 감정을 전달하지 못한다. 정확한 경영목표는 언어와 문자로 정확하게 표현해야 한다. 글로 분명하게 서술하지 않은 목표는 없거나 달성하지 못한다. 조직원은 조직의 목표에 철저하게 동참하든가 아니면 빠져야 한다. 조직행동에 '적당히'는 존재할 수 없다.

인간은 늘 인정받고 싶은 마음, 성장하고 싶은 마음, 임무를 수행하고 싶은 마음, 집단에 소속되고 싶은 마음을 갖고 있다. 이 같은 욕구를 충족하기 위해 인간은 현재보다 나은 상황을 기대하며 목표를 갖게 된다. 그러나 현실과 목표 사이에는 간극(갭)이 발생하게 되는 데 이 간극을 문제라고 한다. 조직의 문제를 해결하는 것이 곧 목표관리다. 목표달성이란 현실과 목표 사이의 문제를 해결하는 것이 다. 살아가면서 더 나은 곳을 향한 노력의 과정이 문제해결 과정이다. 목표가 크다면 개선할 문제도 크다.

목표가 있으면 문제가 있다

보이면 사건이고 모르면 문제다

문제의식을 갖기 위해서는 첫째, 목표를 명확히 확립해야 한다. 목표가 명확하지 않으면 문제도 막연하다. 목표가 명확하면 해결해야 할 문제도 명확해진다. 둘째, 목표를 달성하겠다는 강한 의지가 필요하다. '되면 좋고 아니면 말고'의 방식은 문제의식을 희석시킨다. 목표달성 과정에서 대충이나 적당주의는 철저하게 배척한다. 셋째, 목표를 심장에 새겨야 한다. 목표에 대한 청사진이 가슴과 뇌에 새겨지고, 눈을 감으면 목표에 대한 심상이 컬러사진처럼 생생해야 한다. 넷째, 목표달성 시점을 정한다. 마감시간이 없다면 목표달성 시점도 없다. 시간은 주어지는 것이 아니라 만드는 것이다. 만해 한용운 님은 바쁜 사람은 게으른 것이라고 질책했다. 현재가 바쁜 것은 과거에 게을렀기 때문이다. 다섯째, 문제해결 시나리오를 짠다. 문제가 정확하게 파악되면 해결책이 보인다. 목표달성에 대한 계획을 세우고 문제해결 과정의 로드맵 (Road Map)을 그린다.

내부 문제와 외부 문제

'케이블카를 타고 산에 오른 사람은 결코 등산가와 똑같은 태양을 볼 수 없다.' 알랭의 말이다. 자신의 의지로 일하는 사람은 그 과정에서 예상치 못한 어려움과 위험에 직면하지만 새로운 발견도 할 수 있다.

문제에는 내부 문제와 외부 문제가 있다. 내부 문제는 공헌의지(Willingness to Serve), 공동목적(Common Purpose), 의사소통(Communication) 사이에서 발생한다. 외부 문제는 시장, 기술, 고객의 변화에 의해서 발생한다. 최근 시장의 대표적 변화는 세계화다. 글로벌 마인드와 국제 감각의 부족에서 문제가 발생한다. 기술 변화의 트렌드는 정보화이며, 정보화와 지식화에 편승하지 못하면 낙오된다. 역사에서 세계를 지배했던 민족은 개방화에 앞장서서 선진문물을 주도했던 국가들이었다.

인간은 끝없이 변한다. 고객은 인간이다. 이러한 인간의 욕구 변화를 좇지 못하는 조직에는 문제가 발생한다.

목표달성은 문제해결 과정이다

'기업은 해결해야 할 문제의 집합체'라고 맥도나우는 말했다. 목표는 행복이고 문제는 불행이다. 목표를 설정한 순간은 행복하지만, 목표가 확정된 후에는 목표와 현실 간의 문제가 발생한다. 문제를 인식하는 순간부터 불행이 시작된다. 불행을 해소하는 방법은 문제를 해결하는 것뿐이다. 문제를 해결했다는 것은 목표에 도달했다는 것이다. 그 순간은 행복하다. 인간의 욕심은 끝이 없기 때문어 행복은 순간일 뿐이다. 인간은 또다시 새로운 목표를 수립하고 새로운 문제 속에서 또다시 불행해 한다. 남자의 반대말이 여자가 아니듯, 행복과 불행은 반대말이 아니다. 또한 목표와 문제는 남녀의 관계처럼 붙으면 떨어지려고 하고, 떨어트리면 만나려고 기를 쓴다. 노자는 '화와 복은 마치 꼬아 놓은 새끼줄과 같이 번갈아 온다'고 했다.

문제를 간단하게 해결하는 법

의사는 질병을 진단하는 것과 치료하는 것 중 어디에 비중을 더 둘까? 당연히 진단에 초점을 더 둔다. 원인만 정확하게 진단되면 치료는 쉽다. 원인을 아는데 치료방법을 모른다면 그는 의사가 아니다. 명의의 판단 기준은 치료에 있는 것이 아니라 진단에 있다. 컨설턴트들은 기업의 문제점을 파악하고 해결책을 제시하는 해결사들이다. 그렇다면 그들은 어떻게 문제를 정확하게 분석하고 해결할까? 컨설턴트들은 기업에서 발행하는 문제를 이슈 트리를 이용해 분석한다.

이슈 트리(Issue Tree)의 특성

① MEMC (중복과 누락을 방지한다.)

② 인과관계에 의해 논리적이다.

③ 문제를 세분화할 수 있어 문제해결 업무를 분담한다.

④ 이슈 간의 논리적 구조로 문제해결의 완성도를 높인다.

⑤ 의뢰인, 컨설턴트, Stakeholder 등 공통된 이해를 돕는다.

이슈 트리의 중요성

문제를 분석하고 해결함에 있어 꼭 명심해야 하는 개념은 두 가지다. '논리적'이어야 하고, '누락 없고 중복 없이' 분석되어야 한다. 이를 실천하는 강력한 도구가 이슈 트리(Issue Tree)다. 이슈 트리는 문제를 깊고 넓게 파고들면서도 논리적으로 접근할 수 있다. 그러나 아무리 논리적이고 강력한 툴이라도 다루는 사람이 서툴면 무용지물이다. 꾸준한 실행과 숙달이 필요하다.

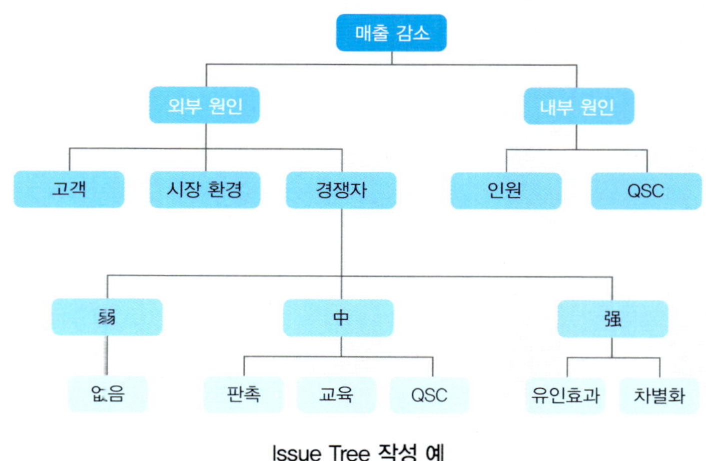

Issue Tree 작성 예

경영은 끝없는 문제해결의 연속이다

정확하게 진단이 이루어지고 확실한 처방전을 내려주면 치료는 생각보다 쉽다. 경영은 끝없는 문제해결의 연속이다. 문제는 끝없이 발생한다. 지속적으로 발생되는 문제를 가장 능률적(효율적·효과적)으로 대처하는 조직이 성공한다. 문제와 해결은 꼬아 놓은 새끼줄처럼 지속적으로 반복된다.

　행복과 불행도 끝없는 반복이다. '인무원려필유근우(人無遠慮 必有近憂)'라는 말이 있다. 사람이 멀리까지 바라보고 깊이 생각하지 않으면 반드시 가까운 시일에 근심이 생긴다. 거리로나 시간으로나 눈과 생각은 멀리 두어야 한다.

지상에서 가장 큰 동물인 코끼리에게는 천적이 없다. 암컷이 수컷보다 더 오래 사는 코끼리에게는 강한 수컷의 경험보다 장수한 암컷의 경험이 더 소중하다. 코끼리에게 있어 경험은 목숨을 담보하는 소중한 자산이다. 그러므로 모계사회로 이루어진 코끼리 무리 중에서 나이가 가장 많은 암코끼리가 지도자로 존경 받는 것은 당연한 이치다.

경험에 치우치지 말고 지식에 눈떠라!

인류는 문자로, 코끼리는 경험으로

글자가 없는 코끼리 세상에서는 경험이 지식의 전부다. 코끼리는 그들의 수명만큼 지식을 축적한다. 후손에 자신의 지식과 경험을 전수할 수 없다. 인류는 장구한 세월의 경험을 문자로 축적했다. 불과 몇 백 년 전만 하더라도 인류의 수명이 코끼리보다 짧았다. 그러나 인류는 문자에 의해 위대한 지식을 축적할 수 있었고 문명화를 이룩했다. 인류가 이룩한 문명(文明)은 글자가 있었기에 가능했다. 코끼리는 수명이 60~70년이므로 그들의 역사나 지식은 길어야 70년이 고작이다. 글이 없는 코끼리는 연장자의 경험을 후대에 전수할 수 없다. 코끼리의 신세대는 항상 원점에서 새로 시작해야 한다. 그래서 그들의 지식은 고작 70년이 전부다.

지식보다 경험을 중시하면 경쟁력을 잃는다

배우지 않고 경험에만 의존하는 60대 원장이 있다면, 그의 지식 나이는 60살이다. 반면 30대의 원장이 배우고 독서해서 1만 권의 책을 읽었다면, 그의 지식 나이는 1만 30살이 된다. 문명사회에서는 경험의 차이보다 지식의 가치가 월등하다. 아무리 문명사회라도 경험의 소중함을 터부시할 수 없지만, 지식의 가치가 훨씬 높은 것은 부인할 수 없다. 인간이 문명화되면 될수록 지식과 창의력은 그 어떤 가치와 비교될 수 없이 높아진다.

지식 위에 쌓아진 경험은 위대하지만, 무지 위에 축적된 경험은 초라하다. 무식한 연장자는 경험을 내세우고 유식한 경험자는 겸손해진다.

변화에는 개선과 혁신이 있다

경쟁 환경에서 도태되지 않으려면 경쟁자(모든 생명체)들 보다 빠르고 효과적으로 적응해야 한다. 개선은 현재 상태보다 더 나아지는 것이다. 미국의 경제학자 슘페터는 이러한 개선과 혁신 과정을 '창조적 파괴의 폭풍'이라고 했다. 생명체는 변화해야 한다. 데이비스와 메이어는 '생존한다는 것은 변화한다는 것을 의미한다'고 했다. 성공한 사람에게 가장 무서운 것은 경험이다. 성공한 사람은 자신의 방법이 시간이 지나면 변화한다는 사실을 인정하지 않는다. 과거에 성공했던 방식이 그에게 각인된다. 이것이 바로 고정관념이 형성되는 과정이다. 성공했을 때, '모든 성공은 일시적이다'라는 말을 꼭 기억하자. 혁신은 기존 것을 버리고 다른 것으로 대체하는 것이다. 혁신이란 새것이 아니라 다른 것을 말한다.

개선이 안경이라면, 혁신은 3D안경이다.

사람은 자기가 아는 단어만큼 세상을 이해하고 자신의 시력만큼만 볼 수 있다. 시력을 높이는 방법은 안경을 쓰면 해결된다. 입체영화(3D)를 3D안경 없이 보면 감동이 떨어지듯 세상도 인생도 지식 없이 살면 감동이 줄어든다. 인간은 익숙한 것은 좋아하지만 지루한 것은 질색한다. 약간의 개선은 익숙하지만 장기간 개선은 지루해 한다. 익숙하면서도 새로워지는 것이 혁신의 이상적인 방법이다. 지루한 것을 반복하는 게 노동이고, 새로운 것에 익숙해지는 게 훈련이다. 직원의 행동을 통제하는 것이 개선이라면, 직무에 적합한 직원을 채용하는 것이 혁신이다.

개선보다 혁신

나아지는 것이 개선이고 달라지는 것이 혁신이다. 개선은 더 나아지는 것이고 혁신은 완전히 달라지는 것이다. 나아지는 개선은 경험과 노력으로 되지만, 달라지는 혁신은 지식과 창의력이 필요하다. 한국인이 한국어를 더 열심히 공부한다면 나아지는 개선이다. 새롭게 영어 공부를 시작한다면 달라지는 혁신이다. 경험은 문화를 형성하고 지식은 문명을 조장한다. 문화는 폐쇄적일 때 나아지고 문명은 개방적일 때 발전한다. 할 수 있는 것을 바꾸면 거선이고 필요한 것을 바꾸면 혁신이다. 가지고 있는 것을 고객에게 파는 게 세일즈라면, 고객에게 필요한 것을 제공하는 게 마케팅이다.

모방자와 리더의 차이

시장은 생산자와 소비자의 스피드게임이다. 고객의 요구에 앞서면 전문가, 고객의 요구에 뒤처지면 심부름꾼이다. 식당에서 김치를 더 달라고 요청했을 때, 친절하고 신속하게 가져다주는 사람은 심부름꾼이다. 김치가 떨어지기 전에 미리 알아서 챙겨주는 사람이 전문가다. 아마추어는 모방하거나 개선하고, 프로는 달라지거나 혁신한다. 혁신의 시작은 버리는 것이다. 비워야 채울 수 있다. 개선은 1등 뒤를 바짝 쫓아가는 것이다. 혁신은 따라오는 2등보다 조금 앞서는 것이 아니라 2등의 스승이 되는 것이다. 개선은 모방자들이 선호하는 방법이고 혁신은 전문가들이 실행하는 방법이다.

미래는 예측 가능한가?

사업을 시작한 대다수의 기업들이 망하는 단계가 바로 도입기다. '초기예측1' 단계로는 미래 전망이 밝아 보이지 않는다. 그래서 낙관적 시각으로 도전했던 90%의 도전자들이 도입기에 포기한다.

성장기에는 모방자들이 출현한다. 모방자들은 '중간예측3' 단계의 비전으로 매우 빠르게 추격한다. 너도나도 뛰어든다. 경쟁자가 많아지면 시장을 단기간에 성숙시장으로 발전시킨다. 현명한 기업은 성장기에 혁신으로 갈아탈 준비를 한다. 성숙기로 접어들면 경쟁자의 진입이 늘고 고객의 선호도가 바뀐다. 또한 더 강력한 경쟁력을 갖춘 새로운 강자가 출현하면서 시장은 순식간에 쇠퇴한다. 모방(벤치마킹, 빠른 2등)이 결국 시장의 불연속을 만든다. 도입기에는 예측오류에 의해 모방전략이 가치가 없지만, 성장기에는 모방이 매우 매력적이고 효율적인 전략이 된다. 성장기에 너도나도 시장에 진출하면서 시장은 급속하게 성장하고 급속한 성장은 더 많은 모방자들을 끌어들이며, 결국에는 성숙기에 불연속의 늪으로 빠져든다.

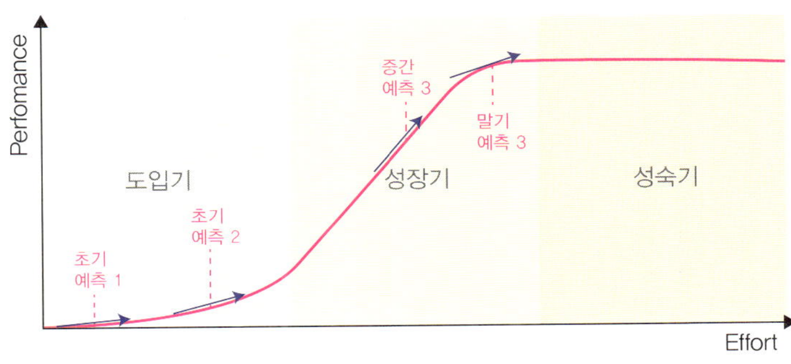

시그모이드 커브와 미래 예측

불연속적 연속성

〈블랙 스완〉의 저자 나심 니콜라스 탈레브는 미래가 예측 불가능하므로 초악의 경우를 대비하라고 했다. 〈창조적 파괴〉의 저자 리처드 포스터는 시장이 연속적이지 않다고 했다. 〈캐즘 마케팅〉의 저자 제프리 무어는 신제품이 대중화되기 전까지 불연속(캐즘Chasm–수요정체)이 발생한다고 했다. 시장은 불연속적 연속성을 갖는다. 미래란 볏짚으로 꼰 새끼줄과 같다. 볏짚 각각은 불연속적이지만 새끼줄로 꼬면 연속적이고 탄탄하다. 인류도 불연속적인 개인들이 모여 사회를 이루고 그 사회는 연속성을 유지한다. 시장도 고객도 개별적으로는 불연속적이지만 전체적 관점에서는 연속적이다. 시장은 개별적으로는 예측 불가능하지만 전체적으로는 예측 가능하다.

경험보다 지식을 함양하자

인간은 자신의 경험으로 극복할 수 없는 현상에 대해서는 니체의 말처럼 '권력에의 의지'에 기대게 된다. 또한 무지하고 무능한 인간은 절대적 자유를 두려워해서 에릭 프롬의 주장처럼 '자유로부터의 도피'를 위해 권력에 기댄다. 책임이 따르는 자유보다 책임이 없는 구속을 바란다. 짧은 경험은 인간을 두렵게 하고 긴 지식은 인간을 겸손하게 한다. 경험은 두렵지만 지식은 평안하다. 육신의 나이보다 지식의 나이가 진정한 어른을 만든다.

나무가 성장할 때는 계단처럼 점층적으로 성장한다. 나무의 굵기도 층계처럼 굵어진다. 나이테가 그 증거다. 사람의 키나 체중도 계단처럼 점층적(반복적)으로 자란다. 동물의 뼈에는 나무의 나이테처럼 개체의 성장을 알 수 있는 성장테가 있다. 조개껍데기를 보면 쉽게 이해된다. 이처럼 우주 만물의 성장은 계단처럼 발전한다. 기업 또한 성장 및 쇠퇴하는 과정은 비탈길처럼 서서히 이루어지는 것이 아니라. 갑자기 점층적으로 이뤄진다. 또 비탈길은 노력의 변화가 곧바로 보이지만, 계단은 땀의 결실이 더디게 드러난다.

경영자들이여 비탈길을 피해 계단으로 올라가자. 경영의 계단을 오르는 방법을 알아보자.

경영의 계단을 오르는 방법

습관에는 관성이 있다

습관이라는 관성은 현재 상태를 그대로 유지하려고 한다. 멈춰 있는 것은 계속 머무르려 하고, 움직이는 것들은 계속해서 이동하려는 속성이 관성이다.

　나태했던 습관을 멈추고 부지런한 행동으로 변화하기 위해서는 2배의 에너지를 필요로 한다. 경영혁신이나 실천행동이 어려운 이유도 2배의 노력이 필요하기 때문이다. 처음 창업할 때 준비를 제대로 해야 한다. 일단 시작해보고 도중에 바꾸려면 2배 이상 노력해야 한다. 습관을 변화시키기 어려운 이유는 '습관의 관성' 때문이다. 조직의 습관이나 문화도 관성이 작용한다. 관성은 변화를 거부하며 '이대로'를 주장한다. 그들은 자신들의 모순을 합리화할 수 있는 수단을 찾는다. 결국 새로운 좋은 습관이 정착할 수 없도록 방해한다.

관리를 멈추지 마라

잘 가꾸어진 화단을 망가뜨리는 가장 좋은 방법은 방치다. 자연계에는 엔트로피 법칙이 작용한다. 자연계는 질서보다 무질서를 선호한다. 세상은 언제나 무질서로 가려는 경향이 있다. 청소하는 것보다 어지럽히는 것이 더 쉬운 이유다. 게으름은 연습이 필요 없다. 잘 가꾸어진 잔디밭을 초토화 시키는 방법은 삽으로 파헤치는 것이 아니라 가만히 방치하면 된다. 삽으로 파헤치면 화초와 잡초가 모두 죽지만, 그냥 방치하면 화초는 죽고 잡초가 무성해진다. 자연계는 관리를 멈추면 저절로 망가진다. 조직도 관리를 멈추면 금세 아수라장이 된다. 방치해 놓은 화단에 거름을 주지 마라. 시스템이 없는 조직에 교육이라는 거름을 주면 더 좋아지는 것이 아니라 더 빨리 나빠진다.

엔트로피 법칙에 관하여

한 반에 남녀 학생이 각각 15명씩 모두 30명이 있다고 가정해보자. 이 학생들이 등교할 때 남녀 학생이 무작위로 섞여서 등교할 가능성을 A라고 하자. 남학생 전체가 먼저 등교한 후, 여학생이 나중에 등교할 가능성을 B라고 가정해보자. 당연히 B보다 A의 가능성이 높다. 이는 섞이는 경우가 가지런한 경우보다 확률이 높기 때문이다. 엔트로피 법칙에 따라서 남학생들에게 여학생들보다 먼저 등교하라고 강요해도 결국 시간이 지나면 조금씩 섞이게 되는 것이 자연의 이치다. 인간은 질서를 바라지만 자연은 무질서를 선호한다. 조직은 질서를 원하고 개인은 무질서를 좋아한다. 조직과 질서는 관리하지 않고 방치하면 쉽게 무너진다.

경영자여, 거름주기보다 잡초 뽑기가 우선이다.

불친절한 살롱에서 이벤트를 진행하면 단기간에는 도움이 되지만 장기적으로는 '언 발에 오줌 누기'가 된다. 이벤트 행사는 임시방편에 불과하다. 불친절을 개선하지 않고 고객을 유치하면 나쁜 소문이 급속하게 퍼져 급기야 폐업으로 치닫는다.

급할수록 돌아가라. 아무리 다급하더라도 거름을 줄때는 먼저 잡초를 뽑아라. 살롱의 잡초는 '기술의 미숙함', '실내의 불결함', '행동의 불친절'이다. 화단에 화초가 없다고 잡초를 심을 수는 없지 않은가. 인재가 부족하다고 아무나 채용해선 안 된다. 급하다고 서두르지 말고 잡초를 뽑아라. 잡초만 뽑아도 한 계단은 거뜬히 성장할 수 있다.

개인기보다 팀워크를 격려하라

A팀은 5명 모두가 고르게 90의 능력을 갖췄고, B팀은 4명이 100의 능력을 다른 한 명은 50의 능력을 갖추었다고 가정하자. 숫자적으로는 양 팀 다 450의 능력을 갖고 있다. A팀과 B팀이 자유투로 승부를 가른다면 결과는 비긴다. 하지만 경영은 자유투가 아니라 팀플레이기 때문에 실전에서는 A팀이 이긴다.

자유투는 이어달리기처럼 팀원 각자의 '능력 합'이 성적표다. 반면 팀플레이는 팀원 전체의 유기적 관계에 따라 패스를 해야 하기 때문에 가장 실력이 떨어지는 선수는 팀원 모두에게 나쁜 영향을 미친다. 그러므로 자유투는 팀원 각각의 성적을 단순하게 합하면 되지만, 팀플레이는 전체적 균형이 강조된다. 팀원 전체 실력이 고르게 분포된 A팀과 팀원 간 실력의 편차가 큰 B팀은 성적에 확실한 차이를 보인다. 팀원 전체의 실력 합이 같다면, 팀원 간의 격차가 가장 적은 팀이 유리하다. 경영은 팀플레이지 자유투가 아니기 때문이다. 다음의 표를 보자. 선수들이 2점짜리 자유투를 던진다면 A팀, B팀 모두 9점을 얻게 되어 동점이 된다.

자유투에서는 개인들의 능력을 합한 전체가 같다면 팀원들 간 편차가 심해도 승부에 영향을 끼치지 않는다. 반면 그 아래 표처럼 팀원 간 패스를 해야 하는 팀플레이에서는 팀원들의 실력이 균일해야 한다. 팀원 간 능력 차이가 큰 B팀의 경우, 능력 차가 줄어들면 패스 성공률이 높아지는 것을 나타낸다.

팀원들 간의 격차를 줄여야 경영의 계단을 오르기 쉽다.

자유투(농구)

선수	A팀		B팀	
	실력	점수	실력	점수
선수1	90%	1.8	100%	2
선수2	90%	1.8	100%	2
선수3	90%	1.8	100%	2
선수4	90%	1.8	100%	2
선수5	90%	1.8	50%	1
합계	450%	**9**	450%	**9**

팀플레이(농구)

구분	선수1	선수2	선수3	선수4	선수5
A팀	90%	90%	90%	90%	90%
	90	81	73	66	**59.05**
	100%	100%	100%	100%	50%
	100	100	100	100	**50.00**
B팀	95%	95%	95%	95%	70%
	95	95	86	81	**57.02**
	91%	91%	91%	91%	86%
	91	83	75	69	**58.97**

빵에 양초를 꽂아라

평범한 케이크에 양초를 꽂으면 단순한 빵에서 기념물로 변신한다. 몇 천 원짜리 케이크에 몇 백 원짜리 양초가 꽂히는 순간부터 케이크는 먹거리에서 셀러브레이션(Celebration) 도구가 된다. 기념행사를 위한 케이크는 더 이상 빵으로서의 가치가 아니라 기념행사의 품격을 높여주는 가치물로서 그 격이 높아진다. 살롱에도 양초를 꽂으면 매출이 급상승하는 사례가 많다. 어수선한 실내를 말끔하게 정리정돈 한다. 맞이·소개·배웅 할 때 씩씩하고 상냥하게 인사한다. 무표정했던 얼굴에 환한 미소를 띤다. 표정이 밝으면 매출이 오른다. 복장을 전문가답게 입어라. 규모가 작을수록 유니폼을 착용하라. 매출에 큰 도움이 된다. 청소 잘하기, 인사 잘하기, 머리 잘하기 같은 행동들은 모두 양초를 꽂는 것이다. 빵의 품질을 높이는 것도 중요하지만, 현명한 경영자는 양초 꽂는 것도 기술만큼 중요하게 생각한다. 어둠에는 촛불을 켜고 빵에는 양초를 꽂아라. 경영의 계단이 환하게 밝혀질 것이다.

반복적·점층적으로 변화, 발전하는 경영의 계단

경영이나 인생이나 계단처럼 반복적·점층적으로 성장한다. 계단을 오르기 위해서는 층계의 높이보다 더 큰 노력을 한 번에 집중해서 단숨에 올라가야 한다. 비탈길은 야금야금 꾸준하게 오를 수 있지만, 계단은 힘을 비축했다가 한꺼번에 몰아쳐야 한다. 인생의 계단은 끝이 없는 반복이다. 행복도 인생의 계단과 같다. 갖은 노력을 다해 행복에 도달하는 그 순간부터 새로운 욕망이 꿈틀대기 시작된다.

인간은 만족이라는 단어를 사용하지만, 인간에게 만족이란 없다. 만족과 행복은 순간뿐이다. 졸업을 영어로 Commencement라고 하는데, 이 단어는 '시작'이라는 의미도 포함되어 있다. 어떤 것을 마무리했다는 것은 새로이 시작할 것이 있다는 것이다. 처절한 실패보다 어정쩡한 성공이 무섭다. 처절한 실패는 새롭게 시작하면 극복할 수 있지만, 어정쩡한 성공은 자만으로 내닫기에 치명적이다.

상품이 팔리지 않는 이유는 뭘까. 기업이 망하는 원인은 어디에 있나.

월급이 적다고 푸념하는 직원들의 이유는 뭔가. 고객은 정말 옳은가? 잘되는 살롱을 인수한 원장이 왜 망하나. 그 이유는 불량하기 때문이다. 훌륭하지 아니한 것이 불량이다.

시장에는 5가지 불량이 있다. 첫째는 상품의 품질이나 상태가 나쁜 불량품이 있다. 둘째는 행실이나 성품이 나쁜 불량직원이 있다. 셋째는 매출성과가 낮은 불량기업이 있다. 넷째는 지불능력이나 성격이 나쁜 불량고객이 있다. 다섯째는 지식수준과 실행능력이 떨어지는 불량경영자가 있다.

품질과 생존 부등식

시장의 5가지 불량

1. 불량품 : 품질이나 상태가 나쁜 상품

① 요금 〉 가치

- 고객에게 제공한 가치보다 요금이 비싼 상품

② 원가 〉 요금

- 책정된 요금보다 원가가 비싼 상품

③ 고객인식 〉 제공가치

- 높은 부가가치를 고객에게 제대로 전달하지 못한 살롱

2. 불량직원 : 행실이나 성품이 나쁜 직원

① 시술요금 〉 인사수준

- 시술요금보다 인사수준이 낮은 직원

  예 시술요금이 만 원인데, 오천 원짜리 인사하는 직원

② 기대치 〉 시술력

- 고객의 기대보다 시술력이 낮은 직원

③ 현상유지 ≠ 변화혁신

- 현상유지와 변화혁신의 비율이 균등하지 않은 직원

3. 불량살롱

① 타사 경영시스템 〉 자사 경영시스템

- 체계적인 경영시스템이 없는 살롱.

- 경쟁 살롱보다 경영시스템이 낮은 살롱

② 경쟁 ≠ 협력

- 경쟁과 협력의 조화를 상실한 살롱

③ 타사(상권×인테리어) 〉 자사(상권×인테리어)

– 상권과 인테리어가 경쟁사보다 나쁜 살롱

4. 불량고객

① 책정요금 〉 지불능력

　– 지불능력이 떨어지는 고객

② 유형별 불량고객(Jay-customer)

도둑형	요금을 내지 않으려는 고객
할인형	무조건 깎아달라는 고객
외상형	나중에 준다고 외상 하는 고객 (고객정보를 거짓으로 알려주고 입금한다고 함)
트집형	사소한 일에 트집을 잡는 고객 (보상을 노리고 트집 잡는 형)
번복형	원하는 대로 헤어스타일이 잘 나왔는데도 다른 스타일을 원함

5. 불량경영자

① 요구지식 〉 현재지식

　– 경영에 필요한 요구수준보다 현재의 지식수준이 떨어지는 경영자

② 현재지식 〉 실천능력

　– 알고 있는 지식보다 실천능력이 떨어지는 경영자

③ 기대성과 〉 매출성과

　– 기대성과보다 매출성과가 낮은 경영자

기업생존 부등식

불량품을 생산하는 기업은 생존할 수 없다. 윤석철 교수는 〈프린시피아 매네지멘타〉에서 기업생존부등식을 강조했다. 생존부등식은 비용(Cost), 요금(Price), 가치(Value)의 관계를 부등식으로 표현한 것이다.

$$C < P < V$$

기업이 생존하기 위해서는 원가보다 요금이 높아야 하고, 요금보다는 고객에게 전달되는 가치가 커야 한다.

이는 단순하면서도 통찰력이 넘치는 개념이다. 생존부등식(C〈P〈V)을 깊이 이해하면 경영 개념을 꿰뚫을 수 있다. 비용은 최소로 줄여야 하는 감소(−)요소이고, 요금은 조화를 유지해야 하는 균형(=)요소이며, 가치는 극대화해야 하는 증가(+)요소다. P−C=이익실현, V−P=가치실현에 해당한다. 이를 정리하면 다음과 같다.

$$C \text{ 감소요소 } (−) < P \text{ 균형요소 } (=) < V \text{ 증가요소 } (+)$$

경영의 목적은 이익극대화(Profit Maximization)

이익과 가치는 항상 균형을 이뤄야 한다. 그렇기 때문에 이익극대화의 실현은 곧 가치극대화다. 이익과 가치가 균형을 이루면서 이익극대화가 실현되기 위해서는 비용감소나 가치창출이 이루어져야 생존이 가능하다. 경영에서 이익과 가치는 동일 개념이 되어야 한다. 가치를 창출하고 비용을 감소해야만 기업에 이익이 발생한다. 가치극대화가 결국 이익극대화를 실현시킨다.

$$C \leftarrow 이익실현 \rightarrow P \leftarrow 가치실현 \rightarrow V$$

　우량품은 높은 가치와 낮은 비용을 실현한 상품이다. 불량품은 낮은 가치와 높은 비용의 상품이다. 기업이 생존하기 위해서는 투입비용보다 가치창출이 월등할 때 가능하다.

$$C \ll V$$

　요금은 투입한 비용과 산출된 가치의 중간에서 결정해야 바람직하다. 투입된 비용이 100원이고 고객이 느끼는 가치가 700원이라면 요금은 100원 이상 700원 미만에서 책정할 수 있지만 이상적인 요금은 400원이다. 여기서 원가는 100원이고 창출된 부가가치는 600원이다. 부가가치(600)는 기업과 고객이 이등분한다. 요금이 700원이면 고객은 700원짜리를 700원에 구입하므로 매력이 줄어든다. 요금이 100원이면 기업은 이윤이 없으므로 이윤창출이라는 기업의 목적이 사라진다. 기업은 요금을 100원 인상하려면 투입비용(원가)를 제외한 추가적 부가가치를 200원 높여야 한다. 부가가치는 경쟁상황(공급경쟁/수요경쟁)에 따라 변화한다.

$$P = (V + C) / 2$$

요금은 경쟁상황이나 시장환경에 따라 가치와 비용 사이에서 탄력적이다. 그렇지만, 요금의 기본 개념은 가치실현과 이익실현의 중립을 유지한다. 예외가 있지만, 일반적으로 요금인하는 판매량을 늘리고 요금인상은 판매량을 줄인다. 요금인하는 이익을 줄이고 가치를 늘리는 것이며, 요금인상은 이익을 늘리고 가치를 줄이는 결과이기 때문에 수요량 변화에 큰 영향을 끼친다.

최대의 가치를 창출하라!

우량품과 불량품을 평가하는 기준은 가치창출 · 투입비용 · 균형요금이다. 최대 가치창출을 목적으로 투입비용을 최소화하고, 이익실현과 가치실현의 균형을 유지하는 요금책정에 의해서 살롱은 생존한다. 경쟁 살롱이 제공하는 가치보다 높게, 고객들이 희망하는 가치보다 크게 부가가치를 창출해야 성공한다.

투입비용은 가능한 범위 내에서 최소로 줄이고 또 줄여야 한다. '마른 수건도 다시 짜라'는 게리 롱의 말을 생각하자. 요금은 투입비용과 가치창출의 절대적 중립을 유지해야 한다. 이익실현과 가치실현은 반드시 균형을 이뤄야 한다.

"바보가 되는데 2가지 방법이 있다. 하나는 진실이 아닌 것을 믿는다. 둘째는 진실 믿기를 거부한다." – 키에르케고르

경영은 바보게임이 아니다

대통령이 되려는 사람은 대통령이 되면 안 된다

대통령은 국민을 사랑하고 국가 발전에 이바지할 사람이어야 한다. 이런 사람이 대통령이 되어야 함이 분명한데도 막상 선거를 해보면 유권자들은 자신의 순간적 유·불리에 따라 투표권을 행사한다. 투표는 최선을 택하는 게 아니라 최악을 피하기 위한 선택이다. 유권자의 마음에 쏙 드는 후보자가 없어도 최악의 후보자가 당선되는 것을 막기 위해 투표권을 행사해야 한다. 그래야 현명한 유권자는 아니더라도 바보 같은 유권자라는 낙인을 피할 수 있다. 정치인은 국민들을 바보로 인식하는 바보게임을 중단해야 한다.

종교도 마찬가지다

나는 종교가들이 외치는 종교에는 무신론자다. 그러나 신앙인들이 믿는 종교에는 유신론자다. 종교가의 타락으로 신성(神聖)이 세속화되었다. 종교가 타락한 원인은 종교가들이 신앙인들을 바보로 여기기 때문이다.

경영자들도 다르지 않다

고객이나 직원들의 이익보다 자신의 부귀영달이 목표인 사람은 경영자가 되어선 안 된다. 고객을 행복하게 하고 직원을 육성 발전시켜 사회에 기여하려는 사람이 경영자가 되어야 한다. 대한민국이 이렇게 발전한 데에는 경영자들의 역할이 컸다. 고객을 바보로 생각하지 마라. 고객은 신이다. 고객을 바보로 생각하는 기업은 낮은 품질의 상품을 적당히 포장해서 비싸게 팔려고 한다. 직원을 바보로 여기는 경영자는 낮은 임금으로 우수한 인재를 채용하려는 꼼수를 부린다. 상대를 바보로 보는 근시안들이 경영자가 되어선 안 된다.

경영은 주식투자가 아니다

케임브리지학파의 창시자 중 한 명인 케인즈는 주식투자를 바보들의 게임으로 묘사했다. 주식을 사는 사람의 생각은 파는 사람이 바보라고 생각하기 때문에 매수한다. 반대로 주식을 파는 사람은 사는 사람을 바보라고 생각하기 때문에 판다. 주식시장에서는 서로를 바보로 여기기 때문에 거래가 성사된다. 세상의 수많은 동물들 중에서 인간이 가장 인간적이어야 하는데, 가장 비인간적인 동물이 하필이면 인간들이다. 경영자들도 경쟁 기업을 바보로 여기기 때문에 뛰어든다. 자신이 경쟁 기업보다 못하다고 생각하면 누가 창업하겠는가? 시장은 분명 상대를 바보로 여겨야 돌아간다. 그러나 기업의 경영자는 고객과 직원을 바보로 치부하면 망한다. 경쟁 기업은 바보로 여기더라도 우리 기업의 고객과 인재들은 천재로 여겨야 한다. 천재들에게는 최상의 품질과 최고의 시스템으로 맞이해야 인정받는다.

철학자 키에르케고르는 바보가 되는데, 2가지 방법이 있다고 했다

첫째는 진실이 아닌 것을 믿는다. 둘째는 진실 믿기를 거부한다.

이 가르침을 곱씹으면 인생의 해답이 보인다. 키에르케고르의 말은 진실은 믿고 거짓을 배척하라는 너무도 당연한 이치를 역설적으로 표현했다. 지금도 경영 현장에서 수많은 사람들은 거짓(오염된 진리)에 매달려 결실을 거두려고 발버둥 친다. 바보의 지식으로 열심히 노력하는 것은 헛수고다. 바보의 생각으로 구슬땀을 흘리는 것은 헛일이다. 아직도 경영 현장에는 고객과 직원들을 바보로 생각해, 온갖 잔꾀와 이기심으로 기업을 경영하는 경영자가 많다. 혹시, 당신은 고객과 직원을 바보로 생각하며 경영하고 있는가.

아인슈타인은 이렇게 말했다

정신이상의 정의는 같은 일을 반복하면서 다른 결과를 기대하는 것이다. 아무리 노력해도 매출이 늘지 않고, 직원이 따르지 않는다고 하소연한다. 과거의 방법으로, 과거의 지식으로, 과거의 생각으로 뭔가 새로운 결과를 기대했다면 우리는 정신이상이다. 실패와 이별하는 가장 손쉬운 방법은 실패가 좋아는 행동을 피하면 된다. 실패라는 놈은 무식한 사람을 유혹한다. 실패라는 놈은 게으른 사람을 좋아한다. 실패라는 놈은 유식이라는 말을 두려워한다. 실패라는 놈은 노력이라는 말에 질색한다. 실패라는 놈은 실천이라는 말에 난색을 표한다.

모든 사람을 천재로 대하라

세상의 모든 사람을 천재로 대하는 사람이 성공한다. 고객과 직원을 천재로 대하라. 고객을 천재로 여기는 사람은 마인드가 고객 중심적으로 바뀐다. 직원을 천재로 여기는 사람은 인재경영을 실천한다. 경쟁기업을 천재로 대하라. 경쟁 기업이 당신의 빈틈을 전부다 알고 있다고 간주하라. 모든 사람을 천재로 대하는 사람이 진정한 천재다. 모든 사람을 바보로 여기는 사람이 최악의 바보다.

No problem can be solved from the same level of consciousness that created it. 어떤 문제도 그 문제를 만들어낸 것과 같은 의식수준의 사그에서는 절대 해결할 수 없다. – 아인슈타인

1차원에서 발생한 문제는 2차원 이상에서 해결된다. 2차원에서 문제로 판단되는 것은 3차원 이상에서 풀 수 있다. 3차원의 문제는 4차원 이상의 관점이 필요하다. 현재의 문제는 현재의 의식으로는 해결할 수 없다. 하늘의 비행기에서 바라보면 세상이 작아진다. 문제도, 돈도, 일도 작아진다.

착각에 빠지는 경영자들
지식경영이 필요한 이유

중요한 의사결정을 내려야 하는 상황에서 경영자들은 오판을 하기 쉽다. 급여를 높이면 생산성이 높아질까? 직원 수가 늘어날수록 이익이 늘어날까? 요금을 내리면 고객 수가 많아질까? 기업 활동에서 경영자의 의사결정은 경영의 성패에 결정적 역할을 한다. 이렇게 중요한 의사결정 순간에 사전 지식 없이 감각에 의해 결정하는 것은 매우 위험하다.

경영에 실패하는 대부분의 이유는 두 가지다. 경영지식의 결여와 실행능력의 부족이다. 둘 중에서 더 위험한 상황은 실행능력보다 경영지식의 부재다. 실행능력이 부족할 경우는 강력하게 밀어붙이지 못하므로 크게 실패하지 않는다. 경영지식이 부족해서 착각에 빠진 경영자가 강력한 실행능력을 갖췄다면 결과는 끔찍하다. 가맹점 수 약 200곳인 프랜차이즈를 생각해보자. 매년 신규로 론칭하는 가맹점 수가 50곳 정도인데 전체 가맹점 수는 그대로다. 반대로 해석하면 매년 50곳이 폐점했다는 결과다. 그러나 신규로 가맹하려는 대부분의 원장님들은 새로 진출하는 가맹점 수에만 관심을 둔다. 이것도 착각이다.

아래 두 직선의 길이는 같다.

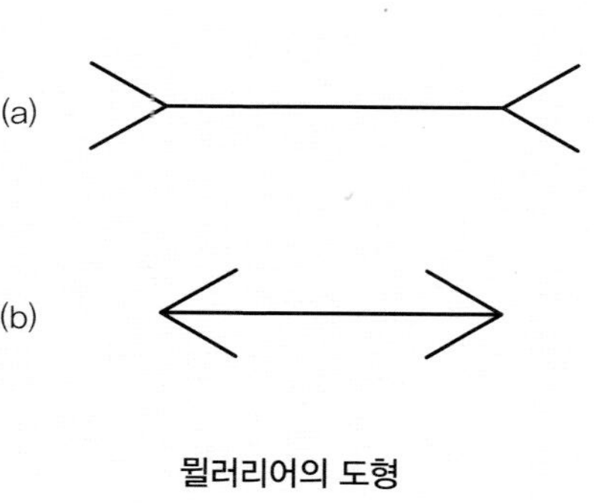

뮐러리어의 도형

다른 점은 양쪽 끝 화살표시의 방향이다. 분명히 위의 직선 (a)가 아래 직선 (b)보다 길어 보인다. '인간의 뇌'는 '신의 뇌'가 아니기에 착각을 한다. 두 직선의 길이를 자로 재어 보자. 두 직선의 길이가 똑같다는 사실을 배우게 되면 동일한 의사결정 상황에서는 합리적 결정을 내리게 된다.

기업 경영에서는 이러한 착각에 빠지는 요소가 몇 가지 있는데, 미리 배우고 경험하지 않으면 누구나 빠질 수 있는 함정이다. 이러한 착각 때문에 창업자의 80% 정도가 사업에서 실패한다. 일반적 경영환경에서 착각에 빠지는 사례는 채용·해고, 급여책정, 요금결정, 메뉴구성, 판촉활동, 기술한계, 고객만족, 할인방법, 절세방안, 수익증대 등 다양하다. 경영 분과별로 착각을 일으키는 원인을 미리 배운다면, 앞의 뮐러리어 도형처럼 경영에 대한 의사결정을 할 때 더 이상의 착각을 없앨 수 있다. 배워서 알고 있어도 꾸준히 반복하지 않으면 또다시 착각에 빠진다. 오랫동안 커트를 하지 않으면 손이 떨리고 제대로 안 되듯이 경영도 지속적인 훈련과정이 필요하다.

착각에 대한 과학적 원인 규명

폴 맥린(Paul D. MacLean)이 1952년 발표한 '3중뇌(Triune Brain)' 이론에 의하면 인간의 뇌는 3층 구조로 되어 있다. 1층은 파충류 뇌다. 파충류 뇌는 인간 본능을 다스린다. 본능은 인간 스스로 어찌할 수 없다. 숨쉬고, 밥 먹고, 맥박이 뛰는 것은 파충류 뇌에서 관장한다. 이게 위험한가? 이걸 먹어도 되나? 내가 낳을 수 있을까? 등의 본능을 관장한다.

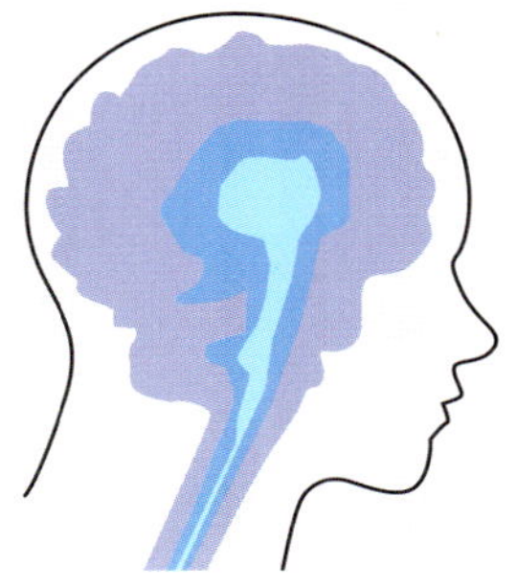

구분	분류	이미지	반응속도	영역
3층 뇌	인간의 뇌		느림	이성
2층 뇌	포유류 뇌		빠름	감성
1층 뇌	파충류 뇌		항시	본능

　2층은 포유류 뇌다. 포유류 뇌는 감정을 다스린다. 성난 사람의 표정이나 목소리를 즉각적으로 읽어낸다. 달려오는 자동차를 순간적으로 피할 수 있게 해준다. 인간의 직관은 2층에 산다. 사랑, 미움, 연민, 질투, 모욕 같은 미묘한 감정을 다룬다.

　3층은 인간의 뇌다. 과학적으로 분석하고 합리적으로 판단하는 능력은 3층 뇌의 역할이다. 인간은 합리적인 의사결정을 해야 할 순간마다 1층이나 2층에서 판단하지 말고 꼭 3층으로 올라가서 판단해야 실수를 방지할 수 있다. 그러나 그렇게 간단한 문제가 아니다. 1층 뇌는 인간의 노력으로 극복할 수 없다. 자신의 의지로 심장박동을 멈출 수 없고, 체온을 올리거나 내릴 수 없다. 2층 뇌는 매우 빠르다. 의사결정을 해야 할 때 빠르다는 것은 생존에 매우 유리하지만, 단점으로는 오류가 잦다.

의사결정은 합리성이 중요하다. 경영자의 의사결정에 오류가 많다면 유능한 경영자가 못된다. 3층 뇌는 '느린 마을'이다. 판단은 비교적 정확하지만 속도가 느리다. '3×3'이 9라는 것을 빠르게 계산할 수 있는 것은 3층의 뇌가 배워서 '빠른 마을' 2층으로 이사했기 때문이다. 인간에게 학습을 가르치는 뇌는 '느린 마을'에 있다. 몰랐던 새로운 것을 배우고 기억하는 것은 느린 마을에서 이루어진다. 느린 마을에서 이루어진 학습을 반복적으로 훈련시키면 판단력이 빨라진다. 자동차 운전을 배울 때는 느린 마을에서 배우지만 오랫동안 연습하면 빨라진다. 의식하지 않고도 순간적인 대처가 가능하다. 이유는 느린 마을 3층에서 학습한 자동차 운전 실력이 연습에 의해 2층의 빠른 마을로 이사했기 때문이다. 배움에 연습이 더해지면 정확하고 빠른 의사결정이 가능해진다.

처음 곱셈을 배우는 어린이는 '3×3'을 계산할 때, 3층의 느린 마을에서 계산한다. 하지만, 오랜 기간 실생활에서 반복적으로 훈련된 어른들은 2층 뇌에서 즉각적으로 답한다. 2층 뇌에서는 계산을 하지 않고 직관적으로 반응한다. 그러나 수학 선생님도 27×38은 빠른 마을 2층 뇌에서 출력하지 못하고 3층 뇌에서 계산해야 한다.

제인 오스틴은 1797년 〈첫인상〉이라는 제목으로 완성한 소설을 수정해서 1813년에 〈오만과 편견〉으로 출판했다. '첫인상' 은 제인 오스틴의 말처럼 오만과 편견이다. 어찌 한 사람의 전부를 몇 초 만에 이해할 수 있는가. 그러나 우리는 인간이다. 인간에게 첫인상은 쉽게 극복할 수 없는 만리장성이다.

매출 급성장! 살롱의 첫인상이 답이다

첫인상에 영향을 미치는 요소들

사람의 이미지는 내적 이미지와 외적 이미지로 구성된다. '내적 이미지(Personality)'는 오랜 시간에 의해서 표현되며, '외적 이미지(Appearance)'는 순식간에 인식된다.

첫인상은 외적 이미지다. 미국의 사회심리학자 메라비안에 의하면 첫인상을 판단하는 정보에는 크게 3가지가 있다. 시각 · 청각 · 언어가 바로 그것이다.

시각(Visual)정보는 복장, 표정, 태도, 시선이며, 전체의 55%를 차지한다. 청각(Vocal)정보는 목소리로 어조, 맑음, 볼륨, 리듬, 말투 등으로 38%의 비중이다. 언어(Verbal)정보는 사용하는 단어와 대화의 내용으로 7%에 해당한다. 매우 중요할 것처럼 생각되는 언어정보는 첫인상을 형성하는 데 영향력이 가장 낮다.

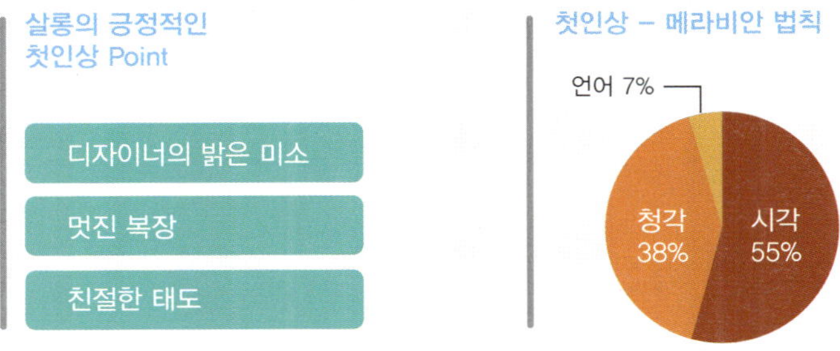

디자이너가 밝은 미소, 멋진 복장, 친절 태도로 고객의 시선을 사로잡는 것은 살롱 첫인상의 포인트다. 목소리에서 가장 중요한 포인트는 바로 톤(어조)이다. 볼륨은 크지 않아도 되지만 톤은 높아야 한다. 7음계의 '솔'톤이면 된다. 또 단어와 대화 내용보다는 경청하는 자세가 더 중요하다. 말을 잘하거나 많이 하는 것보다 질문을 잘하는 게 훨씬 바람직하다.

첫인상과 심리학

인간은 상호관계 없이 살 수 없다. 삶은 끊임없는 만남으로 이루어진다. 인간관계에서 첫인상은 매우 중요하다. 더구나 요즘 같은 외모지상주의 사회에선 더욱 그렇다. 첫인상을 결정하는데 필요한 정보는 극히 제한적이다. 만남의 짧은 순간에 상대방의 대부분을 판단해야 하기 때문이다. 사람들은 인상이라는 독특한 패턴으로 상대방을 판단하는 잘못을 저지르는데 이를 편향(Bias)이라고 한다.

가용성 오류(Availability Error)

우리는 세상의 모든 정보를 다 알 수 없다. 더구나 알고 있는 정보도 모두 끌어내지 못한다. 의사결정을 하는 순간에 동원하는 정보의 양에는 한계가 있다. 판단에 필요한 정보들의 중요도를 평가하는 데도 한계가 있다. 이렇게 판단의 한계에 의해 발생하는 오류들이 가용성 오류(Availability Error)다. 첫인상과 같이 먼저 떠오른 생각에 따라 판단을 내리는 것을 가용성 오류라고 한다. 이러한 편향은 예측 가능하게 반복적으로 나타난다. 일례로 훤칠하고 잘생긴 강사가 연단에 오르면, 청중들은 강연 내용을 과대평가한다. 심리학에서는 이런 현상을 초두효과(Primacy Effect)와 후광효과(Halo Effect)로 설명한다. 초두효과는 미국의 사회심리학자 애쉬가 1946년 주장한 이론으로, 먼저 들어온 정보가 나중 들어오는 정보보다 강한 영향을 끼치는 현상이다. 후광효과는 손다이크가 1920년 미군 공군지휘관의 부하 평가방식을 처음으로 연구해서 발표했다. 우리나라에는 로젠츠바이크가 쓴 〈헤일로 이펙트〉의 번역본이 2007년 출간되었다. 후광효

과는 어떤 대상의 일반적 평가과정에서 먼저 수집된 부분적 정보
가 전체에 영향을 미치는 현상이다.

직관적 사고의 일종, 첫인상

진화심리학에 의하면 인간의 뇌는 양파 껍질처럼 3층(계단)으로
진화되었다.

　가장 안쪽 1층의 뇌를 '파충류 뇌'라 하며, 중간 2층의 뇌는 '포
유류 뇌', 가장 바깥쪽 3층에 가서야 '인간의 뇌'가 형성되었다.
1층 파충류 뇌는 본성, 2층 포유류 뇌는 감성, 3층 인간의 뇌는
이성을 지배한다.

　심리학자로 노벨경제학상을 수상한 카너먼 교수는 인간의(이
성) 뇌를 '느리게 생각하기(Slow Thinking)'라고 했으며, 포유류
(감성) 뇌를 '빠르게 생각하기(Fast Thinking)'라고 했다. 첫인
상은 빠르게 생각하는 포유류 뇌인 변연계에서 순간적으로 결정
한다. 첫인상은 직관적 사고(Heuristic)의 일종이다.

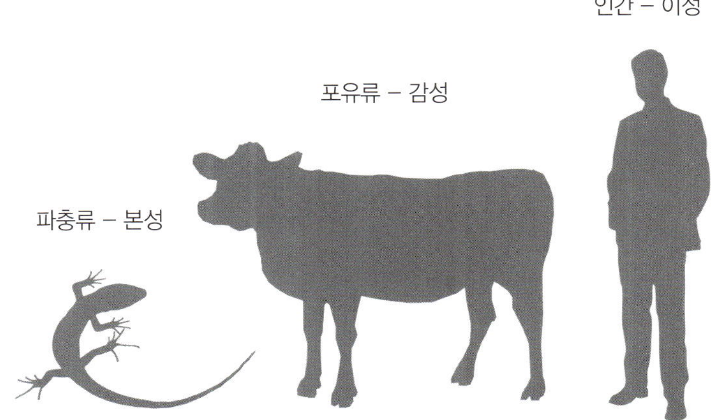

한번 형성된 첫인상은 잘 바뀌지 않는다

첫인상이 일단 형성된 후에는 좀처럼 바뀌지 않고 꼬리에 꼬리를 물고 간다. 첫인상은 그 사람의 전부가 아니라는 것은 분명한 사실이다. 컨디션이 최악일 수도 있고, 기분이 좋지 않은 상태일 수도 있다. 첫인상에 적용된 정보는 기껏해야 표정, 외모, 복장, 목소리 등이 전부다. 이렇게 극히 제한된 정보에 바탕을 두고 형성된 첫인상이 바뀌기 어려운 이유는 가설검증바이어스(Hypothesis-testing Bias) 때문이다.

객관적 관찰이 불가능한 인간의 감각

첫인상이 만들어진 다음에는 자신의 판단이 옳다는 것을 증명하는 정보만을 선택적으로 받아들인다. 자신이 내린 판단과 일치되지 않는 정보는 무시하거나 거부한다. 설령 받아들였더라도 쉽게 망각한다. 인간의 감각은 객관성을 유지하기가 불가능하다. 우리가 보고 기록하고 판단한 모든 정보는 왜곡되었다. 자신의 주관성이 깊게 반영된다.

세상의 모든 진실은 말한 사람의 선입견에 의해 연출된 픽션이다. 상대방의 말이 합리적이라고 생각하는 것은 그의 말이 객관적이라는 게 아니라, 자신의 의견과 일치한다는 표현이다.

가설검증바이어스 편향

칵테일파티 효과(Cocktail Party Effect)나 컬러배스 효과(Color Bath Effect)가 가설검증바이어스 편향의 한 예다. 여러 사람이 모여 있는 칵테일파티에서도 자신이 관심을 갖는 사람의 목소리만 골라서 들을 수 있는 현상이 칵테일파티 효과다. 인간의 귀에는 아는 것만 들린다. 인간은 듣고 싶은 것만 선택해서 듣는다.

컬러배스 효과는 색깔로 목욕하는 것처럼 자신이 관심 갖는 색깔을 찾는 현상이다. 카토 마사히루는 〈생각의 도구〉에서 '오늘 하루 동안 빨간색을 몇 개나 볼 수 있을까?' 이런 생각을 하며 집을 나서면, 이 세상에 빨간색이 이렇게 넘쳐나고 있었나 싶을 정도로 우체통, 빨간 글씨의 간판, 빨간 꽃 등 많은 빨간색이 눈에 띈다고 했다. 세상의 모든 물질 간에는 인력이 작용하듯이 우리의 정신과 의식에도 강력한 끌림의 법칙(Law of Attraction)이 작용한다.

인간은 생각하는 동물이기 전에 감정의 동물

긍정의 생각은 긍정을 끌어당기고 부정의 생각은 부정을 잡아당긴다. 상대방의 말을 제대로 이해하려면 라디오 주파수를 상대방의 주파수에 일치시켜야 한다.

아무리 고성능의 수신기라도 주파수가 일치되지 않으면 어떤 소리도 들리지 않는다. 데카르트는 "나는 생각한다. 고로 존재한다"고 했다. 그러나 인간은 생각하는 동물이기 전에 감정의 동물이다. 인간은 느낀다. 고로 첫인상이 중요하다. 매출이 1,000만 원인 평범한 살롱도 첫인상의 긍정성을 10% 높이면 월매출은 2,400만 원으로 빠르게 성장할 수 있다.

사물을 보고 판단하는 견문과 학식이 단목(眼目)이다. 우리는 살아가면서 저마다의 안경을 쓰고 있다. 어떤 사람은 현미경을 쓰고 미래를 내다본다. 또 어떤 사람들은 망원경을 쓰고 현실을 분석한다. 그러나 경영자에게 필요한 눈은 혜안(慧眼)이다. 현실은 현미경으로 분석하고, 장래는 망원경으로 전망해야 제대로 보인다.

여기서 현미경은 분석적 현실주의다. 부정적 비관주의가 아니다. 또한 망원경은 미래를 예측하는 과학적 합리주의다. 긍정적 낙관주의가 아니다.

안목시력(Discerning Eye)
성공하려면 멀리 봐라

먼저 당신의 안목시력을 측정해 보자

1. 미용가위와 롤브러시의 합계가 11,000원이다. 가위가 브러시보다 10,000원 더 비싸다. 그렇다면 가위의 가격은 얼마일까?

2. 디자이너 10명이 고객 10명을 커트하는데 20분이 걸린다. 그렇다면 디자이너 100명이 고객 100명을 커트하는데 필요한 시간은 몇 분인가?

3. 물에서 피는 백합이 수련(Water Lily)이다. 넓은 호수에 수련 잎들이 아름답게 피었다. 수련 잎이 매일 두 배의 면적으로 늘어난다. 수련 잎들이 호수 전체를 덮는데 60일이 걸렸다면 호수 절반을 덮는데 며칠이 걸릴까?

안목에 따른 답

문제	보통의 안목시력 (오답)	최고의 안목시력 (정답)
가위가격	10,000원	10,500원
소요시간	200분(3시간 20분)	20분
소요일수	30일	59일

당신의 안목시력은 보통이었는가? 최고였는가? 보통이었다고 해서 낙심하지 마라. 대부분의 사람들은 보통의 안목시력을 갖고 있다. 최고의 안목시력을 갖췄다면 당신은 과거에 이런 문제를 풀어보았다던가 아니면 그동안 공부를 많이 했기 때문이다. 최고의 안목시력을 갖고 싶다면 지금부터라도 중요한 판단을 할 때 본능에 의지하지 말고 이성과 지혜로 대처하면 된다. 안목시력은 누구나 높일 수 있다.

좀 더 멀리 내다보면 정답이 보인다

살롱 경영자나 헤어 디자이너가 성공하고 실패하는 원인은 안목 시력이 좌우한다. 많은 사람들이 근시안적 안목시력에 얽매여 하루하루를 힘겹게 살아간다. 인재 육성에는 긴 시간이 필요하다. 근시안적 소견으로 급여나 복지만으로 구인난을 쉽게 해결하려는 것은 악순환을 반복시키는 짧은 생각이다. 디자이너의 기술력도 마찬가지다. 훌륭한 디자이너가 되려면 기초(베이직)를 확실하게 배워야 하는데, 대부분은 기초를 무시하고 응용스타일이나 유행스타일에만 관심을 둔다. 이 또한 근시안적이다.

　고객에게 청결한 살롱, 친절한 살롱, 잘하는 살롱으로 인정받기 위해 노력해야 한다. 근시안적 요금할인에만 집중하는 것은 바람직하지 못하다. 디자이너는 자신의 장래를 생각해서 취업해야 하다. 조금 낮은 월급이라도 체계적으로 공부할 수 있는 직장을 선택하라. 장래를 등한시하고 눈앞의 월급 몇 십 만 원에 오락가락해서는 안 된다.

1번 문제 해설

문제조건 : 미용가위와 롤브러시 가격의 합은 11,000원이다. 가위는 브러시보다 10,000원 비싸다.

▶ 만약 가위가 10,000원이고 브러시가 1,000원이라면, 가위와 브러시의 차액은 9,000원이 된다. 문제에서의 조건은 가위와 브러시의 차액이 10,000원으로 제시되었기에 가위가 10,500원이고 브러시가 500원이라야 가위와 브러시의 차액이 만 원이 된다.

[방정식으로 풀이]

조건 ① : 가위 + 브러시 = 11,000원

조건 ② : 브러시 + 10,000원 = 가위

변형 ▶ (−)가위 + 브러시 = (−)10,000원

조건 ①과 조건 ②를 더하면

2브러시 = 1,000원 → 브러시 = 500원

2번 문제 해설

디자이너 10명이 고객 10명을 시술하는데 20분이 걸리므로, 고객 한 명을 커트하는데 20분 걸린다. 100명의 디자이너가 동시에 100명의 고객을 시술해도 20분이 걸린다. 10명이 20분 걸렸으니까, 100명일 때는 200분으로 생각했다면 착각이다. 100명이 동시에 커트를 시작하므로 끝나는 시간은 20분이다.

3번 문제 해설

하루에 두 배의 면적으로 늘어나므로, 호수의 절반(50%)에서 전체(100%)를 덮는 데 하루밖에 걸리지 않는다. 수련 잎이 호수 전체를 덮는데 60일이 걸리므로, 절반을 덮는데 30일로 생각했다면 착각이다. 매일 두 배로 늘어난다는 조건을 상기하자.

리처드 탈러의 '사과 선택 실험'

리처드 탈러(Richard Thaler)는 1981년 그 유명한 '사과 선택 실험'을 했다. 질문은 아주 간단하다.

> **다음 중 당신은 어느 쪽을 선택하겠습니까?**
>
> ① 지금부터 365일 후에 사과 1개 받기
> ② 지금부터 366일 후에 사과 2개 받기

당신의 선택은 무엇입니까? 보통은 ②번을 선택했다.
그렇다면 탈러의 두 번째 질문에 답해 보자.

> **다음 중 당신은 어느 쪽을 선택하겠습니까?**
>
> ③ 지금 사과 1개 받기
> ④ 내일 사과 2개 받기

　이 질문에서는 보통 ③번을 선택했다. 흥미로운 것은 첫 번째 질문의 대답과 두 번째 질문의 대답에 일관성이 없다. 365일이라는 시차가 있을 때는 합리적으로 판단하다가도 당장 눈앞의 이익에서는 근시안을 보이는 이유가 뭘까! '조삼모사'에 넘어간 원숭이, '사과'에 유혹된 아담과 이브, 15분을 참지 못한 '마시멜로 이야기'는 우리에게 시사하는 바가 크다.

과도한 가치폄하 효과

• 다이어트를 한다면서 눈앞의 음식에 무릎 꿇는 사람들

- 공부하기 원한다면서 현실과 타협하는 이들
- 거액을 들여 창업하고는 고객에게 불친절한 살롱
- 자수성가하겠다고 큰소리치며 자기계발에 안일한 디자이너

이러한 현상을 행동경제학자들은 '과도한 가치폄하 효과(Hyperbolic Discounting)'라고 한다. 쌍곡선의 기울기처럼 단기적(미시적) 관점에서는 급격하게 가치를 폄하하고 장기적(거시적) 관점에서는 완만하게 가치할인 하는 것이 '과도한 가치폄하 효과'다. 인간은 현실은 부정적으로, 미래는 막연히 긍정적으로 생각하는 경향이 있다. 어차피 오늘의 행동이 내일의 결과인데도 말이다.

감정시스템과 이성시스템

진화과정을 거친 인간의 뇌에는 감정시스템과 이성시스템이

있다. 신경과학자들은 감정시스템의 작동은 누구나 할 수 있지만, 이성시스템은 교육과 훈련에 의해서만 작동이 가능하다고 한다. 인간관계에서 화를 내면 손해인 줄 알면서도 이성시스템을 작동시키지 못하는 사람은 매사를 감정적으로 처리한다. 지금 이 글을 이성시스템으로 읽었다면 현실에 적용하려고 애쓸 것이고, 감성시스템으로 읽었다면 '좋은 내용이네!' 정도로 관망할 것이다.

아리스토텔레스는 이런 말을 했다. "실제적인 상황에서 성과는 무엇을 해야 하는지에 대한 사변적 지식이 아닌, 그에 대한 실행에서 나온다."

세상은 우리가 본 게 전부가 아니며, 우리가 믿는 그대로의 세상도 아니다. 패자(敗者)는 자신이 우주의 주인이라고 생각하고 승자는 우주가 자신의 주인이라고 생각한다. 그래서 패자는 자기방식대로 살고 승자는 우주법칙대로 산다. 승자는 우주법칙이 주제곡이고 자기생각이 변주곡임을 안다.

경영 자폐증

앞을 보지 못하는 사람이 맹인이다. 볼 수는 있지만 색을 구별하지 못하는 사람이 색맹이다. 타인과의 상호작용에서 신체적·사회적·언어적 능력 저하를 일으키는 신경발달 장애가 자폐증이다. 자폐증에는 심맹(Mindblindness)이 있다. 대부분의 사람들은 '마음 이론'의 코드를 갖고 태어난다. 마음 이론(Theory of Mind)은 타인의 마음을 이해하는 능력을 말한다. 마음 이론이 발달되어 있는 사람은 상대의 마음을 인지하고 이해하는 공감능력이 우수하다. 마음 이론에 결함이 있는 사람은 자기중심적이며 자신의 시각에서 상황을 이해함으로써 상호 호혜적인 인간관계에 어려움을 보인다. 살롱의 경영자들 중에도 기술분야에는 정상 시력을 갖고 있지만, 경영분야에는 자폐증상을 보이는 경우가 있다. 기술 읽기와 마음 읽기는 경영자가 갖춰야 할 필수항목이다. 경영자는 본인 마음은 물론, 직원 마음과 고객 마음을 읽을 수 있어야 한다.

1932년 바틀릿(Frederic Charles Bartlett)은 저서 〈Remembering〉에서 기억에 대한 스키마(schema) 이론을 발표했다. 스키마 이론은 새로운 기억은 기존정보(배경지식)에 영향을 받는다는 것이다. 바틀릿은 학생들에게 기존에 들어보지 못한 민간 설화를 읽어 주고는 몇 시간 또는 며칠 후 내용을 묻는 간단한 기억 연구를 했다.
학생들은 세부 사항은 거의 빼먹고 자신과 친숙한 내용으로 바꾸어 원래의 내용과 다르게 말했다. 학생들이 새로운 정보를 받아들일 때 기존정보와 관련해서 기억했던 것이다. 이를 스키마(schema)라 한다. 토마스 쿤은 패러다임이라고 표현했으며, 트버스키와 카너먼은 프레임으로 표현했다.

스키마 사례로 '캠릿브지 대학의 연결구과'를 읽어보자.
캠릿브지 대학의 연결구과에 따르면, 한 단어 안에서 글자가 어떤 순서로 배되열어 있는가 하것는은 중하요지 않고, 첫째번와 마지막 글자가 올바른 위치에 있것는이 중하요다고 한다. 나머지 글들자은 완전히 엉진창망의 순서로 되어 있지을라도 당신은 아무 문없제이 이것을 읽을 수 있다. 왜하냐면 인간의 두뇌는 모든 글자를 하나하나 읽것는이 아니라 단어 하나를 전체로 인하식기 때이문다.

위의 내용은 글자 순서가 (캠릿브지 → 캠브릿지, 연결구과 → 연구결과, 배되열어 → 배열되어) 등으로 바뀌었으나, 우리는 위의 내용을 쉽게 읽을 수 있다. 이유는 바로 '기존 지식의 틀(Schema)'이 있기 때문이다. 이 스키마가 경영자들의 자폐증을 유발하는 요인이 되기도 한다. 스키마는 지식을 빠르게 습득하는 데 도움을 주지만 새로운 지식을 수용하는 데 방해가 된다.

스키마가 잘 형성된 경영자는 새로운 지식을 습득하면 할수록 더욱더 발전하고 성장한다. 하지만 잘못된 스키마로 각인된 경영자는 새로운 지식을 왜곡시켜 받아들인다. 인생이 실패의 연속이었던 사람들은 삶에 해답이 없다고 생각한다. 그러나 성공적 인생을 살아온 사람들은 상반된 태도를 보인다. 위대한 스승을 멘토로 삼은 사람들은 대부분 성공했다. 지식 자체는 칼과 같다. 칼자루를 잡은 사람에게는 칼이 유용한 도구지만, 칼날을 잡은 사람은 손만 벤다. 세상은 우리가 본 게 전부가 아니며, 우리가 믿는 그대르의 세상도 아니다. 패자는 자신이 우주의 주인이라고 생각하고, 승자는 우주가 자신의 주인이라고 생각한다. 그래서 패자는 자기방식대로 살고 승자는 우주법칙대로 산다. 승자는 우주법칙이 주제곡이고 자기생각이 변주곡임을 안다.

　미국 스탠퍼드대 엘리자베스 뉴턴 교수는 '지식의 저주(The Curse of Knowledge)'란 개념으로 소통의 중요성을 설명했다. 그녀는 두 무리의 참가자에게 '두드리는 자와 듣는 자' 역할을 주었다. 두드리는 사람이 생일축가, 동요, 미국국가 같은 쉬운 25개의 곡돈 중에서 아무거나 골라 120곡을 두드리면 듣는 사람이 알아맞히는 실험이다. 두드리는 사람은 듣는 사람이 노래의 50% 이상은 맞힐 것이라고 예상했지만 실제로 듣는 사람은 2.5% 즉, 세 곡밖에 맞히지 못했다. 지식의 저주가 발생하는 이유는 뭘까? 두드리는 사람은 자신에게 익숙한 선율이지만 듣는 사람에게는 그냥 뚝딱이는 소리에 불과하기 때문이다.

　시각과 언어의 발달과정에는 결정적 시기(Critical Period)가 있다. 이 시기를 놓치면 시력과 언어의 출현이 매우 어렵다. 새들의 각인(刻印, Imprinting) 시기가 예다. 눈을 가려놓은 새끼 고양이는 눈과 뇌가 정상임에도 앞 못 보는 고양이가 된다. 결정적 시기에 언어를 배우지 못한 아이들도 말을 못 한다. 경영에 대한 지식도 마찬가지다. 기존의 스키마를 극복하지 못하거나 배움의 시기가 늦어지면 새로운 지식을 습득하기가 점점 더 힘들어진다. 오랜 불행은 그 불행을 떠받치고 있는 자폐증을 버리면 치료된다.

가난한 사람이 가난한 것은 게을러서가 아니다. 가난한 사람은 불필요한 일을 많이 하기 때문에 가난하다. 기업도 해서는 안 되는 일만 줄이면 그 이상 매출이 는다. 일을 열심히 하는 것이 중요하지만 그보다 먼저 해서는 안 되는 일을 멈추는 것이 더 우선이다.

일이 줄면 **매출 는다**

가난은 질병이다. 질병은 치료해야 낫는다. 동전에 양면이 있는 것처럼, 기업에는 장단점이 있다. 기업의 단점은 질병이다. 서비스를 제공하는 미용사의 서비스 품질에도 좋은 서비스와 나쁜 서비스가 있다. 나쁜 서비스는 질병이다. 서비스의 좋은 점과 나쁜 점이 반반이라면 일을 반만 해야 한다. 나쁜 행동을 멈추고 좋은 행동만 해야 한다. 나쁜 서비스를 멈추면 일이 반으로 준다. 가난한 기업은 불친절을 멈춰야 매출이 는다. 나쁜 것을 실천하는 것보다 더 나쁜 것은 없다. 비어스(Ambrose Bierce)는 목표를 잃었을 때, 노력을 더하는 사람을 광신자라고 했다. 아인슈타인은 동일한 방법으로 다른 결과를 기대하는 사람을 정신병자라고 했다.

가난한 사람

가난의 원인은 해서는 안 될 행동을 했기 때문이다. 빌 게이츠는 "가난하게 태어난 것은 당신의 잘못이 아니지만, 가난하게 죽는 것은 당신의 잘못"이라고 했다. 해서는 안 될 행동만 멈추어도 가난은 쉽게 탈피할 수 있다.

보통 사람

평범한 사람은 달라져야 한다. 평범한 사람은 현재 하는 일을 다르게 해야 한다. 평범한 방법으로 더 노력한들 달라지지 않는다.

다른 사람들과 차별화 된 방법을 도입해야 한다. 개선하라. 변화하라. 혁신하라. 방법이 어제와 달라야 새로운 미래가 있다.

부자

부자의 방법은 검증된 것이다. 부자들은 현재의 방법을 복제하면 된다. 기계화 하고, 사람을 늘리면 부익부는 계속된다. 부자들은 가난한 사람을 돕거나 기부하는 것보다 더 중요한 것이 있다. 그것은 그들과 벽 없이 한데 어울려 살아가는 거다. 가난한 사람은 지금의 행동을 중단해야 한다. 보통 사람은 지금의 행동을 바꿔야 한다. 부자는 복제를 통해 지금의 행동을 늘리면 된다.

나쁜 서비스를 멈추면 매출이 50% 상승하고, 차별화된 서비스는 매출이 100% 상승하며, 좋은 서비스를 더 많이 제공하면 매출이 200% 상승한다. 나쁜 행동만 멈춰도 매출은 크게 높아진다. 괴테가 말했다. "행동하는 무지보다 더 무서운 것은 없다."

일과 직업에는 귀천이 없지만 품질에는 귀천이 있다. 무의식중에 나쁜 행동을 반복하기에 가난하다. 어떤 사람은 자신은 운이 나쁘다거나 팔자가 드세다고 하소연한다. 이런 사람들에게 시인 에드나 밀레이(Edna St. Vincent Millay)의 말을 전한다. "인생에서 하나 뒤에 또 다른 나쁜 일이 온다는 건 진실이 아니다. 나쁜 것 한 가지가 자꾸자꾸 반복될 뿐이다." 자신의 운명이나 팔자를 탓하는 것보다 자신의 나쁜 버릇을 고치는 게 훨씬 현명하다.

가난한 사람은 가난한 곳이 더 편안하다

정신분석학의 아버지 지그문트 프로이트는 반복강박을 언급했다. 환자들이 고통스러운 행동이나 감정을 계속 호소하면서도 여전히 똑같은 행동을 반복하는 게 반복강박이다. 나는 엄마처럼 살지 않을 것이라고 반항하던 딸이 자신도 모르게 친정 엄마처럼 살아가는 모습이 반복강박이다. 왜 사람은 자기 파괴적이고 상처와 고통을 주는 행동, 인간관계, 감정들을 반복하는가?

과거와 현재는 동일선상에 있다. 자아는 기본적으로 과거 지향적이다. 과거의 경험과 기억의 지배를 받는다. 자아는 과거를 반복하려고 한다. 자신에게 익숙했던 방법을 유지하고 싶어 한다. 어려서 겪은 부정적인 사건을 자신도 모르게 병적으로 반복하는 현상이 반복강박(Repetition Compulsion)이다.

동일한 잘못이나 과거 사건을 반복하는 이유는 뇌의 작동방식에 있다. 우리의 뇌는 현재 상황에 먼저 반응하도록 되어 있다. 인간의 뇌는 근시다. '조삼모사'보다 '조사모삼'을 선호한다. 현재 불행한 사람은 미래도 불행하리라 생각한다. 현재 불행한 우울증 환자가 미래의 행복을 예상하기는 어렵다. 이들에게 과거 · 현재 · 미래는 일직선상에 놓여 있다. 그래서 운명론에 쉽게 빠져든다.

매우 고통스러운 일이지만, 모든 문제의 근원을 나에게로 돌리는 순간 문제해결의 능력과 권한도 내게로 돌아온다. 문제의 방관자에서 주관자가 되어야 한다. 그러나 아쉽게도 대부분 자신을 문제해결의 주체로 여기지 않는다. 문제의 원인이 나 아닌 너 즉, 외부에 있다고 생각하는 순간 문제해결의 주체는 남이 된다. 그 순간부터 문제는 미로 속에 빠진다. 결국 자신에게 호기심을 가져야 문제를 풀 수 있다.

변화는 모든 이에게 두려운 일이다. 인간은 변화를 위해 노력을 주창하는 사람을 원망한다. 보통 사람은 노력 없는 변화를 바란다. 그래서 도박, 복권, 사주, 운명, 타로점 등을 찾는다. 변화에는 고통과 노력이 따른다. 지금까지 변화하려고 노력했는데, 실패한 사람들은 고통과 노력 없이 변화하는 방법을 선택했기 때문에 번번이 실패했다. 쉬운 변화는 변화가 아니다. 자신이 어떻게 변화해도 지금보다 더 불행해지지 않는다. 단지 두렵고 귀찮기 때문에 안주한다.

기업은 지극히 평범한 사람들을 데리고 비범한 일을 해내는 곳이다. 인공위성을 만드는 사람들이나 거대한 배를 건조한 사람들은 지극히 평범한 사람들이다. 미래에 진정으로 필요한 사람은 위대한 지도자다. 그 지도자가 조직원 한 사람씩 변화시켜 조직 전체를 비범하게 한다. 아직도 많은 사람들이 '경영과 인생에 정답이 있다/없다'를 놓고 의견이 분분하다.

경영의 정답 – 찾은 답과 만든 답

합답을 이해하지 못하면 경영이 힘들다

인간은 남자와 여자로 구분한다. 남녀가 서로를 이해해야 인생이 행복하다. 정답도 확답과 합답으로 나눈다. '정답(正答)'은 옳은 답이며, 정답은 '확답(確答)'과 '합답(合答)' 두 종류로 나눌 수 있다. 1+1=2가 확답이다. 살롱은 사람(고객, 직원, 원장)과 관계된 생명체로, 생명체에는 확답이 아니라 합답이 존재한다. 인간에게는 이성뿐만 아니라 감정도 있다. 아무리 좋은 것이라도 기분 나쁘면 싫다. 그 감정의 이해는 확답이 아니라 합답을 통해야 한다.

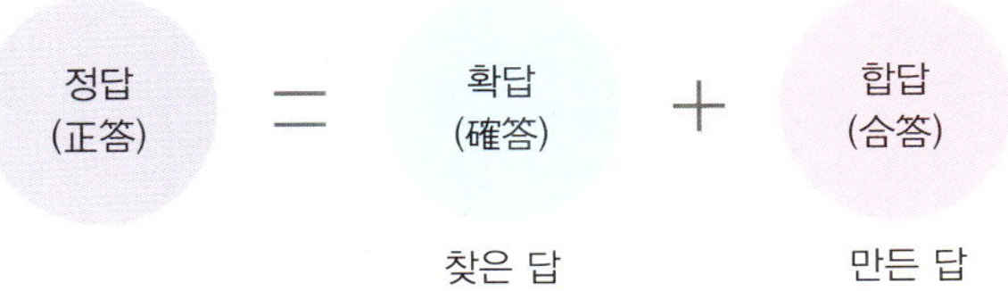

　세상을 염세적으로 보는가, 낙천적으로 보는가에 따라 인생은 달라진다. 존재하지 않았던 것을 존재시키는 게 인간이다. 인간은 스포츠 종목을 탄생시켜 인생을 건강하게 만들었다. 미술이나 음악 같은 예술의 탄생은 삶을 아름답게 만들었다. 운동이나 예술에 확답(확실한 답)은 없지만 인간으로서 추구할 최선의 답 즉, 합답(합리적 답)이 있다.

경영의 정답은 만들어진다

화가는 아름다운 그림을 찾은 것인가, 만든 것인가? 조각가는 멋진 동상을 찾은 것인가, 만든 것인가? 친구와의 우정은 원래 존재한 것인가, 만든 것인가? 친구와 만나기 전에 친구 사이의 우정은 없었다. 예술과 감정은 존재하는 게 아니라 존재되어지는 것이다. 경영의 정답은 찾는 게 아니라 만드는 것이다. 행복도 구하는 게 아니라 누리는 것이다. 우정처럼 행복도 키울 수 있고, 지울 수도 있다. 천국을 아무리 찾아다녀도 만날 수 없지만 천국을 만들 수 있다. 행복도 아무리 찾아야 찾을 수 없지만 인간 스스로 행복하게 살 수 있다.

　천국과 행복은 존재하는 게 아니라 존재되어지는 것이다. 천국은 존재하는 게 아니라 마음속에 존재되어지는 개념이다. 행복과 천국은 만드는 것이다. 경영과 인생의 답도 정해진 게 아니라 만드는 것이다. 부부의 자녀수도 정해진 게 아니라 서로 정하는 것이다. 경영도 마찬가지다. 경영의 정답은 누구도 찾을 수 없지만 만들 수 있다. 선택은 당신이 한다. 경영의 정답은 만들어진다.

딱 하나의 질문은?

세상의 모든 답을 알고 있는 사람이 있다면, 그리고 그에게 딱 하나만 질문할 수 있다면, 당신이 묻고 싶은 질문 하나는 무엇인가?

　이 질문의 정답은 각자가 알고 있다. 지금부터 만들면 된다.

경영자의 가치 부여

인생에 답이 없다고 생각하면 세상은 문제투성이다. 그러나 답이 있다고 생각하는 순간부터 인생은 하나 같이 아름답다. 성공한 경영자는 위대하다. 숨 쉬는 공기, 먹는 음식, 걷는 지면, 만나는 사람…… 이 얼마나 경이로운가! 경영도 꽃과 같다. 예쁜 꽃을 과학처럼 나누고 분리하면 꽃이 아니다. 경영자는 꽃과 꽃잎과 줄기와 뿌리를 통합적으로 봐야 한다. 같은 꽃이라도 각자 처해진 현실상황과 결합되면 가치가 달라진다. 결혼식과 장례식의 꽃이 그렇다. 꽃의 가치는 존재하는 게 아니라 존재되어진다. 인생의 의미와 가치는 부여하기에 따라 달라진다.

기업이나 인재도 꽃처럼 경영자가 어떻게 가치를 부여하는가에 따라 존재가치가 결정된다. 경영자는 조직과 고객에게 가치를 부여해야 한다. 조직을 분열시키고 고객에게 불친절한 경영은 실패한다.

내가 그의 이름을 불러 주기 전에는
그는 다만
하나의 몸짓에 지나지 않았다.
내가 그의 이름을 불러 주었을 때
그는 나에게로 와서
꽃이 되었다.

[김춘수 '꽃'의 일부]

인생의 정답은 '경쟁이 아니라 협력'이다

세상 모든 사람들이 완전히 하나가 된 세상이 '파라다이스' 또는 '유토피아'다. 하지만 현실은 유토피아도 디스토피아도 아니다. 천국과 지옥은 협력과 분열에서 갈라진다. 인간은 뭉칠 때 강해진다. 인생의 정답은 협력에 있다. 미래란 무지한 자에겐 두려움이고 박식한 이에겐 설렘이다. 미래는 예측하는 것이 아니라 준비해서 맞이하는 것이다. 내일이 설레면 인생의 문제를 이해한 것이다. 세상과 하나 될 때 미래는 설렘 그 자체다.

과거와 미래는 단절된 개체며 연결된 전체다

과거는 하나지만 미래는 여러 개다. 과거는 지나간 어떤 것이고 미래는 다가올 모든 것이다. 현재에서 미래를 예측하는 가장 현명한 방법은 예측을 포기하는 것이다. 미래를 예측하는 것보다 맞이할 준비를 하는 게 훨씬 바람직하다. 미래를 맞이하는 것보다 더 훌륭한 것은 미래를 만드는 거다. 현재에서 과거를 돌이켜 회상하는 것은 쉬운 일이지만 현재에서 미래를 예견해 추측하는 것은 결코 만만한 일이 아니다. 미래를 만드는 것이 결코 쉬운 일은 아니지만 미래는 분명히 과거와 현재의 연장선상에 있다는 사실은 분명하다. 과거에 일어났던 사건들 중에서 일시적 유행인 것과 연속적 추세인 것을 구분해야 한다. 일시적 유행들은 버리고 연속적 추세인 것을 취하는 것이 미래를 만드는 방법이다. 미래를 조금만 생각해보면 미래가 완전히 허무맹랑하게 다가오는 것이 아니다. 미래는 과거(성장의 과정)에서 씨 뿌리고 현재(성장의 정점)에서 꽃 피운다. 과거에서 뿌린 씨가 현재에서 꽃피우고 미래에서 열매 맺는다. 과거는 성장이고 현재는 공존이며 미래는 혁신이다. 지혜란 과거와 미래를 현재에 공존시키는 것이다. 과거와 미래의 공존이란 잘나가고 있을 때 혁신하는 것이다.

성장과 혁신의 균형(공존)

2. 마케팅 비법

미국의 심리학자 올포트가 '낯선 사람을 만나면 30초 안에 성별, 나이, 직업, 성격, 성실성 등을 평가한다'고 주장할 만큼, 첫인상은 중요하다. 살롱 역시 고객에게 전해지는 첫인상이 매우 중요한데, 이를 높이는 요소로 인테리어가 꽤 높은 비중을 차지한다. 첫인상의 결정요인 55%가 바로 시각적 이미지기 때문이다. 차별화의 기초 요소로 앞선 기술력도 중요하지만, 요즘같이 급변하는 시장경정 환경에서는 경쟁 우위전략도 시대환경에 맞게 변화해야 한다. 살롱 분위기를 새롭게 변화시켜 차별화된 이미지의 특별한 살롱으로 거듭나자!

차별화된 분위기로 **살롱 경쟁력을 높여라**

시대별 경영차별화 요소

　디자인, 상품(메뉴), 서비스, 운영관리, 마케팅 등이 하나의 느낌으로 전달될 수 있도록 통합된 이미지를 연출하는 콘셉트(Concept)가 매우 중요하다. 브랜드 · BI · 상품(메뉴) · 서비스 · 디자인 · 인테리어 · 마케팅이 하나의 콘셉트으로 응축되어야 한다. 21C 경영환경의 차별화는 콘셉트 마인드를 갖는 것이다. 콘셉트에 의한 일관성 있는 경영 의지는 경영자에게 강력한 브랜드 파워를 선물한다. 브랜드는 '통합된 이미지'라는 것을 기억하자.

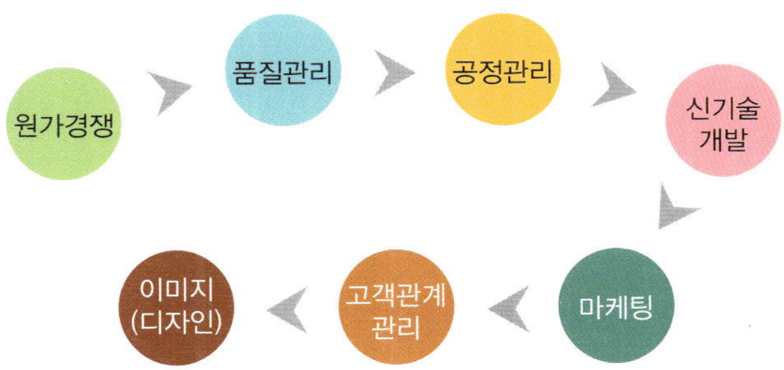

살롱 인테리어 진행과정

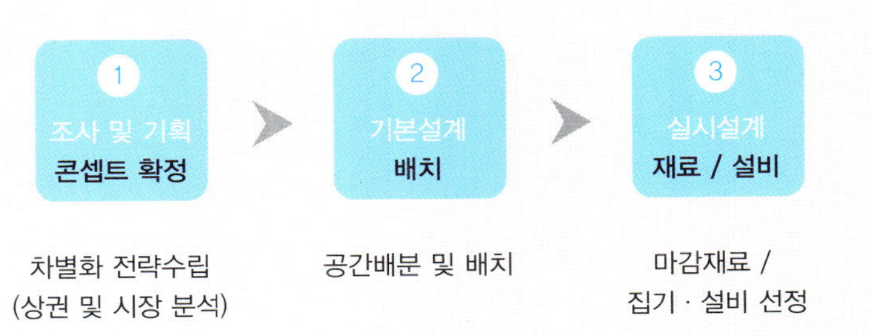

차별화 전략수립 　　　 공간배분 및 배치 　　　 마감재료 /
(상권 및 시장 분석) 　　　　　　　　　　　　　　 집기 · 설비 선정

인테리어! 콘셉트가 있어야 성공한다

미용서비스는 생산과 판매(소비)가 동시에 이루어지는 특성이 있다. 동일한 공간과 시간에 시술과 서비스가 함께 이루어지는 특성을 고려해서 배치해야 한다. 이때 생산공장의 효율성과 서비스 공간의 분위기를 동시에 연출해야 하는 어려움이 있다. 살롱은 매장이 아니라 공장이다. 공장 의식이 없으면 서비스는 불편하고 느려진다. 피크타임에 적체가 심해져 고객 불만이 늘어난다.

분위기는 크게 시설, 사람, 연출로 구분한다.

인테리어는 시공 후 변경하기 힘들기 때문에 준비단계에서 철저한 기획력이 요구된다. 외관은 고객을 강력하게 흡입할 수 있게 기획하고, 바닥소재 선택에 특별히 유의해야 한다. 전력량과 상·하수 시설은 여유 있게 편성한다. 또한 헤어 디자이너의 표정은 인적 분위기를 대표하며 밝은 미소는 상대방의 마음도 밝게 한다. 복장은 그 사람의 직업이나 전문성을 미루어 짐작하게 한다. "먹는 것은 내가 좋아하는 것을 먹고, 입는 것은 남이 좋아하는 옷으로 입어라"라는 말을 기억하자. 인간은 상호관계 속에서 살아가는 사회적 동물이다. 서비스 제공자는 고객을 의식하고 배려하는 자세로 복장을 선택해야 한다. 사람은 결코 이성적이지도 합리적이지도 않다. 이성이라는 말과 합리라는 말의 기저에는 감정이 깔려있다. 연출(감정)에 의해 이성과 합리도 변하게 된다. 포장지에 따라 상품의 품질이 다르게 느껴지는 것이 좋은 예다.

살롱 분위기 3요소

시 설	내용	인테리어, 외관, 설비, 시설, 도구, 기구
	핵심	업종 특성을 잘 연출하여 고객의 방문욕구를 높이고, 동선의 효율성을 높인다. 비용을 많이 들여야만 훌륭한 분위기가 연출되는 것은 아니다. 대청소하고 POP만 잘 부착해도 큰 효과를 볼 수 있다.
	비고	강력한 흡입력을 갖춰야 한다.
사 람	내용	표정(미소), 복장, 태도, 목소리(톤, 어조), 대화내용
	핵심	첫인상의 55%는 표정과 복장에서 형성된다. 목소리(청각)는 38%의 비중을 차지하며, 대화내용은 고작 7%를 차지한다.
	비고	첫인상은 짧은 순간에 결정되며, 좀처럼 바뀌지 않는다.
연 출	내용	디스플레이, POP, 오감(시각 · 청각 · 후각 · 미각 · 촉각), 청결
	핵심	가장 적은 비용으로 분위기를 바꾸거나 새로운 분위기를 연출할 수 있다. 음향마케팅을 잘해도 매출이 3% 정도 증가한다.
	비고	비고 – 포장지만 바꾸어도 매출이 변한다.

유니폼 : 전문성과 통일성을 전달하는 유니폼으로 통일해서 입는다. 복장과 언어는 조직원의 소속감을 강화시킨다. 전문성과 통일성을 전달하며 서비스 이미지를 연출하는 중요한 커뮤니케이션 수단이다. 복장이나 명찰 등으로 전문성과 통일성을 표현한다. 인사멘트와 접객용어는 매뉴얼로 모든 직원의 언어와 행동을 통일시킨다. 유니폼과 매뉴얼은 서비스 품격을 높이는 커뮤니케이션이다.

인테리어 노하우

① 살롱 특성을 부각시킬 수 있도록 콘셉트 확정

② 전문업체에 인테리어 시공(비용 때문에 경험이 부족한 업체에 의뢰하면, 장기적 관점에서 비용이 더 소요됨)

③ 주방과 샴푸실을 우선적으로 배치한 후 경대를 배치

④ 소형 살롱은 비용을 절감하되 바닥만큼은 고급스런 소재를 선택

⑤ 대형 살롱은 콘셉트가 강조된 고급스러운 인테리어 지향

⑥ 공간과 동선을 파악해서 배치(매장이 아닌 공장 개념)

⑦ 할인형(저가형) 살롱은 1.5배 정도의 경대 수 추가로 단위 면적당 회전율을 높임.

⑧ 고급형 살롱은 CI를 캐릭터화하여 고급스러움을 강조

⑨ 고객 흡입력이 강한 외관을 연출. 간판은 고객 유치에 큰 역할을 함.

상권력, 기술력, 생산원가를 중심으로 한 감량경영 관점에서 볼 때 인테리어는 사치라고 생각하기 쉽다. 그러나 경쟁 살롱과 차별화할 때 통합된 디자인 콘셉트를 기초로 한 인테리어의 가치는 경쟁력을 높인다. 고객은 정보를 인식할 때 80%를 시각으로 인식하기 때문이다. 상권, 입지, 성별, 연령, 소득수준, 라이프사이클 등을 고려한 콘셉트 중심적 경영전략수립과 인테리어 연출을 실행한다.

인테리어의 차별화는 경쟁의 기초체력이다. 항상 경쟁 살롱보다 높은 위치를 선점할 수 있도록 끝없이 변화해야 한다. 경쟁은 유리한 고지에서 시작하면 쉽게 승리한다. 고지란 경쟁자보다 높고 유리한 위치를 의미한다.

살롱 경영에서 이벤트는 모든 마케팅 활동의 대표주자다. 이벤트는 학문적, 사전적 의미를 넘어 IMC(통합적 마케팅 커뮤니케이션)의 중심이며, 특히 소규모 살롱 경영자는 비용과 효율성 부분을 감안할 때, 국지적인 마케팅 활동을 펼치는 것이 유리하다. 그렇다면 한정된 지역에서 효율성과 효과성을 극대화할 수 있는 이벤트 기획법은 무엇일까? 그동안 3,000여 곳의 살롱 경영 및 마케팅을 컨설팅하면서 경험한 노하우, 특히 살롱 경영에 초점을 맞춘 이벤트 기획법에 대해 알아보자.

최대 80배 높게 반응하는 이벤트 기획법

고객을 사로잡는 이벤트 기획 핵심 3요소

1. 안심시켜라!　　2. 이익을 줘라!　　3. 흥미를 유발하라!

위의 3가지 사항을 적절히 조합해서 이벤트를 기획한다면 80배 높은 반응을 얻을 수 있다. 지금부터 상세하게 알아보자.

1. 안심시켜라! – 스타일보장제 / 환불보장제

디자이너의 깔끔한 복장과 밝은 표정, 목소리는 신뢰도를 높이는 중요한 포인트가 된다. 인테리어나 정리정돈 상태도 안심에 영향을 준다. 상품설명을 고객의 입장에 서서 상세하게 설명하라. 디자이너 입장에서는 단순한 상식도 고객은 모를 수 있다. 경영자나 디자이너의 프로필을 화려하게 연출해서 알린다. 스타일보장제와 환불보장제를 시행한다. 시술사진을 예쁘게 찍어서 게시하는 것도 신뢰를 높이는 방법이다.

2. 이익을 줘라! – 덤을 제공하라.

고객은 비싼 상품을 싸게 사고 싶어 한다. 시술요금이 10,000원이라면 12,000원으로 인상하고 2,000원 할인하는 것이 훨씬 더 잘 팔린다. 주의할 점은 요금책정시점부터 12,000원으로 요금을 인상해 놓아야 한다. 상담이나 시술 시점에서 순간적으로 인상하고 할인하는 것처럼 생색내는 것은 사기에 해당될 수 있다.

일정 금액 이상을 구매하는 고객에게는 사은품을 제공하자. 특정 시기에는 포인트를 두 배로 적립하고 방문고객에게 쿠폰(상품권)을 증정하자. 고객은 싼 것을 싸게 사는 것보다 비싼 것을 싸게 사고 싶어 한다. 준거가격(Reference Price-기존에 알고 있던 가격)과 지불가격의 차이가 커질수록 '거래효용(Transaction Utility)'이 높아진다.

3. 흥미를 유발하라! – 오감을 자극하라.

평범한 것은 고객의 관심을 끌지 못한다. 고객은 특별한 것에 시선이 끌린다. 마음을 보듬는 훈훈한 이야기, 고정관념을 뒤집는 반전, 꿈을 생각하게 하는 희망, 지구의 아름다움 등과 같은 소재들을 개발하여 고객의 시선을 끌어야 한다. 고객은 오감으로 정보를 수집하고 감성과 이성으로 판단한다. 시각 · 청각 · 촉각 · 미각 · 후각을 총 동원해서 고객의 심장 속을 파고들어가야 한다. 평범한 상품은 팔리지 않는다.

고객이 요구한 것을 들어주는 것은 당연하다. 요구하기 전에 미리 간파하여 제공한다면 고객은 사랑 받고 있다고 느끼게 된다.

이와 같은 이벤트 기획의 핵심 3요소 즉, '안심, 이익, 흥미'를 적절히 조합해서 꾸준히 실천한다면 80배 효과를 얻을 수 있다. 살롱 경영에서 훌륭한 이벤트 기획자가 되는 것은 안심, 이익, 흥미에 달려있다. 쪽지광고(전단지), Placard(현수막), DM(우편광고), Performance(행사) 등 어떠한 이벤트를 기획하더라도 안심, 이익, 흥미 이벤트 3요소를 기억하자.

상권별 이벤트 전략

① 학원가	학원가의 주 고객은 학생들이다. 부모에게 용돈을 타서 쓰는 계층이므로 '질보다는 양', '양보다는 가격'에 민감하다. ㉭ 할인쿠폰, 저렴한 요금을 알리는 명함형 전단, 포인트 누적제, 캐시백 쿠폰 등
② 일반주택가	고객 유동이 많지 않고 고객층의 범위가 한정되어 있으므로, 거주민 대상의 광고지 배포가 용이하다. 특히 주부들에 의한 입소문의 영향력이 크기 때문에 소개마케팅과 바이럴마케팅이 효과적이다. ㉭ 회원추천제, 기념일(생일, 결혼일) 문자(SMS)관리, 세대별 전단지 직배, 판촉용 사은품, 캐시백 쿠폰 등
③ 아파트단지 내 상가	기존고객의 재방문율을 높이는 전략이 핵심이다. 아파트 상권은 표적고객이 정해졌기 때문에 우편(DM)에 의한 판촉이 효과적이다. 단지 내 입주민들을 공략하고 싶다면 원장이 해당 아파트단지로 이사하는 것이 좋다. ㉭ 회원추천제, 기념일(생일, 결혼일) 우편(DM)으로 관리, 광고지 우편발송, 신문 전단지에 의한 전단 배포, 캐시백 쿠폰 등
④ 역세권	교통의 요지로서 고객층이 다양하고 유동인구가 많으므로 가두 홍보 효과가 높다. 특히 가시성이 확보된 살롱은 현수막을 이용하면 좋다. 1층은 화려하게, 3층 이상은 내용을 최대한 압축하고 심플하게 디자인 한다. 아무리 좋은 디자인도 보이지 않으면 헛수고다. ㉭ 가두 홍보, 현수막, 쿠폰배포, 캐시백 쿠폰 등
⑤ 대형쇼핑 센터 내	입점 자체가 숍인숍(Shop in shop)이므로, 모체인 대형 쇼핑센터의 영업력에 따라 살롱의 운명도 결정된다. 내부 상권에 의한 영향력이 크므로 입점 시 유리한 상권을 확보해야 한다. ㉭ POP광고, 입점업체와 제휴, 블랙모닝 초특가(쇼핑센터와 함께하는), 쿠폰배포(주차장, 무빙워크), 캐시백 쿠폰 등

고객의 재방문율을 높이는 쿠포닝 전략 즉, 회원캐시백 제도는 어떤 상권에서도 효과가 큰 쿠포닝 기법이다. 이와 같이 시장과 상권에 적합한 체계적 판촉 전략을 통한다면 매출이라는 계단을 하나씩 오르기가 훨씬 쉬워진다.

마케팅의 원줄기는 경영학에서 시작됐다. 경영학에서 마케팅은 시장활동에 근본을 둔다. 시장활동은 인간활동이다. 커뮤니케니션은 인간활동이고 마케팅은 시장활동이다. 커뮤니케이션은 의사전달과 감정전달에 관한 소통의 인간학이다. 마케팅적 사고가 없는 살롱은 머리 없는 기업이다. 커뮤니케이션 활동이 없는 사람은 생명 없는 시체와 마찬가지다. 상품을 통한 커뮤니케이션이 마케팅이다.

마케팅과 커뮤니케이션

마케팅과 커뮤니케이션의 상관관계

광고 · 홍보가 기업의 마케팅 목
적을 달성하기 위한 표현수단
이라면, 커뮤니케이션은 인간
의 의사소통을 위한 교류수단이
다. 마케팅에서는 생산자와 소
비자라는 용어를 사용하고 커뮤
니케이션에서는 발신자와 수신
자라는 용어를 사용한다.

마케팅이 효율성을 추구한다면 커뮤니케이션은 합리성을 추구
한다. 마케팅은 이익을 우선으로 하고 커뮤니케이션은 명분을 우
선으로 한다.

이처럼 마케팅과 커뮤니케이션은 문자표기는 다르지만, 몸이
하나로 합쳐져 살아가는 연리지와 같다. 과일의 씨가 마케팅이라
면 과육은 커뮤니케이션이 될 것이다. 사과가 맛있는 과육을 유
지하는 것은, 동물들이 자신을 먹도록 유도해서 본래 목적하고
있는 자신의 씨를 퍼뜨리기(마케팅) 위한 수단이라고 할 수 있다.

마케팅을 위한 커뮤니케이션

고객(사람)에게 씨는 보이지 않는다. 맛있는 사과살 즉, 과육만
보인다. 기업에서 광고를 진행할 때는 마케팅 목적이 중요하다.
그렇지만, 소비자의 입장에서는 맛있는 과육처럼 기업의 커뮤니
케이션 수단만이 보이게 된다. 부부가 함께해야만 새 생명인 자
녀를 낳을 수 있는 것처럼, 마케팅과 커뮤니케이션도 함께해야

만 그 본래의 목적을 달성할 수 있다. 통합된 마케팅 커뮤니케이션(IMC)이 탄생된 배경도 같은 이유에서다. 마케팅과 커뮤니케이션은 목적·대상·활동·결과가 같다. 마케팅을 위해 커뮤니케이션이 존재하는 것이지 커뮤니케이션을 위해 마케팅이 존재하는 것은 아니다.

직원과의 커뮤니케이션

직원과 원만한 커뮤니케이션을 위해서는 상호 신뢰가 우선되어야 한다. 업무 외의 사적 이야기 즉, 직원의 장래 꿈과 생일, 취미, 경력, 가족관계 등 많은 정보를 습득하고 대화의 폭을 넓혀야 한다. 누군가 나에게 진심으로 관심을 가져준다면 기분이 좋아질 것이다. 특히 원장이 나에게 관심과 애정을 표현한다면 그 기쁨은 훨씬 더 크다. 직원의 꿈을 알고 그 꿈을 달성할 수 있도록 돕고 협력하는 원장을 신뢰하게 되는 것은 당연한 이치다. 경영자에 대해 신뢰가 형성된다면 살롱 업무에도 적극적이 될 것이고 자발적으로 협력하게 된다. 발신자가 수신자에게 관심이 많다는 것을 표시하는 방법은 수신자의 정보를 많이 수집하여 원활한 커뮤니케이션을 지속적으로 실천하는 것이다.

커뮤니케이션은 지속적이냐 일시적이냐에 따라 신뢰도 형성에 큰 차이를 보인다. 상대(발신자)가 나(수신자)에게 진심으로 지속적인 관심을 가져준다면 긍정적 관계 형성에 큰 역할을 한다.

파악해야 할 개인정보

장래의 꿈, 출신학교, 출신지, 본인 생일, 부모 생일, 결혼기념일, 가족 이름, 하고 싶은 일 등 가능하면 직원의 입장에서 관심 있는 개인정보를 상세하게 파악하고 관리할 필요가 있다. 이처럼 직원과 언제라도 개인적 이야기를 할 수 있는 개인정보를 상세하게 파악해 놓는다. 특히 직원의 장래 꿈은 근무만족도와 직접적으로 연관될 수 있으므로 특별한 관심을 갖고 업무와 연결시키는 것이 바람직하다. 살롱의 경우 디자이너가 10년차 정도 되면 창업에 대한 관심이 높아지게 된다. 창업을 한다는 것은 원장이 되고 싶다는 것이다. 현재 근무하는 살롱에서 관리자로서 충분한 경험을 쌓도록 유도함으로써 장기근속 유도는 물론, 창업실패를 막아주는 일석이조의 효과를 얻을 수 있다. 단순히 근속을 유도할 목적으로 지원하는 것이 아니라, 진정한 성공을 도와주는 협조자로서 커뮤니케이션을 한다.

이러한 관점에서 커뮤니케이션은 미용사에게도 큰 도움이 된다는 것을 스스로도 깨닫게 될 것이다. 커뮤니케이션은 지속적이어야 한다. 일시적 관심으로는 신뢰를 형성하기 어렵다.

목표설정 커뮤니케이션

살롱의 업무는 매일같이 반복되는 것처럼 보이기 쉽다. 그러나 끝없이 변화하는 시장환경에 적응하고 경쟁력을 유지하기 위해서는 '가야 할 곳' 즉, 목표를 명확하게 설정하고 그 목표달성을 위해 꾸준히 노력해야 성공을 보장받는다. 원장은 직원 개인별로 인생의 목표를 파악 또는 제시하여 목표달성의 기쁨을 느낄 수 있도록 도와야 한다. 물론, 개인목표는 살롱목표와 연관성을 유지하는 것이 중요하다. 명확한 목표 없이 직장생활을 하는 직원들은 근무만족도가 낮고 이직률이 높다. 또한 살롱목표는 직원 개인목표에 앞서 구체적이고 명확해야 한다. 연간목표 및 월간목표를 세우고, 목표는 상세하게 수치로 표현해야 한다. 목표가 추상적이라면 함께 공유되지 못할 뿐 아니라 달성할 수도 없다. 목표는 쉽고 간단하게 세우자. 이달의 목표가 친절서비스라면 '미소 띤 표정으로 응대한다', '맑은 목소리로 말한다', '깔끔한 복장을 입는다' 등 누구나 쉽게 이해하고 실천할 수 있도록 한다.

목표에 관한 평가와 개선

목표는 평가되어야 그 가치가 빛난다. 업적평가는 근무의욕 고취에 큰 영향을 미친다는 연구결과가 있다. 월간목표를 세우고 월말에 성과를 평가하면 개인은 물론 살롱은 발전한다. 경영학의 대가 피터 드러커는 "측정할 수 없으면 관리할 수 없고, 관리할 수 없으면 개선할 수 없다"고 했다. 살롱이 가야 할 곳이 목표다. 개인이 가고 싶은 곳이 꿈이다. 목표나 꿈이 명확하지 않은 사람은 살아 있어도 사는 것이 아니다. 단지 연명하고 있을 뿐이다.

성인이 되면 더 나은 반려자를 만나기 위해 능력을 키우고 몸매를 근사하게 만들고 멋진 옷을 입는다. 상대의 환심을 사기 위해 밝은 표정을 연출하거나 친절하게 행동한다. 자신의 매력을 발산하는 비법을 터득한 사람은 좀 더 근사한 연인을 만나 더 행복한 결혼 생활을 할 것이다.

결혼을 잘 했다는 것은 서로 잘 어울리는 짝을 만나 인연을 맺는 것이다. 문화, 지식, 건강 등 상황이 서로 적절하게 어우러질 때 결혼해야 행복하다. 문화적 차이가 크면 가치관의 격차가 커서 매사에 공감대 형성이 어렵다. 결혼은 함께 살아가는 협력관계이기 때문에 현실보다 과대포장으로 상대를 유혹해서 결혼한다면 둘 다 불행해진다. 광고도 연애와 비슷하다.

성공하려면 연애하듯이 광고하라

광고와 연애는 같다

살롱에서 시술 메뉴를 고객에게 판매하기 위해서는 판매자의 입장을 버리고 고객의 입장에 서야 한다. 고객의 욕구를 충족시킬 수 있는 상품의 편익(Benefit)을 알려야 한다. 판매자의 입장이 아니라 고객의 입장에 서서 바라보면, 그 방법을 쉽게 찾을 수 있다.

　광고도 고객의 문화, 지식, 건강 등의 상황에 적합한 상품을 선별해서 광고해야 한다. 고객의 현재 상황을 무시하고 과대광고로 판매한다면 일시적으로 매출을 높일 수는 있어도 결국, 환불·교환·불만 등을 발생하게 된다. 기업의 제1목적은 이윤창출이지만 제2목적은 영속성 유지다. 눈앞의 이익을 위해 광고하는 것은 자살행위다. 이윤을 창출할 때는 영속성을 생각하고, 영속성을 유지하려면 이윤이 뒷받침 되어야 한다. 광고는 고객과 기업, 이윤과 영속의 두 마리 토끼를 잡을 수 있어야 훌륭한 광고다.

성공한 연애 실패한 연애

인간의 대뇌는 좌뇌와 우뇌로 구분한다. 좌뇌는 이성의 영역, 우뇌는 감성의 영역을 처리한다. 상대에게 호감을 주려면 감성과 이성이 일치되어야 한다. 인간은 오감을 통해서 정보를 인지하지만 자신의 감정과 지식에 따라 다르게 수용한다. 연애에 성공하려면 상대의 감정과 지식에 맞는 정보를 오감(시각, 청각, 후각, 촉각, 미각)을 통해 전달해야 한다.

　시각에는 키, 몸매, 피부색, 생김새 등이 있다. 청각은 목소리로 음색, 톤, 어조 등이 있다.

　후각은 향기와 악취로 구분된다. 20세기 초 헤닝(Hans Henning)은 썩은(Putrid), 공기(Etherea), 송진(Resinous), 짜릿한 (Spicy), 향기로운(Fragrant), 탄(Burned) 등 6가지 냄새 프리즘을 제안했으나 참고만 하길 바란다.

촉각은 접촉의 느낌으로 부드러운가 거친가로 판단한다. 피부감각은 기능을 기준으로 기계감각, 통증감각, 온도감각 등 세 종류로 나뉜다. 기계감각은 접촉, 진동, 압력 등 물리적 감각이다. 통증감각은 신체에 닥친 위험을 경고해주는 감각으로 줄여서 통각이라고 부른다. 온도감각은 뜨거움, 따듯함, 시원함, 차가움 등 온도를 감지한다. 극단적 온도(뜨거움, 차가움)는 통각도 자극한다.

미각은 실제 맛본 느낌이 아니라 시각, 청각, 후각, 촉각 등으로 인식되는 맛을 의미한다. 맛은 시각, 청각, 후각, 촉각을 차단하면 느낄 수 없다.

감성적 부분은 심리적 부분이다. 문화, 지식, 종교, 성격, 환경 등에 따라서 좋고 싫음이 변한다.

인간의 심리는 환경변화에 따라 그 욕구 수준이 변한다. 이성과 감성은 서로 분리되는 것이 아니라 상호 조화를 이룬다. 서로 어울리는 남녀가 결혼해야 행복하듯, 고객과 상품도 서로 어울려야 만족한다.

좋은 광고의 조건

1. 상품과 어울리는 고객 찾기	광고는 상품이 필요한 고객에게 상품을 찾아주는 것이지 불필요한 고객을 현혹하는 것이 아니다.

2. 상품 증명하기	상품의 장단점을 보여준다. 상품의 품질보증서 즉, 시술에 대해 신뢰할 수 있는 증명서 등을 제공한다. 혹시 잘못 판단해서 구매, 시술했다면 언제든지 교환하거나 재시술이 가능하다는 보증을 확실히 한다.
3. 겸손하게 광고하기	거짓말 하지 마라. 과대광고는 서로가 불행해지는 지름길이다. 절대로 과대광고 하지 마라. 공감되지 않는 크리에이티브는 자기과시에 지나지 않는다. 광고인이 아닌 고객의 입장에서 다시 생각하라.
4. 배려하기	읽기 쉽고 이해하기 쉽게 말하라. 고객이 이해하지 못하는 말이나 표현은 쓰레기에 불과하다. 광고인의 자기만족에 빠져서 허우적거리지 마라. 10대에서 80대까지 남녀노소 누구나 이해하기 쉽게 표현하라.
5. 가르치지 말기	새로운 소식이 나오는 뉴스는 보지만, 누군가 나를 가르치거나 변화시키려고 하면 대부분 거부한다. 신선하고, 재미있고, 호기심을 유발하라. 고객을 가르치는 광고는 고객을 잃는다. 광고는 상품·시술을 판매하는 것이지 나의 지식을 뽐내는 것이 아니다.

공감할 수 있도록 자연스러운 광고

이성에게 다가갈 때에는 친근감 있고 자연스럽게 접근해야 하듯, 고객에게 다가갈 때에도 자연스럽게 광고해야 한다. 사람은 새로운 문화를 받아들이기보다는 현재 상태를 유지하는 것이 훨씬 쉽기 때문에 충분한 공감이 없으면 새로운 것을 거부한다. 또한 새로운 것을 판단할 때에는 이미 알고 있는 것(지식)에 대한 비유를 통해서 몰랐던 것을 이해한다. 그래서 고객의 환경·문화·지식 등에 걸맞은 표현을 해야 효과적이다. 사격수가 표적을 맞추는 경로가 단순하듯, 성공은 예측 가능한 경로를 통해서 달성된다. 미용시술은 그 결과가 눈앞에서 바로 나타나기 때문에 기술공부에는 많은 시간을 투자하면서 고객을 이해하는 데는 좀처럼 시간을 투자하지 않으려는 경영자가 너무 많다. 제대로 이해하고 고객에게 어필하라.

과학적이고 체계적인 광고 진행

광고의 목적인 꽃을 알려야지 가리키는 손을 부각시켜서는 곤란하다. 광고를 위한 광고가 아니라 상품을 알리는 광고가 되어야 한다. 현장에서 세일즈 프로모션(SP)을 기획하다 보면 본래 광고 목적을 망각하고 화려한 디자인과 언어유희에 집중하는 경우를 많이 본다. 막연한 추측의 광고가 아니라, 과학적이고 체계적인 광고 진행을 당부한다.

꽃

가리키는 손이 아니라
꽃에 머물게 해야지
광고가 아니라
상품에 머물게 해야지

〈카피라이터 가라사대〉의 저자
김태형의 시

아메리카 에어라인은 1981년 항공업계 최초로 고객 보상 프로그램(AAdvantage Travel Awards)을 도입했다. 고객 보상 프로그램은 고객이 해당 항공사의 비행기를 탑승한 거리에 따른 보상제도로 멤버십(Membership) 또는 마일리지 (Mileage)라고 한다. 멤버십 제도는 고정고객 확보를 위한 판매촉진 프로그램이다. 고객의 기여도에 따라 혜택을 제공한다. 근래에는 판매 업종은 물론 서비스 업종에서 단골화의 핵심전략으로 이용된다.

멤버십 제도

1. 멤버십 제도는 '사회적 증거(Social Proof)'를 유발한다

멤버십 제도는 기존고객 유지는 물론 신규고객을 불러들이는 데 큰 역할을 한다. 신규고객은 기존고객이 많은 점포로 몰린다. 사람은 심리적으로 호기심과 불안감이 공존한다. 다른 사람이 갖고 있는 상품에 관심을 갖게 되며, 많은 사람이 구입한 상품이라면 쉽게 따라 산다. 멤버십 제도에 의한 기존고객 확보는 그 자체로도 매우 가치가 높지만, 신규고객을 유치하는 효과를 덤으로 얻는다. 새로운 살롱을 찾을 때 기존고객이 많으면, 신규고객 입장에서는 품질이 사회적으로 인정되었다는 믿음이 생긴다. 다수에 의한 심리적 품질보장을 '사회적 증거(Social Proof)'라고 한다.

2. 멤버십 제도는 '유인효과(Attraction Effect)'를 부른다

우수한 살롱과 열등한 살롱이 나란히 영업하고 있다고 할 때, 열등한 살롱은 열심히 광고하고 싶어진다. 고객은 열등한 살롱의 광고를 보고 근처까지는 오지만, 결국 우수한 살롱으로 들어간다. 기존의 우수한 점포 근처에 열등한 점포가 새롭게 개업하면 오히려 우수한 점포의 매출이 증가되는 현상이 유인효과다. 새로 이사 온 가망고객은 어느 살롱이 좋은지 구분할 수 있는 정보가 없으므로 쪽지광고(전단지)를 보고 왔더라도 결국 고객이 많은 곳을 선택한다. 모방전략을 펼치는 짝퉁 살롱이 망하는 이유가 유인효과 때문이다. 제품은 모방이 통하지만 서비스는 모방이 안 통한다.

3. 멤버십 제도는
'단순노출효과(Mere Exposure Effect)'를 일으킨다

만남을 거듭할수록 호감을 갖게 된다는 것이 단순노출효과다. 훌륭한 서비스라도 최소한 세 번 이상은 체험해야 비로소 단골이 된다. 영국에는 '눈에서 멀어지면 마음에서 멀어진다'는 속담이 있다. 몸이 멀어지면 마음도 멀어진다. 고객관리를 하는 이유 중 하나가 단순노출효과 때문이다. 잡아 놓은 물고기라도 지속적으로 먹이를 줘야 한다. 고객과의 접촉은 많을수록 좋다.

4. 멤버십 제도는 고객 유치 비용을 80% 절감한다

신규고객을 유치하는 데 드는 비용은 기존고객을 관리하는 비용의 5배다. 즉, 기존고객 유지비용은 신규고객 유치비용의 20%로 가능하다. 톱날 갈 시간이 없다고 무딘 톱으로 나무를 자르는 목수는 미련하다. 기존고객 관리는 비용이나 효과 면에서 우수한 전략이므로 반드시 실천해야 한다. 구멍 난 물통은 물 긷기보다 구멍 때우기가 먼저다.

5. 멤버십 제도는 '순추천고객지수(NPS)'를 늘린다

고객을 대상으로 조사한 결과 고객만족과 순추천고객지수(NPS)는 비례한다. 고객만족지수를 높이면 추천고객 수도 늘어난다. (주)미용마케팅연구소의 연구결과에 따르면, 고객만족지수나 기존고객 재방문율이 10% 증가하면 기존고객에 의한 매출은 32% 증가한다. 또한 신규고객 재방문율과 기존고객 재방문율이 각각 10%씩 증가하면, 전체 매출은 78% 증가한다는 연구결과가 있다. 멤버십에 의한 기존고객 만족도 향상은 기존고객 유지뿐만 아니라 추천고객 수를 늘려 전반적인 신규고객 수 증가를 가져온다.

멤버십 제도 전략

도입 목적	고객 수 확대 / 고객 이탈방지
적용 방법	방문 횟수(매출액)에 따른 보상 예 등록하면 −10%, 10회부터 −15%, 20회부터 −20%, 30회부터 −25%, 50회부터 −30%)
도입 시점	경쟁 살롱 진입을 방어해야 할 시점 / 기존고객 매출이 전체 매출의 75% 이상 도달시점 / 직접적 요금경쟁을 피해야 할 경우
주의 사항	경쟁 살롱과의 요금경쟁으로 확대될 가능성 있음 / 미미한 보상은 오히려 반발을 초래할 수 있음 / 보상에 따른 요금인상 요인이 됨

멤버십 제도는 '간단하고, 확실하게'

멤버십 제도는 쉽고 간단해야 한다. 멤버십 할인을 받기 위해 번거롭거나 복잡한 과정을 요구한다면, 이는 고객감사에 대한 보상이라고 생각하지 않고 복잡한 과정에 대한 당연한 대가라고 생각하게 된다. 멤버십 적용 방법을 간단하게 설계해야 한다. 또한 보상은 확실하게 한다. 고객이 가치 있다고 느낄 수 있게 보상하라. 카드결제와 현금결제를 차별하는 경우가 있는데, 이는 '퍼주고 뺨맞기'다. 현대인들은 신용카드 사용에 익숙하다. 미국 매사추세츠 공과대학 드라젠 프레렉(Drazen Prelec)과 덩컨 시메스터(Duncan Simester) 교수의 농구 게임 티켓 경매 실험결과 현금결제보다 카드결제 쪽의 낙찰가가 두 배나 높았다. 심리회계장부(Mental Accounting) 면에서도 카드를 사용할 때, 돈을 쓴다는 느낌이 훨씬 적어 쉽게 구매한다.

모든 시장은 상대적 경쟁이다

내가 1등을 못하면 다른 누군가가 1등자리를 차지한다. 마케팅에는 '선두의 법칙'이 있다. 고객은 1등을 찾는다. 1등이 바쁘면 어쩔 수 없이 2등을 대안으로 찾는다. 그러나 1등이 한가해지면 바로 2등을 떠나 1등을 찾는다. 카벳 로버트(Cavett Robert)는 "사람들의 95%는 모방자이며, 오직 5%만이 창조자이다. 사람들은 판매원들의 어떠한 판매 전략보다도 다른 사람들의 행동에 의해서 더 쉽게 설득된다"라고 했다. 신규고객에게 있어 기존고객은 방문 결정의 이정표다. 그렇다. 신규고객에게 기존고객은 훌륭한 세일즈맨이다. 현재 우리 살롱의 고객 신호등은 무슨 색인가? 노랑이나 빨간 불이 켜졌다면 빨리 푸른 신호등으로 바꾸자.

사람의 본능에는 절대적 본능과 상대적 본능이 공존한다

체온을 유지하려는 것이나 잠자고 싶은 것은 절대적 본능이다. 명품을 선호하거나 능력 있는 배우자를 원하는 것은 상대적 본능이다. 멤버십에서 일괄적인 할인은 절대욕구충족이고 등급별 차등할인은 상대욕구충족이다. 멤버십에 의해 차등할인 하지 않고 전체를 획일적으로 할인하는 것은 수영선수가 한 손으로만 수영하려는 것처럼 비효율적이다.

고객의 본능을 자극하라.

사람에게는 과시본능과 절약본능이 있다. 과시본능은 비싼 것을 갖고 싶어 하는 본능이고, 절약본능은 같은 값이면 싸게 사고 싶은 본능이다. 한마디로 명품을 싸게 사고 싶어 한다. 그래서 상설할인매장이 붐빈다. 고객은 싼 것을 제값에 사고 싶은 것이 아니라 비싼 것을 싸게 사고 싶어 한다. 멤버십은 기준요금을 인상한 후 할인하여 실질요금을 받는다.

우리가 보는 것의 2/3는 우리 눈 뒤에 있다. 사람은 정보를 받아들일 때 주관적으로 재해석하며, 변질시키거나 왜곡한다. 우리가 보는 것의 대부분은 감정과 인식으로 본 거다.

사람은 감정으로 결정하고 이성으로 합리화한다. 고객은 사려고 했던 것을 사지 않을 때도 있고, 계획하지 않았던 것을 살 때도 있다. 이렇듯 계획했던 것을 사지 않고 충동적으로 구매하는 '전환율'이 100%가 훌쩍 넘는다. 당신은 백화점이나 할인점에 방문할 때 몇 번이나 계획쇼핑을 했는가? 우량고객과 일반고객을 평등하게 대하는 것은 일반고객을 우대하고 우량고객을 천대하는 불평등 관리다. 멤버십 제도는 기여도에 따라 공정하게 대우하는 가장 공평한 고객관리법이다.

산이 높으면 비탈도 크다. 비탈이 없으면 봉우리가 없고, 비탈이 밋밋하면 봉우리가 낮다. 크고 웅대한 산은 비탈이 높고 길다. 인생도 시련이 있어야 위대한 삶이다. 고난을 극복해야 그 성공이 값지다. 과거가 비참해야 성공이 더 빛나며, 과거가 화려해야 실패가 더 초라해진다. 실패의 뉴스거리는 과거가 화려했던 사람들이다. 성공할 사람은 현실의 고난을 기뻐해야 한다. 현재의 고난이 성공한 다음에는 자랑거리가 되기 때문이다.

시련을 두려워하지 말라

도전과 성공, 실수와 지혜

교육학자 쿠노 피셔는 "뜨거운 가마 속에서 구워낸 도자기는 결코 빛이 바래는 일이 없다. 마찬가지로 고난의 아픔에 단련된 사람의 인격은 영원히 변치 않는다. 안락은 악마를, 고난은 사람을 만든다"고 했다. 헬렌 켈러는 "성품은 편안함과 조용함을 통해서는 개발될 수 없다. 오직 시련과 고난의 경험을 통해 우리는 강해지고 우리의 비전이 분명하게 되며, 우리의 목표가 이뤄진다"고 했다. 실수는 누구에게나 있다. 성공한 사람이든 실패한 사람이든 예외가 없다. 그리고 그 실수가 누적될수록 정상에 가까워진다. 실수에 기죽지 않고 끝까지 도전하면 성공하고, 실수에 주눅들어 중간에 포기하면 실패한다. 인생은 실수의 연속이다. 실수 자체가 인생이다. 성공과 실패의 차이는 실수의 대처방법에 달렸다. 실수에서 지혜를 얻고 같은 실수를 반복하지 않는 것이 지혜다. 실수가 없다면 지혜를 얻을 수 없다.

패러다임과 스키마

패러다임(Paradigm)은 어떤 한 시대 사람들의 견해나 사고를 근본적으로 규정하고 있는 테두리로서 인식의 체계 또는, 사물에 대한 이론적인 틀이나 체계를 말한다. 1962년 토마스 쿤은 〈과학혁명의 구조〉에서 '패러다임'이란 용어를 처음으로 사용했다. 주로 '변혁'이라는 말과 함께, 기존의 낡은 가치관이나 이론을 뒤엎는 혁명적인 주창이다.

예를 들어 천동설에서 지동설로 변화가 패러다임 전환이다. 토마스 쿤은 과학의 발전이 기존 지식의 '누적적 발전'에 의한다는 사실에 등의하지 않았다. 그는 정상과학이 우발적 혁명들로 인해 단절적·독단적으로 발전했다고 주장했다. 여기서 토마스 쿤은 패러다임의 개념을 도입했다.

스키마(Schema)는 새로운 경험이 내면화되고 이해되는 정신의 모델 또는 틀이다. 장 피아제는 어린이가 상이한 발달단계에서 세계를 이해하는 방식을 묘사하기 위해 사용했다. 스키마는 이미 수립된 이해방식 또는 경험구성의 방식이 새로운 사건을 이해하는 데 어떻게 사용되는가를 설명해준다. 스키마는 사람마다 자라 온 환경과 경험에 따라 다르게 형성된다. 또한 시간이 지날수록 새로운 사건과 경험에 의해 수정·변화하면서 축적된다. 피터 센게는 저서 〈제5경영〉에서 '사람들의 머릿속 그림 즉, 개인적 시나리오(Scenario)가 학습 과정에서 결정적 역할을 한다'고 말했다.

프레이밍(Framing Effect)은 1974년 어빙 고프만이 제시하고 1981년 트버스키와 카너먼이 연구했다. 세상을 이해하는 감정적·정신적 틀이다. 의사 전달을 어떤 틀 안에서 하느냐에 따라 전달받은 사람의 태도나 행동이 달라지는 효과 즉, 제시되는 정보의 배열에 따라 효과가 달라진다. 사람은 이익을 얻기보다 손실을 회피하려는 인지편향(Cognitive Bias)을 보인다. '호수의 물이 반밖에 없다'가 '호수의 물이 반이나 있다'보다 설득하기 쉽다.

패러다임은 집단에 적용되는 개념이며 스키마와 시나리오는 개인에 적용되는 개념이고 프레이밍은 제시방법에 대한 개념이다.

고정관념이란 무엇인가.

고정관념은 집단의 패러다임과 개인의 스키마와 제시하는 프레이밍에 의해서 형성된다. 우리가 어떤 현상에 대하여 절대적 진

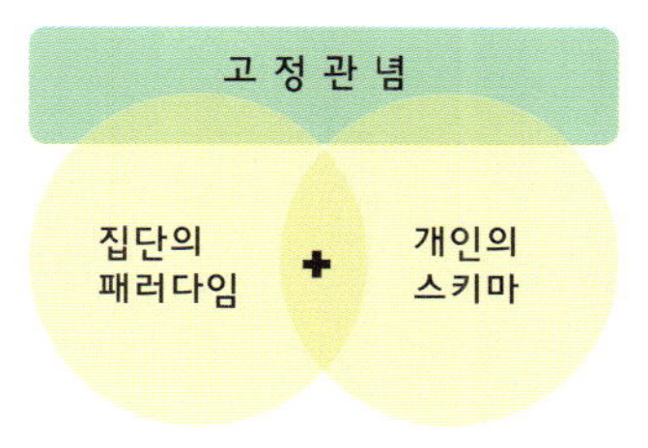

리라고 생각하는 것은 집단의 패러다임과 개인의 스키마와 제시의 프레이밍에 의한 판단일 뿐이지, 진리 자체가 아니다. 인간은 절대적 진리를 알 수 없다. 그래서 자신의 패러다임과 스키마와 프레임에 부합하면 그것이 곧 진리라고 믿으며, 그 고정관념 속에서 판단하고 생각하고 생활한다.

사람들은 나름대로의 패러다임과 스키마와 프레임으로 판단한다. 알고 있는 지식이나 체험했던 경험과 제시된 프레이밍으로 의사결정을 한다. 그러나 자신이 알고 있는 지식의 옳고 그름은 분간하지 못한다. 삶에서 사실과 진실을 구분하는 안목은 매우 중요하다. 부분적 사실들은 단편적으로 바라보면 옳은 것처럼 보인다. 그러나 전체적 관점에서 관찰하면 대부분 진리와 거리가 멀다. 둥근 지구의 해수면이 평평한 것이 그렇다. 많아지면 달라진다. 적어져도 달라진다. 옳은 일을 옳은 방법으로 한다면 성공하겠지만, 옳은 일이라도 그른 방법으로 실행한다면 실패하고 만다. 고정관념은 습관이 만들어낸 감옥이다.

몸, 뇌, 마음

인간은 몸, 뇌, 마음의 3가지로 구성되었다. 몸은 뇌와 마음을 담는 그릇이다. 몸이 건강하면 뇌와 마음도 건강해진다. 건강관리와 시간관리는 같은 의미로 간주한다. 인간이 건강관리를 잘하면 생명이 길어진다. 장수한다는 것은 시간을 많이 확보한다는 의미다. 시간은 양적인 의미와 질적인 의미로 구분한다. 양적이라는 것은 생명을 늘리는 것이고, 질적이라는 것은 뇌와 마음의 능력에 따라 인생의 품질이 달라지는 것이다. 뇌는 효율성을 높이고, 마음은 효과성을 키운다.

몸의 건강	몸은 뇌와 마음을 담는 그릇이며, 건강관리는 시간관리다. 몸이 건강해야 시간을 확보할 수 있고 뇌와 몸을 담는다.
뇌의 지식	문명(文明)에는 文(글자)가 있고 문화(文化)에는 文(무늬)가 있다. 문명은 인류의 세련된 삶의 양태(글자)고, 문화는 그렇게 만들어 놓은 결과(무늬)다. 인간이 동물과 구분되는 것이 바로 文(교육)이 있기 때문이다.
마음의 영혼	일찍이 철학자 키르케고르는 우리에게 죽음에 이르는 병이 있는데 그것이 '절망'이라고 했다.

'행복의 조건은 만족이지만 불행의 조건은 결핍이 아니라 과잉이다'라는 톨스토이의 말처럼 불행은 만족할 줄 모르는 인간의 과욕에 있다.

인간이 인간다워지는 것은 마음(희망)이 있기 때문이다.

편안보다 안전이 우선

안전학을 연구하는 여성학자 고지마(辛島 美子)씨는 안전과 편안을 구별한다. 편안이란 '현재의 사태나 상황을 변화시키지 않고 무난하게 지속시키려는 자세'다. 반면 안전이란 '목적을 달성해가는 과정에서 불필요한 요소가 수반되지 않도록 적극적으로 의도하는 것'이라고 한다. 따라서 여행할 때는 편안이 아니라 안전을 추구해야 한다.

여행에서 안전은 뭐니 뭐니 해도 목적지에 무사히 도착하는 것이다. 반대로 집에서 이불을 덮고 잠을 잘 때에는 편안함은 있지만, 특별히 안전을 추구하지는 않게 된다. 무슨 일이든 움직이려고 할 때는 위험과 장애가 뒤따른다. 이것은 자신이 원하든 원하지 않든 상관없이 일어나는 현상이다.

승자와 패자의 안목

빙산을 바라볼 때 성공한 사람은 보이지 않는 수면 아래 부분이, 보이는 부분의 10배라는 사실을 안다. 하지만 실패한 사람들은 보이는 부분이 전부라고 생각한다. 실패가 성공으로 올라가는 계단이 되기 위해서는 실패의 원인을 알아야 한다. 눈에 보이는 빙산의 일각을 보고 전체를 파악할 수 있는 안목이 필요하다. 결과는 사건의 단서가 된다. 모든 일은 '투입 → 가공 → 결과'의 순환 과정이다. 바라는 결과를 얻기 위해서는 투입과 가공 절차가 제대로 이뤄져야 한다. 길로만 다니는 사람은 항상 누군가가 다녔던 곳만 다닌다. 선배들의 길을 벗어나지 않고는 절대로 신천지를 발견할 수 없다. 누구도 닿지 않는 새로운 것을 창조하기 위해서는 길을 벗어나야 한다. 산비탈은 정상에 오르는 과정이다. 인간은 비탈을 오르면서 실패를 경험하고 자신만의 패러다임이나 스키마를 형성한다. 성공과 실패는 실패의 과정에서 형성된 패러다임과 스키마에 의해서 결정된다.

상품과 서비스는 그대로 두고 고객을 모으고, 키우고 유지하는 고객관리 방법이 있다 그 비법은 고객의 기억망각 곡선에 숨어있다. 방문 1일 후에 보내는 회상문자, 1주 뒤에 발송하는 업혼문자, 1달 후에 보내는 장점안내-우편발송을 통해 단골화 전략을 수립하자. 생일, 설날, 추석의 우편발송은 3년 이상 누적되었을 때 효과가 증폭된다.

처음고객 100번 오게 하라 - 1

컨설팅 실사례

언니가 원장이고 2살 터울의 동생이 부원장으로 근무하는 '헤어랑(가칭)' 살롱이 있다. 직원은 원장 포함 총 13명, 원장인 언니는 대학에 출강하므로 거의 시술을 하지 않는다. 부원장인 동생과 매니저가 주축이 되어 열심히 노력하고 있으며 실장은 시술과 서비스가 우수한 편이다. 이런 살롱이 잘되는 것은 당연했다. 그러던 중 원장인 언니가 자녀교육과 본인의 공부를 위해 유학을 결심하고, 동생인 부원장이 헤어랑 살롱을 물려받기로 한다. 원장이었던 언니가 든든한 버팀목이 되었지만, 실제 대부분은 부원장이었던 동생이 운영했기에 동생은 크게 걱정하지 않았다. 물론 언니와 헤어지는 것은 아쉽지만, 꿈을 위해 유학을 떠나는 것이기에 슬픔도 참아냈다. 동생은 당연히 살롱이 지금처럼 잘 되리라 생각했다.

　언니가 떠나고 동생이 원장이 된 후, 초기 매출에는 별다른 변화가 없었다. 그런데 시간이 지날수록 모든 것이 예상과 빗나가기 시작했다. 매출이 점점 떨어지기 시작한 것이다. 새내기 원장과 매니저, 실장 세 명은 의논을 했다. 직원이 전혀 바뀌지 않았는데, 매출이 떨어지는 이유가 뭘까! 시술과 서비스가 좋았던 실장이 "원장님, 요금을 할인하는 게 어떨까요?"라고 제안했다. 옆에 있던 매니저는 반대했다. "제가 예전에 '뷰티 매니저 과정'에서 공부했을 땐, 할인전략은 신중하고 시의적절해야 성공할 수 있다고 배웠습니다. 무작정 요금할인보다는 전문가에게 컨설팅을 받으면 어떨까요?"라고 했다. 새내기 원장은 요금을 인하하고 싶었지만, 한 번 인하하면 쉽게 인상할 수 없다는 생각에 컨설팅을 의뢰했다.

Check! 당신의 생각은 어떠한가?

　당신은 살롱의 상권, 인테리어, 기술, 직원 등을 그대로 하고 고객관리만으로 매출을 높일 수 있다고 생각하는가?

　① 가능하다　② 불가능하다

　정답은 ①번! 당연히 가능하다.

컨설팅 실제 사례를 통해 배운다
▶ 고객관리로 매출을 높이는 방법!

똑같은 상권에 똑같은 인테리어로 똑같은 메뉴를
똑같은 시술력으로 똑같이 서비스한다.

이러한 조건에서 '고객관리'만 차별화했다. 단번에 매출이 증대되지 않지만, 6개월 후에는 언니가 원장이었을 때의 매출을 회복했다. 또 1년 후에는 언니가 운영했을 때보다 63.05% 증대했다. 여기서 착각하지 않기를 바란다. 고객관리로 매출을 증대한 살롱은 수없이 많지만, 획기적인 매출증대는 기본이 잘 갖춰진 살롱이어야 한다. 살롱은 서비스와 분위기가 매우 중요하지만, 누가 뭐래도 기술력이 최고인 것은 분명하다. 진정으로 기술력이 뛰어난 살롱은 잘된다. 그러나 대부분 자신의 기술력이 좋다고 주장하는 살롱들은 고객이 인정하지 않는 우물 안의 개구리다. 기술력이 탁월하면 매출은 분명히 오른다.

　보통의 살롱에서 주장하는 높은 기술력은 알고 보면 어느 살롱이든 하고 있는 평범한 수준이다. 그 정도는 누구나 하고 있다. 고객에게 인정받지 못하는 기술은 쓰레기다. 어느 누가 나는 좋은 쓰레기를 갖고 있다고 자랑하겠는가!

효과적인 고객관리 프로그램 구축 절차

1단계 방법 – 신규고객 유치

신규고객을 유치할 때에는 해당 상권의 전체 DB를 구축해야 한다. 초보자들은 '단골화'가 가능한 고객만 유치하라고 하는데, 이는 추상적이며 현실에는 맞지 않는다. 신규고객 유치는 단기간에 필요고객 수만큼을 유치한다. 그 후 체리피커(Cherry Picker:할인에만 반응하는 고객)와 우수고객(Loyalty Customer)을 구분해서 따로 관리하는 것이 원칙이다.

　체리피커라도 불필요한 고객이 아니다. 비수기에만 일시적으로 고객을 유치할 때는 훌륭한 고객층이 된다. 물론 양질의 서비스에 감동해서 단골고객으로 전환될 수 있는 가능성도 있다. 신규고객 유치는 '이벤트 기획법'을 실천하면 생각보다 어렵지 않다. 사실 신규고객을 유치할 때에는 상품의 품질은 영향력을 미치지 못한다. 소개고객은 무늬만 신규고객이고 기존고객과 마찬가지기 때문에 여기서 제외한다. 고객이 품질을 평가하는 시기는 시술(구매) 후에나 가능하다. 기술력은 신규고객을 유치하는 데 아무런 영향력이 없다. 놀라운 사실인가. 신규고객을 재방문하게 하는 데는 기술력이 대단히 중요하지만, 신규고객 유치에는 기술력 자체는 영향력이 없다. 신규고객은 기술력의 기대감으로 선택한다. 절대로 기술력의 실체가 아니라 기대감으로 방문한다.

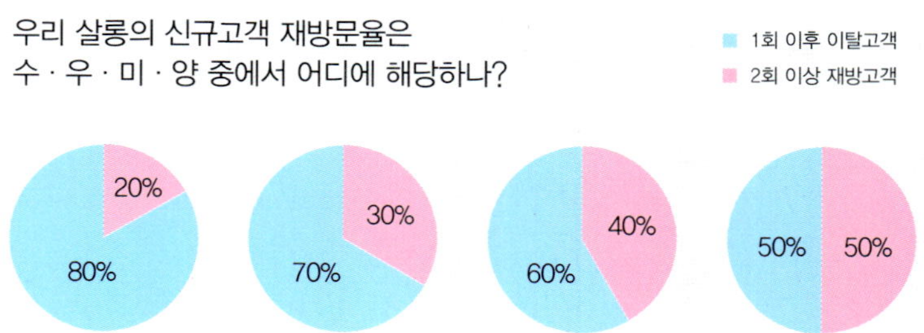

2단계 방법 – 단골고객 만들기

고객이 좋은 서비스를 체험했어도 다시 찾아올 확률은 매우 낮다. 그 이유는 고객의 기억에서 잊혀지기 때문이다. 인간은 망각의 동물이다. 에빙하우스는 인간의 기억은 하루만 지나도 70%를 잊는다고 했다. 단골화의 핵심은 고객의 기억에서 잊혀지지 않게 하는 것이다.

시술 다음날, 방문에 대한 감사의 문자메시지를 보내 어제의 좋았던 서비스를 회상시킨다. 일주일 후에는 살롱 철학에 대한 내용으로 편지를 보낸다. 살롱 철학은 업혼·경력·열정 등이 해당한다. 업혼이란 원장의 미용업에 대한 철학과 우리 살롱이 커트, 파마, 염색 등의 시술을 잘하는 이유와 자부심에 대하여 상세하게 안내한다. 경력은 원장의 프로필이나 수상경력 등이다. 자랑할 것이 있다면 과감하게 알리고, 자랑할 것이 없다면 자랑거리를 준비해야 한다. 열정은 살롱을 시작한 이유 및 각오, 창업 초기의 애로사항, 고객에 대한 원장의 철학, 시술에 대한 원장의 철학, 직원에게 당부하고 싶은 말 등이다. 여기서는 전달할 내용이 많아 우편발송이 바람직하다. 문자메시지는 정보전달에는 효과적이지만, 감성전달에는 효과가 약하다. 정성과 감성이 부족한 스팸성 우편물은 휴지통으로 직행하지만, 업혼·경력·열정이 잘 표현된 편지는 화장대, 책상, 식탁 등에 놓여져 가족들에게 자연스럽게 노출되어 입소문을 불러온다.

고객을 유치하는 것은 생각보다 쉽다. 고객은 최초 구매 전에 분위기, 서비스, 기술력을 미리 체험할 수 없다. 그래서 신규고객 유치 시 기대감 형성이 중요하며, 기대감이란 '기업의 비전'이다. 그러나 기대감을 훌륭하게 전달하여 신규고객을 유치했더라도, 인간은 망각의 동물이기에 고객의 기억에서 잊혀지게 된다. 세련된 분위기에서 훌륭한 서비스와 탁월한 스타일을 제공했어도 시간이 지날수록 고객의 마음에서 잊혀져 간다. 고객관리 1단계인 '유치단계'에서는 '기대감' 전달이 핵심이고, 2단계인 '단골단계'에서는 '회상(Remind)'이 핵심이다.

처음고객 100번 오게 하라 – 2

효과적인 고객관리 프로그램 구축 절차

3단계 방법 – RFM 높이기

성장단계에서는 RFM을 높여야 한다. RFM은 최근의(Recency), 자주(Frequency), 얼마나(Monetary)를 뜻한다. 즉, 가장 가까웠던 거래시점(Recency), 일정 기간 내의 구매빈도(Frequency), 거래금액(Monetary)을 말한다. 성장기에서는 'QSC' 강화가 중요하다. QSC는 Quality(스타일), Service(서비스), Cleanliness(청결-분위기)를 의미한다. 그러나 좋은 QSC를 전달했다고 모두 생각대로 전달되지는 않는다. 마케팅 커뮤니케이션에서 QSC를 효과적으로 전달하는 방법은 안심·이익·흥미의 3가지 키워드를 절묘하게 조화시키는 것이다. 안심·이익·흥미의 키워드는 〈이벤트 기획법〉에서 자세하게 설명했다. QSC

는 서비스 품질의 기초요소다.

살롱품질은 환경품질 〉 과정품질 〉 결과품질

서비스의 품질은 결과품질과 과정품질, 그리고 환경품질의 총합이다. 공산품은 결과품질만으로 품질이 결정되지만, 서비스업인 살롱의 품질은 환경품질 〉 과정품질 〉 결과품질의 비중으로 결정된다. 인테리어가 환경품질, 서비스가 과정품질, 결과품질은 스타일이다. 기술력이 좋다고 환경품질과 과정품질을 무시해서는 성공할 수 없다. 기술력이 보통인데 서비스와 분위기가 탁월해서 성공한 살롱은 있지만, 서비스와 분위기가 나쁜데 기술력만 좋아서 성공한 살롱은 사례가 없다. 기술력이 좋은 디자이너가 힘들어 하는 이유도 환경품질과 과정품질에 대한 지식이 전혀 없기 때문이다. 환경품질과 과정품질을 무시하고 시술력에만 매달리면 당신의 미래도 어둡다.

　여기까지 읽으면서 "역시 우리는 안 돼! 인테리어에 투자할 돈도 없고 디자이너들은 아무리 '친절해라'고 말해도 실천하지 않아"라며 체념하거나 푸념할 수 있다. 그러나 환경품질의 핵심은 청결이다. 열심히 청소만 해도 환경품질은 높아진다. 낭랑한 목소리로 인사만 잘해도 과정품질은 크게 향상된다. 그러나 아무리 강조해도 청소 잘하고 인사 잘하는 살롱은 흔하지 않다. 환경은 탓할 게 아니라 극복하는 것이다.

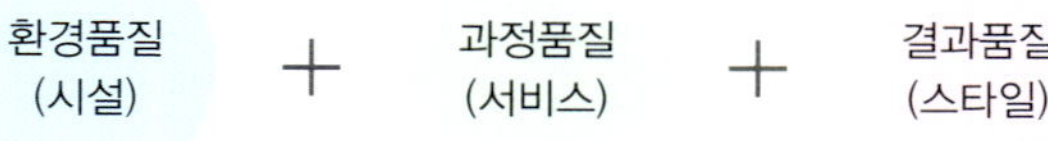

서비스 품질이란?

4단계 방법 – 애호도 강화

아마존의 창립자인 제프 베조스는 "크게 만족한 고객은 주변 사람들에게 알릴 것이다"라고 말했다. 〈하버드 비즈니스 리뷰〉에 의하면 고객이탈률 5%를 줄이면 수익이 업종에 따라 25%~85%까지 증가한다고 한다. 또 마케팅 이론에서 불만고객은 8~10명에게 악소문을 낸다고 한다. 그 소문을 들은 열 명이 또 다른 사람에게 전달해서 결국은 120명에게 불만을 전파해 구매를 방해한다.

기존고객의 로열티 강화

어설픈 서비스 품질로 신규고객을 유치하여 규모를 키우기보다는 서비스 품질개선으로 기존고객의 로열티를 강화하는 것이 더 현명하다.

기존고객의 로열티를 측정하는 방법은 질문 하나면 된다. '현재 거래하고 있는 회사를 친구나 동료에게 추천할 의향이 얼마나 있습니까?' 이 질문은 NPS(Net Promoter Score: 순추천고객지수)로 유명한 라이히헬트(Fred Reichheld)가 개발했다. 살롱을 찾는 고객의 30%는 단골 살롱이 있다. 중간의 30%는 특별히 좋아서가 아니라 마땅히 단골 할 살롱을 찾지 못해서 거래관계를 유지하고 있다. 특별히 만족하지 않지만 그렇다고 특별한 불만도 없는 상태다. 끝으로 40%는 제대로 된 살롱을 찾으려고 지금도 헤매고 있다. 제대로 된 살롱을 만나면 즉시 떠날 고객, 참으로 측은한 고객들이다. 입장을 바꿔보자. 당신은 지금 단골로 다닐 만한 마땅한 음식점이 있는가? 고객의 70%는 마음에 드는 살롱을 못 만나 떠돌고 있다.

고객이 평가한 뷰티서비스 품질

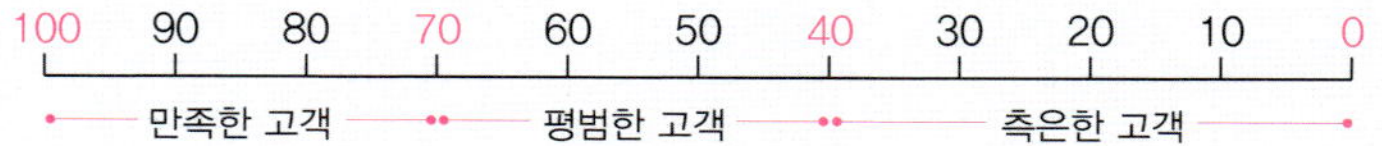

[자료:(주)미용마케팅연구소]

로열티 강화는 방법보다 '의식'이 중요

고객과 유익한 관계를 형성하고 유지하겠다는 경영자와 직원들의 의식 고취가 먼저다. 고객지향적인 마인드가 로열티 프로그램의 기본이다. 마일리지나 멤버십은 로열티 프로그램의 훌륭한 방법이다. 고객지향적이라는 말은 고객을 의식한다는 뜻이다. 기존 고객을 등한시하고 신규고객에 몰입하는 처사는 근시안적이다.

SILVER	GOLD	VIP	VVIP	국가유공자/장애우
15% OFF ▶ 회원가입부터	20% OFF ▶ 10회 방문부터	25% OFF ▶ 30회 방문부터	30% OFF ▶ 50회 방문부터	30% OFF

5단계 방법 – 고객단계를 넘은 반려자/동반자

육체노동에 의해 탄생된 부가가치를 '제품'이라고 하면, 감정노동을 통해 제공된 부가가치가 '서비스'다. 육체와 감정을 분리하는 것에 모순이 있지만, 제품생산과 서비스제공에는 큰 차이가 있음이 분명하다. 돈을 빌려 은행계좌(Bank Account)에 넣어놨다면 당신은 부채가 있다. 이렇듯 고객의 감정에 좋은 서비스를 많이 입금하면, 고객의 감정계좌(Emotion Account)에 부채 감정이 쌓인다. 부채 감정이 쌓이면 고객은 그 부채를 갚아야 한다. 고객이 감정부채(Emotion Debt)를 변제하는 방법은 2가지가 전부다. 첫째는 열심히 방문한다. 둘째는 누군가에게 추천한다. 고객의 입장에서 감정부채가 쌓이면 그 부채를 갚을 길은 오직 2가지 방문과 추천뿐이다.

현금보다 위력적인 고객의 감정부채

감정계좌에 입금하는 방법은 '관심과 사랑을 지속적으로 표현'하는 것이다. 이때 주의할 사항은 상업성 배제! 상업적으로 보이는 고객관리는 감정을 배태하지 못한다. 감정부채를 쌓으려면 생일카드, 연하장, 크리스마스카드 등을 보낸다. 그러나 이들을 발송해 효과를 본 살롱은 거의 없다. 그 이유는 지속적이지 못했기 때문이다.

일반적으로 처음에 편지를 받으면 상투적 고객관리라 생각하며 흘끔 보고 버린다. 두 번째 편지를 받으면 예전에도 받았던 편지인가 하고 떠올린다. 세 번째는 보낸 사람을 기억하지만 자신이 어떻게 조처했는지는 기억하지 못한다. 네 번째는 많이 들어봤다는 생각을 하게 되고 고마움을 표현해야겠다고 생각한다. 여기서부터 감정부채가 위력을 발휘한다.

별로 친하지 않았던 동창에게 생일카드를 1회 받으면, 아마 의심하게 되거나 스쳐 지나간다. 그러나 서너 번 이상 생일카드나 연하장을 받으면, 당신은 그 친구에게 고마움과 미안한 감정이 부채로 전환된다. 금전 부채보다 감정 부채가 훨씬 위력적이고 집요하다. 감정부채는 복리의 원리를 따르기에 장기간일수록 이자가 급격하게 불어난다. 오늘 심은 솔씨가 일주일이나 한 달 새에 낙랑장송이 될 수 없듯, 고객관리도 긴 시간 동안 정성을 들여야 효과가 크다.

모든 사람을 위한 상품은 누구를 위한 상품도 아니다. 평범한 상품, 좋은 상품, 위대한 상품은 모두 불량품이다. 세스 고딘은 말한다. 들판에 평화롭고 한가로이 풀을 뜯는 수백 마리 소 떼 가운데 더 크고 또는 더 작은 소라고해서 눈에 띄지 않는다. 차별화란 누런 소 떼들 중에서 보랏빛 소라야 한다.

달라야 한다

싸다고 팔리지 않는다

요즘 소셜마케팅이라고 해서 큰 폭의 요금할인이 고객 유치 수단으로 활용되고 있다. 그러나 높은 할인으로 고객을 유치해서는 성공할 수 없다. 그 증거로는 국내의 남성전문미용실이 저가를 추구하며 시장에 진출했지만, 결국 오래가지 못했다. 또한 2만 원대의 저렴한 컬러와 파마 요금을 내세우며 진출한 살롱도 일시적으로만 반짝했고 지금은 잘 보이지 않는다.

서비스는 공산품과 다르다. 공산품은 품질(상품)이 완성된 상태에서 구매를 결정하고 가격을 지불한다. 그래서 할인율이 크면 고객의 반응률이 높다. 그러나 뷰티서비스는 공산품과 달리 품질(스타일)이 완성되기 전에 고객이 먼저 구매결정과 요금결제를 해야 한다. 서비스는 항상 시술하기 전에 고객이 먼저 구매결정을 해야 한다. 제품은 제공자가 먼저 상품을 제공해야 한다. 그래서 서비스를 구입하는 고객은 싸면 품질이 낮고 비싸면 품질도 높다고 생각한다. 뷰티서비스를 제공하는 살롱의 저가 정책이 실패하는 이유다. 세계적인 저가형 할인매장인 월마트나 이마트는 EDLP(Every Day Low Price−상시 저가제) 전략을 적용할 수 있지만, 뷰티서비스는 기술력(품질)이 높아질수록 요금이 인상되어야 하는데, 요금인하 정책은 품질저하를 초래할 수밖에 없다. 요금인하와 요금할인은 전혀 다르다. 요금인하는 절대요금을 내리는 출혈경쟁이고 요금할인은 인상요금을 깎아 주는 마케팅전략이다. 살롱은 가격을 차별화하지 말고 가치를 차별화해야 한다. 고객은 싼 것을 찾는 게 아니라 예뻐지기를 원한다.

좋다고 팔리지 않는다

고객은 모든 사람을 위한 상품이 아니라 오직 나 하나만을 위한 상품을 찾는다. 모든 사람을 위한 상품은 그 누구를 위한 상품도 아니다. 디자이너가 잘하는 스타일이 아니라 고객은 자신에게 잘 어울리는 나만의 스타일을 원한다. 디자이너여! 당신은 진정 고객의 두상, 직업, 피부색 등 전체적인 것에 어울리는 맞춤식 스타일을 연출할 수 있는가? 아니면 몇 가지 확실하게 잘하는 스타일을 모든 고객에게 획일적으로 제공하고 있지는 않은가? 고객별 다양한 스타일을 연출하지 못하고, 몇 가지 잘하는 디자인으로 모든 고객에게 시술한다면 당신은 전문가가 아니다. 그런 상품은 공장의 생산직 조립공이 만드는 기성품과 다를 게 없다. 고객에게 어울리지 않는 스타일은 아무리 잘해도 불량품이다. 그러나 얼마나 많은 디자이너가 자기만의 스타일로 시술하고 있는가? 고품질이라는 것은 고객과 경쟁자가 인정하는 품질이지 디자이너 스스로의 자기만족 품질이 아니다. 가치가 높고 낮은 것의 판단 기준은 고객의 욕구를 충족시키는 정도에 달려 있다. 가치판단은 공급자가 하는 것이 아니고 수요자가 결정한다. 고객은 좋은 상품을 찾는 게 아니라 적합한 상품을 찾는다. 좋은 게 좋은 것이 아니다. 고객에게 어울리는 것이 좋은 것이다.

알린다고 팔리지 않는다

뻔한 상품을 많이 알린다고 팔리지 않는다. 특별할 게 없는 비슷한 상품을 마케팅 한답시고 시장을 도배하는 행위는 테러다. 뻔한 광고는 제발 집어치워라. 고객의 관심을 끌기 위해서는 좋은 상품이 아니라 특별한 상품을 광고해야 한다. 한마디로 리마커블(Remarkable) 한 상품이다. 관심을 가질 만한 가치가 있고, 언급할 만한 가치가 있고, 주목할 만하고, 특별하며, 흥미롭고, 새로운 것들이 리마커블 한 상품이다. 평범한 것들은 눈에 띄지 않는다. 더 좋은 것들도 잘 뜨이지 않는다. 확실히 달라야 관심을 받는다. 세스 고딘이 말한 퍼플카우(Purple Cow)가 답이다. 들판에 100마리의 누런 소가 있다. 그중에서 평범한 소들은 서로 잘 구분되지 않는다. 그렇다고 더 좋은 소 즉, 가장 큰 소는 눈에 쉽게 띄겠는가? 더 크고, 더 좋아도 무리 중에서는 좀처럼 눈에 띄지 않는다. 그 누런 소들 중에서 보랏빛 소가 있다면 얼마나 잘 뜨이겠는가? 뻔한 것을 광고해 봐야 비용만 낭비할 뿐이다.

광고는 대중을 상대로 하는 게 아니다. 광고는 얼마나 많이 알렸는가보다 얼마나 차별화 했는가가 중요하다. 평범한 사람들에게 많이 알리는 것보다 소수라도 영향력 있는 의견 주도자들에게 알리는 것이 더 중요하다. 보통의 대중들은 유행을 따른다. 그들에게 광고하는 것은 비용낭비다. 유행을 창조하거나 의견을 주도하는 오피니언리더(Opinion Leader)에게 집중적으로 알려야 한다. 눈이 번쩍, 귀가 쫑긋하지 않는 광고라면 집어치워라. 명품이란 좋은 것이 아니라 다른 것이다.

연하장 문구는 이렇게!

연하장을 아무리 보내도 성과를 보지 못했다면 아마도 이런 문구가 아니었을까? 그저 그런 누런 소를 팔려고 광고량을 늘리는 것은 시간과 비용 낭비다. 그런 광고는 일시적으로 관심을 끌겠지만 고객의 기억 속에서 금방 잊혀진다. 100마리의 누런 소 중에서 한 마리가 발광을 했다고 그 소를 다시 기억할 수 있겠는가? 보랏빛 소라면 쉽게 기억한다.

발광하는 누런 소의 연하장 문구
새해 복 많이 받으세요.

눈에 띄는 보랏빛 소의 연하장 문구
홍길순 고객님! 새해 복 많이 받으세요. 고객님 계시기에 저희 민스가 행복합니다. 저희가 있기에 고객님은 더 아름다워야 합니다.

팔리는 상품은 더 좋은 게 아니라 달라야 팔린다. 상품에는 생명과 감성을 넣어라. 그리고 인재에게는 규칙과 습관을 넣어라.

인간은 생각하는 동물이다. 과연 인간이 현명한 사람 즉, 호모 사피엔스(Homo sapiens)인가? 인간은 의외로 많이 생각하지 않는다. 인간은 경제적 동물이다. 과연 인간이 합리적 소비자 즉, 호모 이코노미쿠스(Homo economicus)인가? 해마다 연초가 되면 스포츠 센터가 문전성시를 이룬다. 이 중 대부분은 연초에 운동이나 다이어트를 시작했다가 금세 포기한다. 또한, 상식적으로는 당첨될 확률이 거의 없는 복권에 매달리는 운명론자들이 얼마나 득실대는가! 소비자는 생각하는 동물도, 경제적인 동물도 아니다. 시장에서는 본능과 감정이 이성보다 훨씬 크게 작용한다.

메뉴를 리프레이밍(관점 바꾸기) 하라

관점을 바꾸면 결과가 달라진다

2002년 노벨 경제학상은 엉뚱하게도 심리학자인 대니얼 카너먼 (Daniel Kahneman) 교수가 받았다. 인간의 경제 행위가 합리적이라는 기존의 주장은 비현실적이다. 카너먼은 심리학에 경제학을 접목시켜 행동경제학이라는 새로운 분야를 개척했다. 카너먼과 트버스키는 '8×7×6×5×4×3×2×1은 얼마인가? 5초 내에 답하라'는 실험을 했다. 실험자들의 답은 평균 2,250이었다. 다른 그룹에는 '1×2×3×4×5×6×7×8은 얼마인가?'를 물었다. 결과는 놀라웠다. 똑같은 문제를 순서만 바꿨는데 결과의 평균은 512였다. 이 문제의 정답은 40,320이다. 이런 현상을 '초두효과'라고도 하며, '기준점효과'라고도 한다. 대인관계에서 첫인상이 하나의 예다. 바라보는 관점만 바꿔도 결과는 판이하다.

성과를 낼 수 있는 분명한 프로세스를 시각적으로 보여줘라.

리프레이밍(Reframing)은 심리학에서 '관점 바꾸기'라고 한다. 리프레이밍을 성공적으로 수행하기 위해서는 대처기술(Coping Skill)을 개발해야 한다.

리프레이밍(관점 바꾸기)이 어려운 이유는 행위시점과 결과시점에 시간격차가 크기 때문이다. 교육이든, 식이요법이든, 경영이든 행위시점에 비해 결과시점이 너무 멀게만 느껴진다. 그래서 보통은 포기하게 된다. 이를 극복할 수 있는 방법은 '관점 바꾸기'를 통해서 미래의 결과시점을 현재의 행위시점에서 생생하게 보여줘야 한다. 성과를 낼 수 있는 분명한 프로세스를 시각적으로 제공하는 게 중요하다. 목표를 글자나 숫자로 표기하거나 현실감 있는 비전을 선포하고 그림으로 표현한다. 직원에게 기대하는 성과를 매우 구체적으로 표현한다. 그리고 정기적으로 수행성과를 측정해서 피드백하고 응원해줘야 성공할 수 있다. 개인의 노력으로 성공하는 것은 쉽지 않다. 경영자는 감독자가 아니라 촉진자가 되어야 한다. 경영자가 제공하는 프로세스와 매뉴얼을 따르면 저절로 성공하게 하는 개선작업이 프로세스혁신(Reengineering)이다. 살롱의 요금과 메뉴를 리프레이밍 해서 세트메뉴화 하자.

좋은 마케팅 = 파는 게 아니라 팔리게 하는 것

파마 요금을 반값으로 할인한다고 해서 고객들의 방문주기가 절반으로 줄어들지 않는다. 요금을 인하한다고 살롱을 두 번 방문하는 게 아니다. 좋은 마케팅은 파는 게 아니라 팔리게 하는 것이다. 사고 싶게 만드는 게 좋은 마케팅이다.

[팝콘에 관한 왈러스타인의 리프레이밍]

맥도널드의 부사장인 데이비드 왈러스타인(David Wallerstein)은 60년대 극장 체인에서 일했다. 극장 수입은 팝콘에서 나온다는 말이 있듯이 팝콘의 마진은 매우 크다. 왈러스타인은 팝콘의 판매를 늘리기 위해 '2번' 파는 것을 생각했다. 어떻게 하면 팝콘을 2번 사먹게 할 수 있을까? 생각 끝에 당일에 팝콘을 2번 구입하는 사람에게 50% 할인하는 판매방법을 생각했다. 하지만 결과는 어땠을까? 판매율의 변동은 거의 없었다. 고객들이 팝콘을 '2번' 사먹게 하는 것은 현실성이 없었다. 왈러스타인은 다른 생각을 했다. "그래! 고객이 '2번' 사먹게 하는 것이 번거롭다면 이번에는 '2개'를 팔아야겠다"고 판단하고, 하나 사면 하나는 반값에 판매했다. 심지어, 팝콘 두 통을 한 통 값에 팔아도 매출액이 크게 늘지 않았다. 이유는 팝콘을 두 통이나 들고 있는 모습은 탐욕스럽게 보이기 때문이다. 고객을 두 번 오게 만들거나, 한 번에 두 통을 파는 것은 현실성이 떨어졌다. 그래서 왈러스타인은 리프레이밍 했다. 팝콘 통을 두 배로 확대해서 점보사이즈 팝콘을 출시했다. 가격은 절반 정도만 올렸다. 기존의 팝콘이 2,000원이라면 양을 '2배'로 늘려서 3,000원에 팔았다. 결과는 대성공이었다. 팝콘 판매가 늘면서 콜라의 매출도 급등했다.

슈퍼사이징처럼 세트메뉴를 도입하자

왈러스타인 이후로 그전까지 존재되지 않던 용어가 탄생했다. 바로 슈퍼사이징(Supersizing)이다. 슈퍼사이징은 세트메뉴를 만들어 매출을 높이는 전략이다. 햄버거+콜라+감자튀김을 세트로 묶어 판매량을 늘린다.

혹은 스시와 우동을 세트판매 하듯이 파마만 하려던 고객에게 파마+염색+클리닉을 묶은 세트메뉴를 출시하여 판매하자.

슈퍼사이징은 단순한 추가판매와 교차판매의 개념이 아니다. '2번 전략', '2개 전략'은 실패했지만 '2배 전략'이 크게 성공한 것처럼, 살롱의 메뉴에도 슈퍼사이징과 같이 세트메뉴를 도입하자.

인간의 잠재의식을 활용한 메뉴구성

사람들은 개인의 효용(이익)을 극대화하는 합리적 의사결정을 하지 않는다. 인간의 의사결정 프로세스에는 감성적 부분과 이성적 부분이 있다. 의사결정의 95%는 감성적으로 결정하고, 이성적 결정은 5%에 불과하다. 결국 인간은 잠재적 의식으로 결정하고, 자주적 의식으로 합리화하며 살아가는 존재다.

'8×7×6×5×4×3×2×1'의 값이나, '1×2×3×4×5×6×7×8'의 값은 동일하다. 단지 먼저 주어진 숫자가 8이냐 1이냐에 따라서 예상 결과가 크게 달라지는 게 바로 인간의 의식수준이다. 기준점에 따라 결과를 높게 생각하는 인간의 잠재의식을 활용한 메뉴구성을 해보자.

기준점 메뉴와 일반적 메뉴

아래의 메뉴 중 어떤 메뉴가 매출액을 높일 수 있을까? 단지 순서가 바뀌었을 뿐이다. 하지만 그 결과는 놀랍다. 기준점효과는 먼저 제시된 숫자가 기준이 되는 것이다. 그래서 좌측의 '기준점 메뉴'는 특수 파마의 300,000원이 기준이 되기 때문에 알뜰 파마 50,000원이 상대적으로 저렴하게 인식된다. 우측의 '일반적 메뉴'는 먼저 제시된 요금이 기준점이 되므로 알뜰 파마 50,000원이 기준이 된다. 그래서 상대적으로 특수 파마 300,000원이 비싸게 느껴진다.

기준점 메뉴		일반적 메뉴	
메뉴	요금	메뉴	요금
특수 파마	300,000	알뜰 파마	50,000
고급 파마	230,000	일반 파마	110,000
영양 파마	170,000	영양 파마	170,000
일반 파마	110,000	고급 파마	230,000
알뜰 파마	50,000	특수 파마	300,000

고객의 마음은 생각하는 갈대

파스칼은 자신의 사상을 집약적으로 표현한 〈팡세〉의 서두에 인간을 '생각하는 갈대'에 비유했다. "인간은 자연 가운데서 가장 약한 하나의 갈대에 불과하다. 그러나 그것은 생각하는 갈대다"라고 말했다. 인간의 의식은 약하디 약한 갈대와 같다. 작은 새가 앉아도 부러지는 것처럼 사소한 이익에 현혹되고 만다. 주변 환경이 조금만 변화해도 행복과 불행을 넘나든다. 갈대와 같은 고객의 가슴을 보듬자. 친절한 서비스와 청결한 분위기는 물론이고, 메뉴의 개념을 리프레이밍 하여 고객을 행복하게 하자. 고객에게는 사소한 게 사소한 것이 아니다.

불량품을 파는 것은 성폭행과 비슷하다. 상대방의 동의 없이 간음하는 것이 강간이다. 인간은 능력보다 사고방식이 더 중요하다. 상품을 강매하는 게 강간이라면, 상품을 사고 싶게 만드는 게 사랑이다. 부부관계의 참사랑은 '상대를 위해서' 가 아니라 '상대가 원해서' 이뤄져야 한다. '상대를 위해서'라는 말 속에는 자신의 이기심을 에두르는 의미가 포함된다. 진정한 사랑은 '상대가 원해서' 이뤄져야 한다.

영업 철학 – 고객이 원해서

'고객을 위해서'라는 말은 일방적 생각이다

고객이 원하게 만드는 것이 참 영업이다. 시술에서는 미용사가 전문가지만, 시장에서는 고객이 전문가다. 고객은 늘 한발 앞서 간다. 미용사가 '고객을 위해서' 뭔가 제공한다는 생각은 노력을 빙자한 강매다. '고객이 원해서' 구매가 이뤄지도록 환경과 분위기를 조성하는 게 진정한 마케팅이다. 제공자의 생각이 아니라 철저하게 고객의 입장에서 판단하고 행동한다면 성공은 떼어 놓은 당상이다.

영업 철학의 근본은 고객 지향적이어야 한다. 이것은 고객을 위해서 뭔가를 하는 게 아니다. 고객의 입장에서 출발하는 게 진정한 고객 지향적 철학이다. '고객을 위해서'가 아니라 '고객이 원해서'가 영업 철학이 되어야 한다.

고객이 원하는 것은 싼 요금이 아니다

품질에 '좋은 것'은 있어도 '싼 것'은 없다. 좋은 상품은 있어도 싼 상품은 없다. 고객은 값이 아닌 질을 원한다. 요금을 인하하면 고객이 기뻐하면서 찾아올 것이라는 생각은 매우 독단적이고 이기적인 생각이다. 이러한 오해가 '고객을 위해서'의 대표적 사례다. 고객을 싼 것이나 원하는 거지로 취급해서는 고객의 마음을 얻을 수 없다. 그런 사고방식으로는 고객과 멀어지게 된다. 많은 경영자가 가격인하 전쟁으로 쓰러지고 있다. 고객은 싼 것을 선호하지 않는다. 그것이 사실이라면 저가를 내세운 살롱들이 왜 고전하겠는가? 고객은 거지가 아니다. 인간은 욕망덩어리다.

가격인하	가난한 사람들의 판매방식	Everyday Low Price	EDLP
가치상승	부유한 사람들의 영업방식	Everyday High Value	EDHV

경쟁력이란 가치에서 가격을 뺀 수치. 생존부등식: 원가 〈 가격 〈 가치

고객은 고품질을 찾는다

고객은 단순히 싼 것보다는 비싸더라도 새롭고 품질 좋은 상품을 찾는다. 우리 모두는 판매자인 동시에 구매자다. 구매자 입장에서는 명품을 선호하면서 판매자가 되면 싸게 팔아야 된다는 억측을 한다. 당신은 명품을 선호하면서 고객들은 왜 싼 것을 좋아한다고 착각하는가! 실용성을 주장하면서 싼 것을 구매하는 행동은 돈이 없다는 사실 즉, 가난을 숨기는 간접적인 표현에 불과하다. 고객들이 저렴한 상품을 선호한다는 착각은 대체 어디서 왔을까? 이런 말은 돈은 많이 벌고 싶지만 품질 향상에 대한 노력을 게을리 하는 판매자가 지어낸 말이다.

QSC를 실천하면 상품은 잘 팔린다. Quality(결과품질), Service(과정품질), Cleanliness(환경품질)를 높이면 장기적으로 매출이 높게 상승한다. 고객을 위해서라는 미명하에 요금을 인하하는 것은 자살 행위다. 그런 속셈에는 단기간에 매출을 높이려는 의도가 숨어 있다. 이런 영업 철학은 판매를 빙자한 강간이다. '고객을 위해서'가 아니라 '고객이 원해서'가 진정한 영업 철학이다. 기술이라는, 친절이라는, 판매라는 명분하에 불량품이라는

무기로, 불친절이라는 흉기로 고객을 강간할 권리는 누구에게도 없다. 아무리 자본주의사회라도 고객은 인간으로서의 존중과 존경을 받아야 한다.

오래된 기술은 불량품이 된다

기술이 좋다고 저절로 팔리지 않는다. 고객은 항상 변화한다. 그것도 매우 빠르게 변화한다. 새로운 디자인을 연구한지 1년이 넘었거나, 메뉴판이 6개월 이상 지났다면, 게시한 POP가 30일이 경과되었다면 당신은 오래된 기술자다. 구식으로 매출상승을 기대하지 마라. 그랬다면 당신은 기술은 좋을지 몰라도 감각이 떨어지는 구식 기술자다. 기술이 좋아도 감각이 떨어지면 불량품이다. 옷장에 있는 많은 옷 중에 입을 것이 없는 것은 유행이 지나서다. 고객은 유행을 선도하는 신식 기술자를 원한다. 살롱은 골동품 매장이 아니다. 살롱은 유행을 선도하는 곳이다. 고객은 패션 리더가 되고 싶다.

강물은 흐른다. 만약 당신이 항상 새로운 감각을 익히지 않는다면, 강물 위에 떠가는 고객을 멈춰 있는 강둑에서 바라보며 뒷북이나 칠 수밖에 없다. 고객의 변화 속도보다 빨라야 고객을 리드할 수 있다.

영업은 경제학이 아니고 심리학이다

남편이 여자의 심리를 모르면 아내의 행복은 없다. 부모가 자녀의 심리를 알아야 자녀가 행복해진다. 경영자는 고객과 직원의 마음을 꿰뚫어야 사업에 성공한다. 상품이 부족했던 생산자 시대에는 경제학이 통했다. 하지만 상품이 넘쳐나는 소비자 시대에는 심리학으로 통한다. 현대 경영학의 핵심은 통계학과 심리학이다. 심리학이 개인의 마음을 꿰뚫는다면 통계학은 대중의 마음을 간파한다.

경쟁자가 많으면 매출이 줄까?

경쟁자가 많아야 시장이 활성화 된다. 당연한 이치다. 아마추어는 경쟁자가 늘어나면 가격인하를 생각한다. 바보 같은 짓이다. 가격을 내려서 영업이 활성화 된다면 모두 저가전략을 펼치면 될 터인데 왜들 실패하는가? 경쟁이 심화되면 오히려 시장은 활성화된다.

살롱을 방문하는 인구도 자연히 늘어난다. 여기서 중요한 것은 시장은 나눠먹기가 아니라 승자독식의 원리가 작용한다. QSC를 차별화하면 매출은 오히려 늘어난다. 시장에는 유인효과가 작용한다. 선두자의 법칙, 독점의 법칙이 존재함을 명심하라. 고객은 오로지 1등만을 기억한다. 1등의 영업 철학은 '고객이 원해서'다.

신뢰는 바이러스다. 소개는 행복이다. 10명을 소개받으면 매출은 1,000만원이 는다. 좋은 것을 전하고 싶은 마음은 인간의 본능이다. 친절은 인간이 할 수 있는 최고의 선행이다. 세일즈의 꽃은 소개영업이다. 소개받는 헤어 디자이너는 천사와 동급이다.

소개고객 한 명은 100만원 – 회원추천제

성공적인 살롱 경영에 관한 핵심 리포트

비즈니스에서는 마케팅이 일상화되어야만 롱런할 수 있다. 소개고객이 늘어야 성공한다. 고객의 가족이나 친구를 소개받기 위해서는 신뢰 구축이 가장 중요하다. ㈜미용마케팅연구소의 연구에 의하면, 소개고객 한 명은 100만 원의 가치가 있다. 헤어 디자이너가 매월 10명의 고객을 소개받으면 월매출 1,000만 원이 가능하고 20명을 소개받으면 월매출 2,000만 원에 도달할 수 있다는 결론이다.

삼자관계에서 균형이 갖는 의미

고객소개는 삼차원이다. 혼자인 나는 1차원, 양자인 나와 너는 2차원, 삼자인 우리는 3차원이다. 소개는 삼자관계에서 이루어진다. 사람은 마음의 안정된 상태 즉, 균형 상태를 유지하려고 한다. 또 혼자일 때도 마음과 행동이 일치되지 않으면 불안함을 느낀다. 페스팅거는 마음과 행동의 불일치를 인지부조화라고 했다. 보통은 생각과 행동이 일치해야 마음이 편하다.

　양자관계는 호의의 호혜성이 작용한다. 사람은 자신을 좋아하는 사람을 좋아하고, 싫어하는 사람은 싫어한다는 것이 호혜성 원칙이다. 가는 말이 고와야 오는 말이 곱다. Give and Take. 인간은 주고받음의 관계 속에서 참다운 인간이 된다.

[삼자관계의 균형이론]

삼자는 균형이론(Balance Theory)이 적용된다. 하이더(Fritz Heider)는 삼자관계의 감정부호±를 곱하면 반드시 긍정+이 되어야 균형을 이룬다는 균형이론을 주장했다. 예를 들어 아내가 애완견을 좋아하고 아내와 남편의 사이가 좋으면 남편도 애완견을 좋아하게 된다는 주장이다.

[(아내 + 애완견) × (남편 + 아내) × (남편 + 애완견) = (양 +)]이므로 균형을 이뤘다. 만약 남편과 애완견의 사이가 (부정 −)이면, 아내가 애완견을 포기하든가 극단적으로는 아내와 남편의 관계가 나빠져야 균형이 이뤄진다.

아내가 애완견을 포기한 경우

아내와 남편이 나빠진 경우

고객, 디자이너, 스태프의 삼자관계

남편·애완견 사이가 확정된 (부정−)이라면, 아내·애완견이나 남편·아내 사이 중에서 한 곳이 (부정−)이 되어야 균형을 이룬다. 균형 이론에서 알 수 있는 것은 삼각관계 중 어딘가 강력한 (긍정+)이라면 나머지는 둘 다 (긍정+)이거나 둘 다 (부정−)으로 귀결되어야 한다. 양쪽이 (부정−)이면 관계가 단절된다. 디자이너, 스태프, 고객의 삼자관계에서 디자이너와 고객은 당연히 (긍정+)이겠지만, 디자이너와 스태프가 (부정−)이라면 스태프와 고객관계가 나빠져 (부정−)이 된다.

　회원추천제(고객소개)에서 디자이너와 스태프의 팀워크는 매우 중요하다. 직원 간의 (불화−)는 고객 이탈로 이어진다. 부모와 자식의 삼자관계에서도 부부 사이의 불화는 자식에게 심각한 불균형을 초래한다. 자식 앞에서 싸우는 부모는 자식을 쫓아내는 것과 같은 결과를 초래한다.

저비용 고효율의 소개마케팅

소개마케팅이란 애호도가 높은 기존고객으로부터 양질의 가망고객을 소개받아 신뢰를 높여 영업을 활성화하는 저비용 고효율의 세일즈 마케팅 방법이다. 미국 보험연구기관이 소개마케팅에 대해 20년간 연구한 결과에 의하면, 소개받은 사람의 80%가 보험상품에 가입하였다. 보험료는 개척시장보다 소개시장이 30% 정도 높았다. 소개받은 고객이 또다시 다른 사람을 소개할 가능성은 4배 이상 높았다. 계약 지속률도 30% 높게 나타났다.

　알프레드 그래넘(Alfred Granum)은 "소개에 의한 고객발굴보다 더 나은 것은 없다. 소개 확보를 통한 신규고객 증대만이 확실한 성공을 보장한다"고 말했다.

처음 방문한 고객에게 지속적으로 신뢰를 쌓아 다른 고객을 소개받기 위해서는 최소한 3~5회의 거래관계가 있어야 한다. 그러나 소개받은 고객은 소개한 고객의 신뢰도가 그대로 전달되기 때문에 첫 방문부터 우수고객이 된다.

3. 인사관리 및 교육

인간의 욕구는 처해진 상황이나 환경에 따라서 달라진다. 배가 고프면 먹을 것을 생각하고 그 욕구가 충족되면 유지되기를 바란다. 이처럼 물질적 욕구가 충족되고 평안한 상태가 지속되면 인간은 더 나아가 정신적, 심리적 욕구(Needs)를 찾게 된다. 그렇다면 살롱 경영에서 가장 중요한 것은 무엇일까?

고객이 살롱을 찾는 이유도 일차적으로는 스타일을 예쁘게 하려는 욕구에서 시작되지만, 어느 정도 스타일이 충족되면 새로운 욕구가 시작된다. 즉, 서비스를 요구하게 된다.

시스템 교육으로 관리하라

기술력과 서비스, 자금 그리고 경영

사람은 전문적이지 않은 부분에 문제가 생겼을 경우 전문가에게 의뢰하게 된다. 배가 고프면 요리전문가인 식당을 찾고, 미래가 불안하면 안전전문가인 보험설계사를 찾는다. 또 집단에 소속되거나 가정을 이루고 싶을 때 결혼을 하게 된다. 살롱을 찾는 고객의 경우, 스타일이 충족된 고객은 더 예쁜 스타일을 찾는 것이 아니라, 새로운 서비스를 요구하게 된다. 물질(외모)적으로 충족되면 정신(내면)적인 부족 상태를 충족하려고 한다. 그렇다면 헤어 디자이너로서의 욕구를 생각해보자. 미용기술의 완성을 100이라고 할 때, 대부분의 헤어 디자이너들의 수준은 80 이상이다. 기술력이 80에 미치지 못한다면 그는 헤어 디자이너가 아니다. 80% 정도의 수준에 미달하는 디자이너의 경우에는 기술이 1차적 욕구가 된다. 반면 기술력이 충족된 디자이너는 서비스(SVC)에 더 높은 비중을 두게 된다. 그리고 SVC와 재력(자금)이 충족되면 경영욕구가 생기게 되는데 이를 충족하기 위해 창업을 한다.

준비되지 않은 살롱에서는 교육을 진행하면 안된다

학원 경영과 살롱 경영은 구분되어야 한다.

학원에서는 교육능력이 검증된 강사를 채용해서 수강생을 교육해야 한다. 만약, 교육능력이 부족한 강사를 채용해서 강의를 진행한다고 생각해보자. 제대로 된 강의가 진행되겠는가? 강사채용이 어렵다고 자격미달 강사를 채용해서 교육한다면 그곳이 과연 제대로 된 학원일까? 미용학원 원장이 자격미달 강사를 채용해 1년간 1,000만 원을 투자해서 전문강사로 양성했다고 생각해 보자. 미용학원 원장은 투자한 1,000만 원을 회수할 때까지 강사의 급여 인상이 어려울 것이다. 하지만 강사는 더 이상 과거의 강사가 아니다. 새로운 것을 많이 배웠고 강의 능력이 높아졌으므로 다른 학원에 입사하면 실력에 상응하는 급여를 받을 수 있다. 만약 당신이 강사 입장이라면 어떻게 하겠는가?

① 부족한 나를 이렇게 훌륭한 강사로 육성시켜 주셨으니 은혜를 갚기 위해서라도 자격미달 강사 시절의 박봉으로 계속 근무한다.
② 원장님께는 미안한 마음이 들지만 현실적으로 판단해서 다른 학원에 취업한다.

조직원에게 높은 도덕성과 열정을 강조하는 경영자는 아마추어다. 보통 사람이 보통 이상의 성과를 내도록 체계적으로 운영하는 경영자가 전문 경영인이다.

기술이 부족한 미용사는 기술을 배울 수 있는 살롱을 찾는다. 기술력이 높은 미용사는 서비스 프로세스가 확립된 살롱을 선호한다. 기술력과 서비스력이 겸비된 미용사는 체계적 경영시스템이 구축된 살롱을 선택한다. 기술력이 부족한 조직원을 채용해서 교육하는 것보다는 경영시스템, 마케팅 능

헤어 디자이너의 욕구 3단계

력, 상권, 분위기, 서비스 프로세스 등을 체계적으로 확립하는 것이 더 우선되어야 한다. 교육시스템보다 먼저 능력 있는 미용사들이 선호하는 경영시스템을 체계적으로 만드는 것이 더 쉽고 확실한 방법이다. 근원적인 문제를 해결하지 않고 임시방편인 미봉책으로 일관한다면 5년, 10년 뒤에도 늘 같은 시행착오를 반복하게 된다. 자동차 회사의 직원들은 혼자서 훌륭한 자동차를 만들기 어렵기 때문에 자동차를 좋아하는 전문가들이 각자 잘하는 분야를 분담해서 만든다. 핸들담당자, 엔진담당자, 바퀴담당자, 차체담당자, 전기담당자 등이 모여서 멋진 자동차를 완성한다. 자동차의 '자'자도 모르는 사람을 채용해 자동차 전부를 가르치는 것은 학교나 학원에서 할 일이다.

표준화된 시스템 교육을 개발해야 한다.

살롱에서 진행되는 교육은 조직원 개개인에 대한 교육보다는 살롱 전체에 대한 시스템을 교육해야 한다. '우리 살롱에서는 이렇게 시술해야 하며, 이러한 서비스를 제공해야 하며, 업무규정은 이런 것을 지켜야 한다'는 표준화된 시스템 교육을 해야 한다. 평범한 미용사가 우리 살롱에 입사하면 비범한 미용사가 되는 것이 살롱교육의 최종목표다. 체계적인 살롱에서는 평범한 미용사가 비범하게 변화되고, 체계적이지 못한 살롱에서는 비범했던 미용사가 평범해지는 경우가 있다. 그렇기 때문에 살롱의 교육은 시스템 교육으로 진행되어야 한다. 올바른 시스템이 없는 살롱에서의 기술교육은 허망할 따름이다. 경영자는 자신의 지식만큼 경영하고 살롱은 시스템만큼 성장한다.

특급 상권에서 최상의 디자이너와 최고의 분위기(인테리어)가 모두 갖춰진 살롱이라면, 어느 누가 운영한다고 해도 높은 성과달성을 이뤄낼 수 있다. 그러나 동일한 조건에서 더 높은 성과를 거둘 수 있는 방법은 바로 시스템관리다. 진정한 관리란 체계적인 시스템에 의해서 가능하다. 살롱의 구조 또한 시스템에 의해 진보할 수 있다.

체계적인 시스템을 통한 살롱관리

살롱 체계를 위한 과학적인 시스템

체계적이지 않은 살롱의 헤어 디자이너는 각자의 경험과 직관에 의지해서 저마다 다른 방식으로 업무를 진행한다. 이때 발생하는 품질의 차이를 방지하기 위해 시술·분위기·서비스를 과학적으로 매뉴얼화 해야 한다. 언제·어디서·누가 시술하더라도 동일한 스타일(품질)을 유지하는 것이 바로 과학적인 시스템이다. 시스템은 눈으로 볼 수 있게 매뉴얼로 표현되어야 한다. 균일한 품질은 신뢰도를 높이는 기본요소이기 때문에 매뉴얼은 반드시 제공되어야 한다.

조직은 목적 집단이다. 조직원은 목표 없이 의욕만 가지고 절대 행동하지 않는다. '알아서 잘해라'는 곧 자율이 아니라 방임의 메시지일 뿐이다. 목표 제시는 구체적이고, 측정 가능하고, 도달 가능하고, 결과지향적이고, 마감시간이 명확해야 한다. 목적은 Top-down 방식에 의해 관리자에게서 조직원으로 전달되어야 한다. 이처럼 각자의 역할과 살롱의 목적(이윤의 극대화)을 효과적으로 달성하기 위해서는 관리자의 역할이 중요하다.

목표달성을 위한 동기부여 요소

8명이 모이면 자신의 힘을 절반도 쓰지 않는다. – 링겔만

독일의 사회심리학자 링겔만(Maximillien Ringelmann)은 100년 전 줄다리기를 통해 집단에 속한 개인의 공헌도 변화를 측정했다. 실험 결과에 따르면 2명이 함께 당겼을 때에는 각자 93%

의 힘을 발휘했다. 또한 3명이 함께 당겼을 때에는 85%로 줄었다. 결국 8명이 당겼을 때에는 절반에도 못 미치는 49%로 떨어지고 말았다. 이를 통해 조직원이 늘어날수록 그 힘이 누적되는 것이 아니라는 결론을 얻었다.

나머지 51%가 사라진 이유는 무엇일까?

① 조화의 상실	서로 최선을 다해 당겼다고 해도 타이밍과 방향이 일치되지 않으면 상실이 발생한다. 조화의 상실은 타이밍과 방향에서 일어난다.
② 동기의 상실	타이밍과 방향이 일치해도 개인별 기도를 측정할 수 없는 상황에서는 '사회적 태만(Social Loafing)'이 나타난다.

살롱의 최대 경쟁자는 경쟁 살롱이 아니다. 구성원 한 명 한 명의 기여도를 측정할 수 없으면 어떠한 개선도 불가능하다. 목표달성은 조직원들에게 성취감, 인정감, 사명감, 성장감의 4가지 기쁨을 준다. 허츠버그의 동기부여 이론에 의하면 유지요소(Maintenance Factor)와 동기부여 요소(Motivation Factor)가 있다. 유지요소는 위생요인, 환경, 처우 등이 해당하며, 그 자체로는 동기부여가 되지 않는다. 불만만 해소할 수 있다. 동기부여는 성취감, 인정감, 사명감, 성장감 등에 의해서 심리적 동기가 부여된다.

교육 + 훈련 + 체계 + 습관 + 사명 = 성공 시스템

모르는 지식을 알게 하는 것이 교육이다. 알고 있는 지식을 할 수 있게 하는 것이 훈련이다. 할 수 있는 것을 하게 하는 것이 체계다. 하게 하는 것을 하고 있게 하는 것이 습관이다. 하고 있는 것을 하고 싶게 하는 것이 사명이다.

새로운 것을 '알고 있다'로 가르치는 것이 교육이다. '알고 있다'를 '할 수 있다'로 연습시키는 것이 훈련이다. '할 수 있다'를 '하게 한다'로 관리하는 것이 체계다. '하게 한다'를 '하고 있다'로 생활화 하는 것이 습관이다. '하고 있다'를 '하고 싶다'로 고양시키는 것이 사명이다.

미용사가 되려면 커트에 대해 알고 있어야 한다. 오른손잡이 헤어 디자이너는 커트에 대해 잘 알고 있지만 잘 알고 있는 커트도 왼손으로는 잘 할 수 없다. 오른손으로는 훈련을 했지만 왼손으로는 훈련하지 않았다. 할 수 있다고 하는 것은 아니다. 하게 하는 즉, 할 수밖에 없게 만드는 체계가 필요하다. 체계(시스템)에 의해 하게 만들면 습관(하고 있다)이 된다. 습관에 사명감이 고양되면 하고 싶게 된다.

고객을 접할 때 밝은 미소로 응대해야 하는 것은 누구나 알고 있고 할 수 있다. 하지만 하게 하는 체계가 있어야 한다. 하게 하는 시스템이 가동되면 웃고 있는 습관이 형성된다. 웃고 있는 습관에 의식을 고취하면 일과 인생이 그냥 즐겁고 행복한 세상 저절로 웃음과 행복이 넘치는 세상이 된다.

교육하고, 훈련하고, 체계화 하고, 습관화 하고, 사명감을 고양시키는 것이 바로 성공 시스템이다. '윗옷 주머니에 현금을 꽂아 두고, 웃지 않으면 빼 가도 좋다'고 하는 것이 바로 시스템이다. 알려주고, 훈련시키고, 할 수밖에 없게 하고, 습관화 시키고, 하고 싶어지게 하는 것, 저절로 되게 하는 것이 바로 시스템이다.

시스템 확립은 원장의 책임

구체적이고 과학적인 시스템과 매뉴얼만이 강한 조직을 만들고, 그 조직이 새로운 인재를 키우는 선순환의 살롱이 되어야 한다.

직원의 능력 향상은 관리자의 책임

살롱시스템을 수용할 수 있는 능력에 미치지 않는 직원은 강제적으로 끌어 올려야 한다. 이것이 인재육성이다.

기술개발은 본인의 책임

자신의 의지와 노력으로 기술개발을 해야 하며, 그로 인한 평가와 급여는 본인 책임이다. 단, 원장과 관리자는 시간적, 경제적 배려가 필요하다.
기술은 훔치는 거다.

지구상에는 200여 나라와 6,800여 개의 언어, 그리고 2,300여 가지의 문자가 존재한다. 이 속에서 인종 개개의 생물학적·생리학적으로 우월성을 합리화하는 비과학적인 사고방식 즉, 인종주의가 존재해서는 안 된다. 인간은 그 사람이 무엇을 알고, 생각하고, 행등할 수 있는가에 따라 판단해야지 피부색이나 사용언어로 판단해서는 안 된다. 성공적인 살롱 경영을 위한 합리적인 교육, 훈련, 체계, 습관, 사명을 실현하는 과정 및 커뮤니케이션에 대해 알아보자.

'알고 있다'와 '할 수 있다'는 다르다

교육하면 안 되는 관계 3가지

① 부모와 자식　　　② 남편과 아내　　　③ 상사와 부하

교육학에서는 3가지 경우를 서로 교육해서는 안 되는 관계라고 한다. 이 세 가지 상황에서의 유일한 교육방법은 바로 행동으로써 모범을 보이는 것이다. 가정에서, 회사에서 가르치고 싶은 마음이 생기더라도 절제해야 한다. 살롱은 학교나 학원이 아니다. 더욱이 살롱은 연습장이 아니라 공연장이 되어야 한다. 헤어 디자이너들의 기술력이나 지식수준은 개개인이 스스로 향상시켜야 한다. 살롱에서는 시스템을 교육하고, 기술이나 인성은 아카데미에서 가르쳐야 한다. 살롱은 인재들이 선호하는 살롱시스템(입지, 인테리어, 서비스, 기술력)을 갖춰 놓고 적합한 인재를 채용해야 한다. "기술은 배우는 것이 아니라 훔치는 것이다"는 말이 있다.

　원장은 가르치려고 해서는 안 되며, 직원은 배우려는 의지가 높아야 한다는 것을 강조하는 말이다.

교육과 훈련, 체계와 습관

교육	• 모르는 것을 깨우쳐주는 단계 • 인간의 뇌(마음)에는 의식적인 것과 무의식적인 것이 있다. 의식적인 것이 본인의 의지라면, 무의식은 꿈과 같은 통제를 벗어난 정신 상태를 말한다. 교육이란 이러한 인간의 두뇌에 새로운 것을 깨우치게 하는 배움의 과정이다.
훈련	배운 것을 몸으로 행하게 하는 과정이다. 알고 있다고 그것을 다 할 수 있는 것은 아니다. 머리에서 알고 있는 것을 행동으로 반복해서 할 수 있게 하는 것이 바로 훈련이다.
체계	할 수 있는 것을 하게 하는 것. 행동하지 않는 사람을 행동하게 하고, 할 수밖에 없도록 만드는 것이 바로 체계(System) 이다. 또 언제, 어디서, 누가 해도 동일한 품질을 유지하는 것을 표준화(Manual)라고 한다.
습관	의식하지 않아도 옳은 것을 동적으로 반복하게 하는 과정이다. 인생이나 경영에서 모르는 것을 배우고 그것을 반복 훈련, 지속적으로 실천하면 습관이 되어 성공할 수 있게 된다.
사명	• 나와 너와 세상이 하나라고 의식하는 것 • 인생의 참 진리를 깨달아 자아실현을 하는 것 • 고객을 아름답고 행복하게 만든 세상이 바로 천국이라는 것을 아는 것 • 경쟁자들에게 모범을 보이고 노하우를 공개하는 것

교육 ⇨ 훈련 ⇨ 체계 ⇨ 습관이 반복되면 사명감이 고양되어 성공은 필연이 된다. 들은 것은 잊혀지고, 본 것은 기억하지만, 해본 것은 이해한다.

구분	알고 있다	할 수 있다	하게 한다	하고 있다	하고 싶다
내용	새로운 것을 배움	의도한 대로 행동	할 수밖에 없게 함	옳은 것을 자동적으로 반복	세상과 내가 하나 되는 상황
분류	교육	훈련	체계	습관	사명
주의	부부 관계, 상사 부하, 부모 자식	지속적, 반복적, 무의식	매뉴얼, 시스템, 문화	마인드, 성공, 행복	인류애, 이타주의, 깨달음.
핵심	외부 교육, 컨설팅	지속적 관심, 꾸준한 체크	동기 부여	삶의 질	자아 실현

원장과 직원과의 효과적인 커뮤니케이션

원장은 살롱의 성장과 발전을 위해 변화를 시도하지만 벽에 부딪히는 경우가 빈번하다. 잘 안되지만 다시 한 번 직원들을 믿고 시도한다. 물론 또 실패다. 그래도 한 번 더 시도해 본다. 직원들은 미동도 하지 않는다. 이쯤 되면 갈등이 생긴다. 그리고 원장은 2가지를 고민하기 시작한다. 내가 무능한 것은 아닐까? 근무하는 직원들이 무능한 것은 아닐까?

　심리학에서는 '지식의 저주(The Curse of Knowledge)'라는 용어가 있다. 스탠퍼드대학교의 엘리자베스 뉴턴은 '한 사람은 음악을 들으며 박자에 맞춰 탁자를 두드리고, 상대방은 그 박자 소리를 듣고 음악의 곡명을 맞추는 실험'을 했다. 일명 '두드리는 자와 듣는 자(Tapper and Listener)'라는 실험이다. 이 실험에 이용한 곡들은 누구나 들으면 알 만한 대중적인 노래 120곡이었다. 120곡 전부를 두드린 후 '두드리는 자'에게 "듣는 자가 몇 곡이나 맞췄겠는가?"라고 질문을 했다. '두드리는 자'는 60곡(50%) 정도라고 대답했다.

그러나 실험결과 곡명을 맞춘 것은 단지 3곡뿐이었다. '두드리는 자'의 50% 예상률과 2.5%에 불과한 '듣는 자'의 적중률 차이는 바로 발신자(원장)와 수신자(직원) 간의 커뮤니케이션 오류에서 발생한다. 원장은 직원들에게 "친절해라! 청소해라! 웃어라! 잘해라! 정리해라!" 등의 메시지를 전달하면서 직원들이 알아듣기를 기대하지만, 직원들의 귀에는 탁자 두드리는 소리로만 들릴 수 있다. 이 실험에서 시사하는 것과 같이 원장은 직원들이 경영방침을 이해하지 못한다고 원망하며 한탄한다. 원장은 돈과 열정 등 모든 것을 투자한 '두드리는 자'이지만, 직원들 입장에서는 종잡을 수 없는 손가락 두드림에 혼돈스러운 '듣는 자'라는 사실을 인정하지 못한다. Tapper(두드리는 자)에게는 쉬운 곡이지만 Listener(듣는 자)에게는 혼돈 그 자체일 뿐이다. 그래서 직원들의 마음은 한없이 배려하고 감싸야 하며, 행동은 기계적으로 표준화하는 것이 필요하다. 마음에는 동기부여를 행동에는 매뉴얼을 제공한다.

어떤 행동을 하도록 사람을 부추기는 것을 목적으로 하는 자극이 바로 '인센티브(Incentive)'다. 경영자가 직원의 근로의욕을 높이려면 어떤 인센티브를 제공해야 할까? 인센티브에는 긍정적 보상인 상과 부정적 보상인 벌이 있다. 당근 없는 채찍과 채찍 없는 당근은 의미가 없다. 상과 벌은 함께 있을 때에만 인센티브의 효과를 높일 수 있다. 상과 벌의 비중은 7:3이다.

급여의 인센티브제는 필수다

동기부여와 행동자극

사람의 의욕을 높일 수 있는 방법은 사고적 의욕을 끌어내는 교육과, 행동적 의욕을 끌어내는 보상에 의해서 가능하다. 교육에 의해서 사고적 의욕을 끌어내는 것이 '동기부여(Motivation)'라면, 상벌(보상)에 의해서 행동적 의욕을 부추기는 것이 '행동자극(Incentive)'이다.

사람의 요구(Wants)는 금단상태에 놓이면 증대하지만, 반대로 한계 수준에 도달하게 되면 저하되는 경우가 있다. 즉, 지나친 굶주림은 식욕을 저하시킨다. 잘 설계된 행동자극 요인이 효과적인 동기부여 수단이 될 수 있다. 오히려 잘못 설계된 경우는 부작용이 발생한다. 인센티브는 살롱의 문화, 팀워크에 따라 성과가 변화된다. 단순한 모방이나 핵심전략이 반영되지 않은 성과급제는 팀워크에 손상을 끼치며, 근무의욕과 업무성과에 악영향을 준다.

합리적인 인센티브 시스템

합리적인 인센티브 시스템은 업무성과에 대한 상벌이 명쾌하게 규정되어 있는 공식적인 프로그램이어야 한다. '인센티브'는 사전에 공표하고, 그 결과에 대해 보상하는 것이다. '인정'은 사전에 공식적으로 발표하지 않았지만, 성과를 달성했을 때 단발적으로 포상하는 것이다. 매출 900만 원을 달성하면 100만 원을 포상하겠다고 미리 공표한 후 100만 원을 보너스로 지급하면 인센티브에 해당된다. 하지만 사전에 발표하지 않은 상태에서 100만 원을 특별 보너스로 제공한다면, 이는 인정에 해당한다. 인센티브는 절대평가에 의한 보상이고, 인정은 상대평가에 의한 보상이다.

인센티브에 대한 동물들의 반응

심리학자 파블로프는 개들에게 종을 울린 후 먹이를 주는 실험을 했다. 종소리에 익숙해진 개는 종소리만 들려줘도 침을 흘린다는 것이 그 유명한 '파블로프의 개' 실험이다. 또 다른 심리학자 스키너는 이 이론에서 '살아있는 동물을 통째로 조건에 반응하게 하는 것이 가능하지 않을까?'라는 생각을 했다. 훗날 그는 '스키너 상자'라 불리는 상자를 만들었다. 스키너는 흰쥐를 상자에 넣고, 흰쥐가 지렛대를 누르면 먹이가 나오고 소리가 들리도록 고안했다. 실험에서 흰쥐에게 보상으로 음식을 주면, 지렛대 누르는 방법을 쉽게 배운다는 사실을 알아냈다. 처음에는 한 번, 다음에는 3번, 또 다음에는 5번을 눌러야 먹이가 나오게 했다. 반복이 지속되면 흰쥐들은 의도된 보상시스템에 따라 행동하게 된다는 것을 알았다. 스키너는 불규칙적으로 보상했을 때의 반응도 궁금했다. 흰쥐에게 특별한 규칙 없이 먹이를 주게 되면 좌절감이 생겨 행동력이 떨어질 것 같았다. 그러나 현실은 그렇지 않았다. 그는 보상(인센티브)이 불규칙적으로 제공되어도 흰쥐들은 계속해서 지렛대를 누른다는 사실을 알아냈다. 그리고 보상이 정기적으로 주어질 때보다 불규칙적으로 제공될 때 그 효과가 크다는 것을 알아냈다.

인센티브에 반응하는 것은 흰쥐뿐만이 아니라, 사람을 포함한 모든 동물들에게서 나타나는 공통반응이다. 사람이 경제활동을 하는 이유는 이윤을 얻기 위해서다. 이윤 없이 사람은 행동하지 않는다. 봉사활동도 타인의 인정이나 자기만족이라는 이윤을 획득하기 위한 행동이다. 다시 말해서 보상이 없다면, 인간은 행동하지 않는다. 자선활동이나 희생도 나름의 보상이 있기 때문이다.

살롱에서의 지급률

살롱은 안정적 경영과 직원의 근로의욕을 자극하기 위해 노동분배율을 확정하고, 성과배분방식인 능률급제도를 도입하는 것이 바람직하다. 살롱 내에서 전체 노동분배율은 40%를 기준으로 한다. 상황에 따라 5% 정도의 변동폭이 있다. 노동분배율을 기준으로 디자이너별 급여율을 정산해보면 약 25~35%가 산정된다. 실제 대부분의 살롱에서 비슷한 수준으로 지급하고 있다. 10% 차이를 보이는 것은 살롱에 따라 경영환경이 다르기 때문이다. 서비스업 중에서 특히 미용 서비스업은 노동분배율이 매우 높은 산업이다.

매출원가(재료비＋인건비)가 50%의 비중을 차지한다. 수익구조가 나쁜 살롱에서는 50%를 초과하는 곳도 많다. 고정비용이 높다는 것은 수익구조가 나쁘다는 증거다.

공정하고 투명한 인센티브제

살롱 원장은 잘하는 사람에겐 잘하고 못하는 사람에겐 못한다고 말해야 한다. 성과가 높은 사람은 급여를 높게 책정하고 낮은 사람은 급여를 낮게 책정하는 것이 마땅하다. 인센티브는 직원의 역량 중심으로 보상한다. 인센티브의 기준은 복수로 설정해야 한다. 매출과 재방문율을 각각 50 : 50의 비중으로 계획한다. 생산성 향상에 따른 성과 배분법인 스캔런플랜(Scanlon Plan)을 추천한다. 업무성과를 평가할 때에는 누가 봐도 투명한 공정성을 확보해야 한다. 불투명한 성과측정은 역효과를 부른다.

능률급제도(Incentive Payment System) 직원의 업무 성과를 기준으로 성과급을 지불함으로써 근로의욕을 자극하려는 임금 형태다.

고객에게도 인센티브를 제공하라

기업은 판매 촉진을 위해 상품을 구매하는 고객에게 덤(인센티브)으로 다른 상품을 끼워 준다. 살롱에서는 파마를 하면 덤으로 커트를 제공하는 경우가 있다. 백화점이나 슈퍼마켓에서는 구매 금액에 따라 포인트를 적립하거나 쿠폰을 준다. 사람은 인센티브에 움직인다는 고객심리를 적극적으로 활용하는 사례다.

고객은 지불한 금액보다 더 좋은 상품을 구매하려고 한다. 인센티브가 없는 상품은 당연히 구매를 멀리한다. 명품 브랜드를 선호하는 것도 품위라는 인센티브를 얻기 위한 소비행동이다. 고객에게 인센티브를 제공하지 않는 기업은 '바늘 없이 낚시'하는 것이다. 씨를 뿌리지 않고 새싹을 기다리는 바보와 다를 바 없다. 사람(경영자, 직원, 고객)은 모두 인센티브에 의해 움직인다는 것을 명심하길 바란다.

인센티브를 무시하는 경영자는 실패하게 될 것이다.

국내 최고의 Resort 회사에 근무하는 친구의 말이다. 그의 회사는 MBA과정을 수강하는 것을 좋아하지도 싫어하지도 않는다고 한다. 대학원에 다니는 것을 반대하지는 않는데, 학교수업 때문에 회사의 업무일정에 방해되면 업무평가에서 C등급을 받는단다. 공부하는 것을 막지는 않지만, 티 내지 말고 다니라는 뜻이다. 심지어 회사 회의와 MBA과정 시험이 동시에 있다면, 당연히 시험을 포기해야 한단다. 단, 티 내지 않고 과정을 마치게 되면, 상응하는 보상이 확실하게 주어진단다. 공부를 하되 업무에 방해되지 않게 하고, 그 대가는 충분히 보상한다는 것이다.

디자이너는 **공동목표**를 위한 하나의 조직원

학원생과 파트타이머, 직원의 차이는 무엇인가?

학생은 돈을 지불하고 공부한다. 같은 반 학생끼리도 치열한 경쟁을 해야 1등을 할 수 있다. 즉, 자신의 미래를 위해 현재를 투자한다. 일부 헤어 디자이너 중에는 자격증이 있지만, 아직은 기술이 서툴러서 더 공부하는 학원생들이 있다. 그들은 학원에 돈을 내고 수강한다. 또한, 조직에 소속되지 않고 파트타임으로 일하는 헤어 디자이너도 있다. 그들은 일종의 프리랜서로서 돈을 받고 일한다. 파트타이머는 살롱의 문화나 분위기와는 별개로, 주어진 시간만큼만 노동력을 제공한다. 그들에게 조직원간의 화합이나 팀워크를 요구하지 않는다. 파트타이머에게 요구하는 최우선 과제는 맡은 일을 잘 수행하는 것이다. 반면에 살롱과 같은 조직에서는 공동의 목표가 개인의 목표보다 우선된다. 그 공동의 목표 도달이 우선되기 때문에 급여를 제공하고 일하게 하는 것이다.

조직이란 여럿이 하나 된 새로운 유기체

조직에 속한 직장인들이 학원생과 조직원의 차이를 명확하게 인지하지 못하는 경우가 있다. 학원생은 개인의 목적달성을 위해 돈을 내고 학원에 다닌다. 조직원은 조직의 목적달성을 위해 돈을 받고 직장에 다닌다. 조직은 '혼자서 할 수 없는 일들을 여러 사람이 함께 이루어가는 것'이다. 다시 말해 혼자 하는 것보다 함께 협력하면 더 높은 성과에 도달할 수 있기 때문에 뭉치는 것이다. 조직은 프리랜서의 '집단'이 아니라 여럿이 하나 된 새로운 '유기체'다. 자동차 한 대를 조립할 수 있는 부품들을 한곳에 모아놓은 것이 집단이라면, 이 집단은 아직 자동차가 아니다. 그 부품들을 조립해서 완성한 것이 조직이다. 조직에는 조립이라는 팀워크가 가미되었을 때, 비로소 자동차라고 불리는 조직이 완성된다. 흩어져 있는 부품은 단지 부품에 지나지 않지만, 조립이라는 팀워크가 이루어지면 자동차 본래의 목적인 이동수단으로써 그 역할을 한다. 그러나 살롱에 근무하는 헤어 디자이너들 중에서는 본인을 학원생이나 파트타이머로 착각하는 경우를 본다.

헤어 디자이너를 크게 3부류로 나누면 다음과 같다

자기 발전에만 관심이 있는 학원생형 헤어 디자이너, 자기에게 주어진 일만 잘하면 직무완수라고 생각하는 파트타이머형 헤어 디자이너, 본인의 일뿐만 아니라 다른 헤어 디자이너나 살롱 전체에 대해 두루 생각하는 조직원형 헤어 디자이너가 있다.

종 류	내 용
학원생형	자기 개인 발전에만 관심이 있는 헤어 디자이너
파트타이머형	내게 주어진 일만 잘하면 직무완수라고 생각하는 헤어 디자이너
조직원형	내 일뿐만 아니라 다른 헤어 디자이너나 살롱 전체에 대해서 두루 생각하는 헤어 디자이너

아직 기초지식과 훈련이 부족한 헤어 디자이너들은 학원을 더 다녀서 일정 수준 이상의 기술력을 함양한 후에 살롱에 취업하는 것이 바람직하다. 또한 일정 수준 이상의 기술력을 보유하고 있어도 여럿이 함께 일을 하는 것에 성취감을 느끼지 못하는 헤어 디자이너라면, 파트타이머로 일하는 것이 적합하다. 팀워크를 발휘하지 않는 조직원은 조직파괴자다.

조직원들이 명심해야 할 사항

1. 공동목표

11명이 하는 축구에서 10명이 모두 최선을 다 하는데 골키퍼 한 명이 방심해서 졌다면 골키퍼만 패하는 것이 아니다. 선수 한 명의 실수가 나머지 10명의 공동목표 달성을 방해한 것이다. 조직에서 조직원이 각자의 고유 업무를 맡아서 하는 이유는 전체의 목표를 효율적으로 달성하기 위해서다. 조직원은 공동목표를 위해 내가 해야 할 임무가 있다는 것을 항상 기억해야 한다. 내가 하는 일이 업무 전반적인 부분과 어떻게 연관되어 있는지, 개선점과 발전사항 등에 관심을 가져야 한다. 원장과 직원은 살롱의 업무를 통해서 조직목표와 개인의 인생목표가 상호 부합할 수 있도록 조율하고 노력해야 한다. 팀워크란 원장이나 직원 한 쪽이 희생하는 것이 아니라 조율과 협력으로 화합하는 것이다.

2. 가치관 공유

여러 사람들이 모여 조직을 구성하고 일하다 보면 그 조직만의 독특한 문화와 가치관이 만들어진다. 조직 내부에서 형성된 특별한 조직문화를 외부의 시선으로 바라보면 처음에는 잘 이해가 되지 않는 부분이 있게 마련이다. 문화란 오랜 시간 동안 자리 잡아 그 뿌리가 깊어지게 되고 나름의 고유한 공동체 의식이 형성된다.
조직에 새로 편입되는 사람들은 이러한 특성을 알고 이해하려는 노력이 필요하다. 또 조직의 문화와 가치관이 모두에게 유익한 방향으로 개선될 수 있도록 노력하는 열정이 필요하다.

3. 존중과 배려

조직원 상호 간에 존중과 배려가 있어야 한다. 조직원들은 각자 태어나고 자라고 배운 것들이 각양각색이다. 서로 다른 환경에서 살아온 사람끼리 공동목표를 위해 노력한다는 것은 생각처럼 쉽지만은 않다. 서로 도와주고 보살펴 주려는 마음가짐이 절실하다. 조직 내에서는 '너의 발전이 곧 나의 발전'이므로 동료나 선후배들이 서로 협력하는 자세가 필요하다. 또한 조직이 더 발전하려면 새롭고 능력 있는 조직원이 들어오게 되는데, 초기에는 문화적 충격이 있을 수 있다. 다양성과 차이를 존중하는 마음과 인간적인 배려가 요구된다.

4. 상부상조

세상에 완벽한 사람은 없다. 세상에 존재하는 지식의 양은 엄청나다. 국립도서관에 보관된 책들이 이 세상의 전체 지식이라고 한정하더라도 우리가 읽은 것은 전체의 일부에 지나지 않는다. 개인이 아는 것은 전체에 비하면 보잘 것 없다. 나의 업무 분장에 한정되지 말고 폭넓게 지식과 업무를 수용하자. 단기적으로는 힘들고 어렵지만 장기적으로 보면 모두에게 인정받는 인재가 될 것이다.

개인은 전 우주의 관점에서 보면 하나의 점에 불과하다. 조직에서도 한 사람의 역할이 작게 느껴질 수 있지만, 그 작은 하나하나가 모여 전체를 이룬다.
학원생은 돈을 내고 공부하며, 파트타이머는 개인의 일만 잘하면 되지만, 조직원은 조직 내에서 돈을 받고 일하기 때문에 공동목표 달성이 개인목표보다 우선되어야 한다는 것을 명심하자. 공동의 목표보다 개인의 목표가 우선되는 개인은 조직에 끼어들면 안 된다. 다른 조직원들에게 큰 피해를 끼친다.

탄환의 진로를 정확하게 알고 조준해서 사격한다면 백발백중일 것이다. 조준할 줄 모르고 정확한 탄환 궤도를 이해하지 못한 사격수에게 명중을 기대하는 것은 우물가에서 숭늉을 찾는 것과 다르지 않다. 컴퓨터로 업무를 효율적으로 처리하고자 프로그래밍한다. 그러나 업무처리과정을 이해하지 못하고 훌륭한 프로그램을 개발하는 것은 불가능하다. 기수가 말(馬)과 함께 목적을 달성하는 것이 승마다. 기수가 빠르게 질주하는 말과의 교감이 없다면, 마부의 목숨은 바람 앞의 촛불이다. 사람을 통해서 목표를 달성하는 것이 경영이다. 경영자가 사람을 이해하지 못하고 윽박지르거나 사탕발림으로 경영한다면, 그 결과는 안 봐도 뻔하다.

인격은 평등하지만 능력은 평등하지 않다

당신은 '인간이 평등하다'라고 생각하는가?

누가 뭐래도 인간은 평등하다. 인격체로서의 인간은 평등해야 한다는 생각에 동의한다. 하지만 능력은 평등하지 않다. 능력체로서의 인간은 다르다. 각자 타고난 소질과 소양이 다르기 때문이다. 명사수라도 유효 사거리를 넘는 표적은 맞출 수 없다. 훌륭한 프로그램이라도 컴퓨터 사양이 떨어지면 빠른 속도는 보장되지 않는다. 천리마가 없으면서 하루 천 리를 달리겠다는 목적은 희망사항일 뿐이다.

　살롱의 많은 원장들은 마술사가 되려고 한다. 권총으로 멀리 있는 표적을 맞추려고 한다. 저성능 컴퓨터에 좋은 프로그램을 설치하면 빨라지리라고 생각한다. 마부의 능력이 출중하면, 아무 말이나 타고서도 하루에 천 리를 달릴 것이라고 생각한다. 허나 이러한 일들은 불가능한 일이다. 경영자가 적합하지 않은 조직원과 함께 멋진 목적달성을 하겠다는 것은 불가사의한 일을 실현해보겠다는 우둔한 생각이다.

[성공을 위한 조직관리 조건 3가지]

1. 업무에 적합한 인재를 채용해야 한다.
2. 채용된 인재가 업무를 효과적으로 처리할 수 있도록 시스템이 구축되어야 한다.
3. 인재들의 장점과 의욕을 끌어내야 한다.

1. 업무에 적합한 인재를 채용해야 한다

실패하는 경영자들의 인재관은 극단적으로 2가지로 나뉜다. 첫째, 아무나 채용해서 가르치면 된다는 생각이다. 둘째, 돈만 주면 좋은 인재가 온다는 잘못된 확신이다. 아무나 채용해서는 목적달성이 불가능하다. 면접은 적합한 인재를 선발하기 위한 중요한 과정이다. 인재를 채용하기 위해서는 우리 살롱에 필요한 인재와 인원수를 사전에 계획하고 채용해야 한다. 단순히 바쁘기 때문이라든가 일손이 부족하다는 이유로 부적합한 직원을 임시방편으로 채용한다면, 시술품질과 서비스품질은 엉망이 될 것이다. 그렇게 된다면 고객 불만족, 기존직원 불만족, 신입직원 불만족, 경영자 불만족을 초래하여 살롱은 지옥이 된다.

2. 효과적인 시스템을 구축해야 한다

살롱에서의 시스템이라면 직원 선발·채용과 교육·훈련에 대한 체계적인 매뉴얼, 고객만족과 매출증대를 위한 매뉴얼, 서류작성과 이익관리 매뉴얼, 점포운영에 대한 매뉴얼, 커뮤니케이션 매뉴얼을 비롯하여 컴퓨터 프로그램(헤어랑, 피부랑, 아트랑, ERP) 등이 반드시 구축되어야 한다.

군대에서는 야전교범(Field Manual)이 필수이며, 교범으로서의 행동기준을 FM이라고 한다. 살롱 경영에 기본 100여 가지 매뉴얼이 있어야 하지만, 최소 30여 가지도 준비되지 않았다면, 그 살롱은 주먹구구식 살롱이라고 평가해도 지나치지 않을 것이다. 번성하는 살롱은 과학적이고 효과적인 시스템이 분명히 있어야 한다.

3. 인재들의 장점과 의욕을 끌어내야 한다

적합한 인재가 채용되고 효과적 시스템이 구축되었다고 저절로 높은 성과가 나타나진 않는다. 조직원들이 하겠다는 의욕으로 넘처날 때 적합한 인재 채용과 효과적 시스템이 제 기능을 발휘한다. 조직원에게 동기를 부여해서 의욕이 넘치게 하려면 다음의 3가지 요소를 충족시켜야 한다.

첫째는 감성적 요소로서 꿈, 희망, 관심분야, 칭찬 등을 일깨우고 충족시켜야 한다. 인간으로서 바람직한 삶을 살아가고 있다는 긍지가 그 요소다. 둘째는 이성적 요소로서 목적달성과 지적 호기심 충족이다. 자신이 성장하고 발전하고 있다는 사실을 인식하게 해야 한다. 교육에 의한 경력개발 프로그램(Career Development Program) 도입은 단계별로 주어지는 새로운 일에 흥미를 유발해서 의지를 고취시킨다. 셋째는 물질적 요소로서 급여다. 금전보수는 단기적·즉각적 요소로 일시적으로는 성과가 높지만, 장기적 관점에서는 그 효과가 크지 않다.

의욕을 높이는 요소

구분	요소	방법	적용
감성적 요소	꿈, 희망, 관심분야, 칭찬	일깨우고 충족	인간으로서 바람직한 삶
이성적 요소	목표달성, 지적 호기심	설정하고 달성	발전하고 있다는 사실 인식
물질적 요소	금전적 보수	제시하고 제공	일시적으로 효과가 높음

채용은 복권이 아니다. 아무나 채용하고 '잘 되면 좋고, 아니면 말지'라는 생각은 곤란하다. 부적합한 직원이 있으면, 훌륭한 직원은 입사하지 않는다. 채용이 아무리 어렵고 힘들더라도 절대

로 현실과 대충 타협해서 채용하면 안 된다. 성인이 되었다고 아무하고 결혼해서 잘살아 보겠다는 생각과 다르지 않다. 경영에서 인사가 만사라는 말을 흘려듣지 마라.

사람과 사람이 서로 목적을 갖고 모인 집단을 조직이라고 한다. 조직이 공동의 목적을 달성하기 위해서는 목적에 대한 전원일치와 목적달성 방법제시가 원활하게 소통되어야 한다.

두 객체 간의 상호작용이 커뮤니케이션이다. 상호작용 즉, 커뮤니케이션 방법에 따라 여럿이 모여 단순한 합 이상의 상승효과를 내는 것을 시너지효과 (Synergy Effect)라고 한다.

커뮤니케이션의 핵심 – 시스템과 교육

집단지성과 길항작용

일반 대중들의 지식을 한 곳에 모아 상호작용을 시키면, 똑똑한 천재보다 더 강한 능력을 발휘한다. 이는 위키노믹스 신화를 탄생시킨 지미 웰리스가 '위키피디아'를 통해 증명해 보였다. 위키(Wiki)는 하와이 원주민어로 '빨리'라는 의미다.

똑똑한 천재 한 사람보다 평범한 여럿이 더 똑똑하다는 것을 집단지성(Collective Intelligence) 또는 협업지성이라고 한다. 윌리엄 모턴 휠러는 하나의 객체로 미미한 개미가 공동체로서 협업(協業)하여, 거대한 개미집을 만들어내는 것을 관찰하였다. 휠러는 이러한 사실을 근거로 개미가 객체로서는 미미하지만, 군집(群集)해서는 높은 지능체계를 형성한다는 것을 발견했다.

조직원의 근무환경, 평가방법에 따른 시너지효과

인터넷이라는 커뮤니케이션 도구는 인류의 지능을 높이는 데 크게 기여했다. 집단지성은 자발적이고, 시간과 공간의 제약을 받지 않기에 가능하다. 하지만 수익을 창출해야 하는 조직 내의 조직원들은 자발적이지만은 않다. 기업조직은 시간과 공간의 제약을 받고 비용도 고려되므로, 시너지효과보다는 그 반대현상인 길항작용(Antagonism)이 나타난다. 길항작용은 두 가지 요인이 상반되는 작용을 하여 그 효과를 상쇄시키는 역작용이다. 두 가지 약을 동시에 복용할 때 약효가 감소되는 것이 길항작용의 예다. 여자만 2명이거나 남자만 2명일 경우 2세를 생산하지 못한다. 2세를 출산할 때 동성 2인이 길항작용이라면, 이성인 여자와 남자 2명은 종족번식이 가능한 가장 확실한 시너지효과다. 기업경영에서도 조직원들의 근무환경이나 평가방법에 따라서 시너지효과를 얼마든지 도출할 수 있다. 동일한 숙련도를 가진 사람이라도 작업방식의 표준화가 생산량을 8배 증가시킨 사례는 포드자동차에서 검증되었다. 표준화와 획일화는 전혀 다른 개념이다.

낙관주의자보다 현실주의자

창업자들의 대부분은 시너지효과를 믿거나 경제를 신봉한다. 사회에서도 긍정적이고 낙관적인 사람을 좋아한다. 하지만 시장이라는 경영 현장에서 살아남는 강한 기업들의 경영자는 해피엔딩을 꿈꾸지 않는다. 1등이 되어도 얼마 못 갈 것이라는 위기의식, 2등이 더 훌륭한 상품과 서비스로 무장하리라는 긴장감을 조금이라도 늦추면 언제 도산할지 아무도 예측할 수 없는 곳이 시장이다. 시장에서는 현재 1등이라도 계속해서 진화하지 않는 상품은 금방 멸종된다.

스톡데일 패러독스

막연한 희망론자와 낙관론자가 어떤 결과를 맞이하게 되는지는 짐 콜린스의 저서 〈Good to Great〉에 잘 나타나 있다. 베트남 전쟁 때 포로가 되어 하노이 포로수용소에서 모진 고통을 당하고 언제 풀려날지 가족들을 다시 만날 수 있을지, 한치 앞도 예측할 수 없는 막막한 상황에서도 함께 수용된 포로들을 가능한 부상 없이 한 명이라도 더 살아남을 수 있도록 노력한 짐 스톡데일(Jim Stockdale) 장군의 이야기를 '스톡데일 패러독스'라 한다. 짐 콜린스는 스톡데일 장군에게 "수용소 생활을 견뎌내지 못한 포로들은 어떤 사람들이었습니까?"라고 물었다. 그의 대답에 의하면 낙관주의자들은 살아남지 못했다. 일반적인 통념과는 달리 끝까지 살아남은 사람들은 현실주의자들이었다. 낙관주의자들은 이번 크리스마스 때까지는 나갈 거라는 희망을 가지고 견디다가 나가지 못하면 다음 부활절에는 나갈 수 있을 거라고 기대하는 일을 반복하며 지내다가 결국엔 상심해서 죽었다. "이는 매우 중요한 교훈이다. 결국에는 성공할 것이라는 믿음, 결코 실패할 리 없다는 믿음과 그것이 무엇이든 눈앞에 닥칠 현실 속의 가장 냉혹한 사실들을 직시하는 규율을 결코 혼동해서는 안 된다"라고 스톡데일 장군은 말했다. 반드시 포로생활에서 풀려날 것이라는 믿음을 가지고 있으면서도, 결코 그것이 쉽게 그냥 오지는 않을 것이라는 현실주의는 고통에 대비하는 마음자세를 갖게 됨으로써 살아남을 수 있었다. 빅토르 프랭클의 저서 〈죽음의 수용소에서〉를 추천한다.

커뮤니케이션을 효과적으로 개선하는 방안

창업하는 원장들의 대부분은 낙관주의자다. 개점만 하면 고객이 찾아줄 것이라는 핑크빛 미래를 꿈꾼다. 그 꿈은 불과 두세 달이면 깨진다. 직원이 서너 명인 원장들도 직원이 많으면 경영하기 수월하리라는 낙관주의에 빠진다. 서너 명이 근무하는 살롱보다 10명 안팎의 살롱이 규모의 경제를 달성할 수 있기에 유리한 점이 있지만, 인사관리 부분에서는 큰 착각일 수 있다. 바로 커뮤니케이션이 문제다.

경영자의 커뮤니케이션 역량이 경영능력

프레데릭 브룩스는 조직원의 증가에 따른 커뮤니케이션의 노력은 $n(n-1)/2$라고 한다. 즉, 조직원이 2명일 때보다 3명일 때 커뮤니케이션 노력은 3배로 늘어난다. 조직원이 12명으로 늘어나면 2명일 때보다 66배 늘어나게 된다.

이렇게 늘어나는 커뮤니케이션을 가장 효과적으로 개선하는 방안을 마련하는 것이 진정한 경영자의 경영능력이다. 조직원이 늘고 규모가 커지면 일정 규모까지는 규모의 경제를 달성할 수 있는 매력이 있다. 하지만 커뮤니케이션 노력은 조직원의 증가에 비례하여 기하급수적으로 늘어난다는 사실을 반드시 기억해야 한다. 커뮤니케이션 능력이 아무리 뛰어난 경영자라도 조직원 증가에 따라 폭증하는 커뮤니케이션 노력은 유능한 경영자 개인의 역량으로 감당하기엔 불가능하다. 그래서 조직에는 규범과 질서가 정리된 매뉴얼이 반드시 필요해진다.

효과적인 시스템과 교육

조직원이 늘어남에 따라 기하급수적으로 늘어나는 커뮤니케이션 노력을 줄이는 방법은 시스템과 교육이다. 시술방법, 근무규정, 응대요령, 경력개발 등과 같은 매뉴얼이 커뮤니케이션 노력을 획기적으로 줄여줄 수 있다. 완벽한 시스템을 구축하지 않고 규모를 늘리는 것은, 경영의 바다에 튜브 없이 뛰어들어 익사하는 것과 다를 바 없다. 커뮤니케이션은 목적달성을 위한 의사소통의 과정이지, 창의적 아이디어를 찾는 브레인스토밍 회의가 아니다. 사람을 바꿀 수 있는 것은 단 두 가지뿐이라고 한다. 첫째는 돈이다. 돈이 갑자기 많아지면 집, 옷, 차 등이 하루아침에 바뀌게 된다. 그렇지만 갑자기 부자가 되는 것은 벼락에 맞아 죽을 확률보다 희박하다. 둘째는 교육이다. 사람은 교육에 의해서 체력, 지력, 영혼이 성장한다. 돈과 교육 이외에 사람을 바꿀 수 있는 것은 없다고 했다. 육체는 부모가 낳지만 사람은 교육이 만든다.

조직원에게 시스템은 매뉴얼

기업을 성장시키려면 시스템은 절대적이다. 전체의 방향은 시스템으로 안내하고 구성원 각자에겐 권한과 책임, 자율을 부여해야 기업이 성장할 수 있다.

시스템을 만들기 어렵다고 권한과 책임과 자율만을 조직원에게 부여하면 기업의 성장은 불가능하다. 조직원은 물과 같다. 항상 높은 데서 낮은 곳으로 흐른다. 고이면 썩고 넘치면 방죽을 무너뜨린다. 물에게 시스템이 수로라면 조직원에게 시스템은 매뉴얼이다. 참고할 수 있는 업무매뉴얼, 기대할 수 있는 성장(CDP)매뉴얼, 예측할 수 있는 상벌매뉴얼 등이 시스템이다. 수로가 물의 자유를 억압한다고 생각한다면 착각이다. 물은 반드시 수로라는 시스템 내에서 흘러야 하지만, 수로 안에서는 무한의 자유가 보장된다. 조직원도 반드시 매뉴얼(방침)에 의해서 행동해야 하지만, 매뉴얼 내에서는 무한한 자유가 보장되어야 한다. 살롱의 경영자도 완벽한 시스템을 구축하기 힘들다고 주먹구구로 운영해선 안 된다. 매뉴얼에 의한 커뮤니케이션과 교육훈련에 의한 커뮤니케이션이 최상의 커뮤니케이션 수단이다.

연주를 잘한다고 반드시 최고의 지휘자가 되는 것은 아니다. 또 스타플레이어 선수가 모두 유능한 감독이 되는 것도 아니다. 스타일력이 우수한 헤어 디자이너가 최고의 원장이 되는 것도 아니다. 고객에게 인기가 많은 디자이너가 살롱 경영자가 된다고 해서, 경영도 역시 잘한다고 보장할 수 없다. 사업으로 성공한 대기업 임원 출신이 강의와 컨설팅 현장에서 능력을 발휘하지 못하는 경우도 있다. 감독과 코치와 선수는 각자의 역할이 있다. 감독을 잘한다고 코치를 잘하는 것이 아니고, 플레이를 잘한다고 감독이나 코치를 잘하는 것도 아니다.

선수와 선생 – 잘한다고 잘 가르칠까?

원칙과 현실 사이

미용예술(헤어, 피부, 네일 등)을 가르치는 유명학원의 원장들은 대부분 살롱을 경영해서 실패한 경험이 있다. 걸출한 디자이너를 양성, 배출하는 훌륭한 원장들이 왜 경영에서 실패했을까?

첫째는 현장과 학원의 갭이다. 강의와 시술은 분명한 차이가 있다. 학원에서는 기본이 철저하게 준수되어야 한다. 예를 들어 계란형의 얼굴에 어울리는 커트가 분명하게 존재하기 때문에 학원이나 학교의 선생들은 반드시 원칙에 입각해서 시술방법을 교육해야 한다. 하지만 현장에서 고객은 자신의 두상과 어울리는 스타일보다, 유명 연예인의 유행 스타일을 따라 하기 위해 자신에게 어울리지 않는 스타일을 요구하기도 한다. 수업 중인 선생은 학생이 원칙에 어긋나면 나무랄 수 있지만, 살롱에서는 고객이 원하면 디자이너는 수용할 수밖에 없다. 선생은 원칙을 준수해야 하고 선수는 현실을 받아들여야 한다. 선생이 원칙을 버리고 현실과 타협한다면, 그는 그 순간부터 선수로 나서야 한다. 반면 선수가 현실과 타협하지 않고 원칙을 고수한다면, 그는 선생이 되어야 할 것이다.

자신의 노하우를 설명하지 못한다

지식에는 암묵지와 형식지가 있다. 경험에 의해 터득된 지식을 자신은 이해하지만, 타인에게 말이나 글로 설명할 수 없는 지식을 암묵지라고 한다. 암묵지(Tacit Knowledge)와 상대되는 지식은 형식지(Explicit Knowledge)다. 형식지는 말이나 글이라는 형식으로 표현할 수 있는 명시적 지식을 말한다. 설명할 수 없지만 내면에서는 깨달음이 있는 즉, 암묵지가 많은 사람이 유명한 선수가 된다. 언어나 문자로 표현할 수 있는 형식지가 많은 사람이 훌륭한 선생이 된다. 암묵지는 무수한 반복과 융합에 의해 깨닫게 되고, 형식지는 학습과 분해에 의해서 터득할 수 있다. 김연아 선수에게 자신보다 더 훌륭한 선수를 양성하라는 임무를 준다면 성공할 가능성은 극히 미약할 것이다. 또 트리플악셀 점프의 비법을 묻는다면, 명쾌하게 설명하기 어려울 것이다. 김연아에게 트리플악셀은 암묵지에 해당하고, 김연아 코치에게 트리플악셀은 형식지다.

선수와 선생은 불완전한 존재다

예기(禮記)의 학기편(學記篇)에 나오는 '교학상장(敎學相長)'이라는 말은 가르침과 배움은 서로 도와서 커진다는 의미다. 즉, 배움 후 부족을 알고, 가르침 후 곤함을 안다. 고로 교(敎)와 학(學)이 서(相)로 자란다(長). 선수와 선생은 서로 도와 성장한다. 선생 없이 학생의 성장이 없고, 학생 없이 선생의 발전도 기대할 수 없다.

　선수와 선생의 지식은 일치하지 않는다. 선수로서 필요한 지식과 체력이 선생으로서의 지식과 체력으로 대체될 수 없다. 선수와 선생이 공유하는 지식 교집합은 전체 지식의 일부에 한정된다. 선수는 자신을 변화시키고 선생은 타인을 변화시킨다. 자신을 발전시키기 위한 기술과 타인을 육성시키기 위한 기술은 다르다.

시범과 교범은 다르다

과거에는 선배 디자이너들의 시술 모습을 관찰하는 것이 배움의 전부였다. 교범이 없고 시범만 존재하던 시기다. 얼마나 많은 디자이너들이 이러한 환경에서 허송세월하며 자생했던가! 경험에 의해 터득된 지식들을 하나하나 글이라는 형식지로 남겼다면 엄청난 자료가 되었을 것이다. 지금부터라도 기록을 습관화하자.

'알고 있다'에서 '할 수 있다'까지

제대로 된 가르침은 이론교재(교범)와 행동교재(시범)로 부족하다. 코칭과 보강이 이루어져야 한다.

강의에는 왜곡이 존재한다. 가르치는 선생과 배우는 학생의 언어나 문화에 따라서 노이즈 즉, 커뮤니케이션 갭이 발생한다. 그래서 교육 후에는 학생이 제대로 이해했는지 평가하는 시험이 필요하다. 교육이 이루어졌다는 것은 뇌에 지식이 전달되었다는 것이다. 그러나 머리로 이해했다고 몸으로 실행할 수 있는 것이 아니다. 머리로 이해했다는 것은 '알고 있다'의 1단계다. '할 수 있다'의 2단계로 발전하기 위해서는 훈련이 필요하다. 업스타일 이론을 배우고 선생의 시범을 관람했다고 해서 쉽게 업스타일을 할 수 있는 것이 아니다. 막상 해보면 제대로 하기 힘들다. 훈련과정에는 선생의 코칭이 절대적이다. 잘못된 자세로 훈련을 반복하면 그 잘못된 자세가 습관으로 고정된다. 이를 바른 자세로 개선하는 데에는 앞에서 훈련한 시간의 두 배가 필요하다.

20세부터 40세까지 20년간 잘못된 자세로 배운 것을 바로잡는 데에는 40년 즉, 80세가 되어야 비로소 교정된다. 기초를 무시하면 처음에는 빠른 것 같지만, 결국에는 더뎌진다. 처음과 기초가 중요한 이유다.

지속적인 교육과 훈련, 그리고 피드백

아무리 제대로 다 배운 것 같은 느낌이 들어도 스승의 지속적인 피드백을 받아야 한다. 교재와 시청각 자료만으로 행동을 변화시키는 것은 그 효과가 낮다는 것이 검증되었다. 헤어 디자이너로 제대로 성장하려면 지속적인 교육과 훈련, 피드백이 반드시 필요하다. 교육받고 땀 흘려 연습한 노력이 성과를 내려면, 피드백이 보강되어야 한다. 전문가가 되면 스승이 떠난다. 전문가가 스승을 곁에 두려면 스스로 겸손해져야 한다. 겸손하지 않은 전문가는 오만과 독선의 갑옷을 챙겨 입는다.

코치를 찾아라

헤어 디자이너는 배운 대로 하는지, 이론대로 하는지, 자세가 올바른지, 지속적으로 점검해서 피드백 받아야 한다. 어느 누구도 스스로 자신을 피드백 할 수 없다. 배우는 디자이너의 입장에서는 커리큘럼이 체계적이고 고객이 많다고 좋은 살롱이 아니다. 배운 것을 실천할 때, 피드백 해줄 수 있는 코치가 반드시 곁에 있어야 한다. 독학으로 노력한 디자이너는 그 한계가 나타난다. 가능하면 매일매일 나를 피드백 해줄 수 있는 코치를 찾아라.

　당장의 실습과 수입이 중요한 것이 아니다. 왜곡됨이 없는 자세로 연습을 지속했을 때, 진정한 고수가 된다. 훌륭한 인재는 개천에서 나는 것이 아니라, 교육과 훈련에 의해 만들어지는 것이다.

국민이나 대중들에게 존경 받는 인물들은 말을 많이 하거나 잘해서가 아니다. 그들은 누구보다 실천궁행(實踐躬行/ 실제로 몸소 이행함)에 진력을 다 했기에 존경을 받는다. 실천궁행은 사람을 많이 상대하는 정치가나 종교인들에게만 해당하는 것이 아니다.

부모가 자식에게 공부하라고 잔소리하기는 쉽지만, 부모 자신이 독서로 모범을 보이기는 쉽지 않다. 경영자가 솔선수범하지 않고 잔소리하는 이유도 실천이 어렵기 때문이다. 말과 글과 행동 중에서 가장 쉬운 것이 말이고 제일 힘든 것이 행동이다.

설교는 쉽지만 실천은 어렵다

돈이 인생의 전부인가?

돈이 인생의 전부라면 인생이 너무 삭막하다는 느낌이 든다. 그러나 교실에서는 2등 친구보다 시험을 잘 봐야 1등이 된다. 역사는 1등만을 기억한다.

2등의 삶은 철저하게 무시되는 것이 현실 아니던가! 성공한 인생에서 돈이 전부는 아니지만 필수임이 분명하다. 돈이 인생의 전부가 아니라고 주장하는 사람이라도 인간의 생활에서 돈이 없으면 얼마나 불편한지 잘 알고 있다. "나는 돈을 원하지 않아!"라고 말하는 사람은 돈 버는 재주가 없다는 것을 자인하는 것이다. 분명한 것은 돈이 인생의 전부가 아니지만, 돈이 많아서 나쁠 것은 없다. 더 많이 사랑하고 더 많이 기부하고 더 많이 베풀기 위해 돈보다 더 좋은 수단은 무엇인가.

돈 버는 방법을 모르는 가난한 사람

돈 버는 방법을 모르는 사람이 많다. 가난한 사람과 부자는 똑같은 사람이지만 다른 환경에서 살아가기 때문에 서로를 잘 모른다. 가난한 사람도 조금만 관심을 가지면 돈 버는 방법을 빠르고 쉽게 배울 수 있다. 아쉽지만 가난한 사람의 대부분은 배우는 것을 거부한다. 어른이 되어 돈 버는 방법을 배우지 않으려는 사람은 자신과 가족을 증오하는 것과 같지 않는가. 입으로는 가족을 사랑한다면서 왜 행동으로는 실천하지 않는가. 무의식 속에 자신과 가족의 인생을 소홀하게 생각하는 마음이 숨어있는 것이 아닐까? 헤어 디자이너가 돈을 벌기 위해 기술 연마와 친절 행동을 적극적으로 실천하지 않는 것은 바로 자신의 인생에 불친절하기 때문이다. 그렇지 않다면 왜, 고객에게 친절하지 않겠는가!

모두 알고 있는 인과의 법칙

우리는 인과의 법칙을 잘 알고 있다. 다시 말해 하루를 어떻게 살면 성공하고 실패하는지를 알고 있다. 인간의 수명이 매우 짧고 한정되어 있음에도 불구하고, 무한의 시간이 주어진 것처럼 안일하게 살아간다. 흡연하면 어떻게 되는지 알면서 자신은 예외가 되길 바라며, 담배연기를 폐 속으로 빨아들인다. 그 발암물질들이 분명 자신의 폐와 장기들을 손상시켜 결국 질식사하게 됨을 왜 외면하는가. 알코올의 유혹을 이기지 못해 오늘도 술잔을 기울이는 알코올 중독자들의 간이 굳어져 간다는 사실을 왜 모르는 체하는가. 적당량의 음식을 섭취해야 하는 것을 잘 알면서, 순간의 식욕에 무릎 꿇고 비만에 의한 각종 합병증으로 왜 고생하는가.

정직해야 부자 된다

가난한 사람들은 부자가 되려면 비열해야 하며 자존심도 버려야 한다고 생각한다. 부자가 되기 위해서는 정직을 버려야 한다고 생각한다. 이와 같이 생각하는 가난한 사람들에게 말한다. 당신의 잘못된 믿음이 당신을 가난하게 한다. 그 잘못된 믿음을 지금 당장 버리자. 가난한 사람은 지금보다 더 정직해야 부자가 될 수 있다.

부자의 길은 정직

큰 부자들의 98%는 매우 정직한 사람들이다. 사장이 정직하기 때문에 직원이 함께 근무한다. 회사가 정직하기 때문에 고객이 상품을 구매한다. 거래처들은 정직한 회사와 거래관계를 지속하기 바란다. 부자가 되려면 정직해야 한다. 그러나 가난한 사람은 지금 이 순간에도 2%에 관심을 갖는다. 비열한 방법으로 일확천금을 획득한 2%를 잊어라. 가난한 사람은 2% 부자들의 비열한 방법을 생각하기 때문에 가난하다. 뉴스에는 비열한 방법으로 돈을 번 사람들에 대해 대대적으로 알린다. 누구나 비열한 방법으로 돈을 벌었다면 뉴스거리가 되지 않았다. 누구나 쉽게 갈수 있는 정직의 길로 부자가 되자. 끝까지 정직이 부자의 길이라는 사실을 의심한다면 당신은 영원히 가난뱅이로 살 것이다. 인간관계에서 가장 큰 비용은 불신이다.

돈은 인생의 중요한 수단

보통 사람들은 부자를 보고 그의 재산이 자신의 열 배 정도면 비하하고, 백 배 많으면 두려워하고, 천 배를 초과하면 그의 일을 하고, 만 배 이상이면 그의 하인이 된다. 사마천 〈사기〉 화식열전(貨殖列傳)의 내용이다. 빈부란 누가 주거나 빼앗을 수 있는 것이 아니다. 능력이 있으면 부유해 지고 모자라면 가난해지는 것이다. 현재처럼 계속 가난하게 살 사람들은 부자들의 단점을 찾아 험담한다. 현재는 가난하더라도 미래에 부자가 될 사람은 부자의 장점을 보고 배우며 철저하게 따라서 실천한다.

　날개가 없으면 날 수 없고 다리가 없으면 걸을 수 없다. 당신에게 돈이 있어야 가족을 지키고 사랑을 지킬 수 있다. 돈은 인생의 중요한 수단임을 결코 있지 말자. 돈은 칼과 같이 선도 악도 아니다. 선하게 쓰면 선이고 악하게 쓰이면 무기가 된다. 정직하지 않은 방법으로는 절대로 돈을 벌어선 안 된다.

부자가 되는 길

당신에게 필요한 것은 당신에게 없다. 남들이 다 가지고 있다. 당신에게 필요한 돈은 고객이 다 갖고 있다. 당신이 부자가 되려면 고객의 마음을 얻어야 돈을 벌 수 있다. 고객의 마음을 얻으면 부자가 된다. 부자가 되는 길은 간단하다. 고객이 바라는 것, 고객을 행복하게 하는 것, 고객에게 필요한 것 등을 제공하면 쉽게 부자가 될 수 있다. 고객은 자신에게 필요한 상품을 원한다. 당신은 경쟁자보다 조금 더 나은 상품을 제공하면 된다. 고객은 깨끗한 분위기와 친절한 태도를 바란다. 고객은 자기도 미처 깨닫지 못했던 상품을 개발하여 제공하면 기뻐한다. 수십 년간 장사를 하고도 가난하다면 당신은 지금까지 불량품(상품, 친절, 청결)을 판매하고 있었거나 고객의 욕구를 무시했기 때문이다. 지금까지 했던 것처럼 계속해서 불량품을 판매하거나 고객의 욕구를 외면한다면 가난의 늪은 더욱 깊어진다.

지금 바로 당신이 체크해야 할 일

고객이 시술 받기에 가장 편안한 위치는 어디인가? 고객은 어떤 분위기의 살롱을 선호하는가? 고객은 어떤 사람에게 서비스를 받고 싶어 하는가? 지금까지는 없었지만, 고객도 미처 생각하지 못했던 고객의 잠재욕구를 충족시킬 시술법과 서비스는 어떤 것인가? 고객의 이름, 고객의 성격, 고객의 특성 등을 기억해준다면 고객은 당신에게 구매할 것이다.

"사흘 굶어 도둑질 아니 할 놈 없다"는 말이 있다. 착한 사람이라도 몹시 궁핍하게 되면 옳지 못한 짓도 저지르게 된다는 의미다. 허나 아무리 배고파도 독버섯으로 허기를 달래서는 안 된다. 그러나 많은 원장들은 직원 채용에 있어 독버섯을 쉽게 먹는다. 제발 독버섯 직원은 채용하지 말라고 당부해도, 당장 배고파 죽게 생겼는데 일단 먹어 보고 해독제를 먹으면 되지 않겠냐는 생각이다. 하지만 채용에 해독제는 없다. 독버섯 같은 직원을 채용한 살롱은 결국 폐업한다. 살롱은 망하고 독버섯은 유유히 새로운 곳을 찾아 떠난다. 아무리 갈증이 심해도 제초제는 마시지 마라.

배고파도 **독버섯은 먹지 마라**

좋은 직원을 채용한 후 강점 극대화

대부분의 살롱 원장들은 일단 급한 대로 충원하고서, 교육을 시키고, 동기를 부여하고, 성과를 보상하면 된다고 생각한다. 아쉽지만 현실은 그렇지 않다.

현장에서는 전혀 다른 결과가 나타난다.

마커스 버킹엄(Marcus Buckingham)과 커트 코프만(Curt Coffman)은 그들의 저서 〈First, Break All the Rules〉에서 채용선발에 대해 다음과 같이 말했다.

"가설은 목표를 잘 설정하고, 동기부여를 잘하고, 경청을 잘하고 등이었다. 하지만 실제는 가설과 달랐다. 채용이 정답이었다. A급 매니저들은 제대로 된 사람을 채용하고 그들의 강점을 활용하여 최선을 다하게 한다"는 것이다. 좋은 직원을 채용해서 그들의 장점을 적극 활용하는 것이 바람직한 채용이다. 부족한 직원을 채용해서 단점을 개선시키는 것이 아니다. 성공 경영을 위한 1순위는 상품도 전략도 예산도 아니다. 좋은 인재 채용이 최우선이다. 좋은 인재를 채용한 후에야 품질, 전략, 재무, 마케팅 등을 제대로 실현할 수 있다.

우리 살롱의 가장 큰 자산은?

① 인테리어 ② 시설집기 ③ 임차보증금(전 · 월세) ④ 권리금 ⑤ 임직원

살롱 경영에서 가장 중요한 자산은 바로 임직원이다. 월급 100만 원인 직원이 5명 있다면 1년에 6천만 원이고 5년이면 3억 원이나 된다. 3억 원이나 하는 가장 중요한 자산을 쇼핑하면서,

100만 원짜리 컴퓨터를 구입하는 것보다 더 소홀하게 결정한다. 파지 한 장, 고무줄 하나도 아끼는 원장이 3억 원짜리 인재들은 쉽게 채용하고 쉽게 다룬다. 가장 무능한 원장이 아무나 채용해서 잘 교육시키고 육성하려는 원장이다.

능력 있는 리더 곁으로 모이는 인재

세종대왕의 탁월한 업적은 인사에 있다. 그 증거로 변계량과 장영실이 있지 않은가! 인재가 없음을 탓하지 말고, 그들이 나와 같이 일하려 하지 않음을 탓하라. 덕망 있는 CEO 곁엔 인재가 모이기 마련이다. 경영자 주변에 인재를 불러들이는 일은 경영자의 책무다. 인재가 모였다면 불평등하게 대우하라. 잭 웰치는 인재를 차별하라고 했다. 잘하는 인재(人才)는 크게 상을 주고, 못하는 인재(人災)는 즉시 엄하게 벌해야 한다. 우유부단한 경영자는 무능한 인재에게 시간을 준다는 미명하에 자신의 나약함을 감춘다. 나쁜 실적을 벌하지 않으면, 지금까지 높은 성과를 내던 인재들의 실적이 떨어진다. 실적이 최악으로 치달으면 결국 훌륭한 인재들이 먼저 떠나게 된다. 실적이 낮은 사람을 공평하게 대우하는 것은 최악의 인사관리다. 경영자의 성공과 실패는 경영자의 능력과 노력에 따라 결정되는 것이 아니다. 바로 그가 채용한 사람들에 의해서 결정된다. 훌륭한 인재를 채용하면 성공할 것이고, 나쁜 인재를 채용하면 실패하게 된다.

10~20%는 물갈이하라.

조직의 10~20%는 무임승객(Free Rider)이다. 만약 100명의 조직원이 있다면 그중 일부는 무임승차를 하고 있다. 그래서 그들

중 10명을 해고하면 90명이 남게 되는데, 또다시 그중 10~20%는 무임승차자로 나온다.

혹자들은 해고를 잔인한 처사라고 생각할지 모른다. 그러나 나약한 마음으로 해고를 기피하는 것은 우리 살롱과 맞지 않는 사람을 붙잡아 둠으로써 적성에 맞는 회사나 직업을 선택할 기회를 박탈하는 무지한 처사다. 또한 스스로 발전하기를 포기한 사람을 열심히 성장하려는 사람들과 함께 근무하게 함으로써 인재들에게 선의의 피해를 주는 것이다. 능력이 부족한 인재에게는 각성할 기회나 재기의 기회를 준다는 차원에서도 해고는 바람직하다. 나약한 상태로 회사에 근무시키다가 나이가 더 든 후 퇴사하게 되면 새로운 직장을 얻을 기회와 재기의 기회를 완전히 박탈하는 것이다. 전체 조직원 중 10~20%는 항상 젊은 피로 수혈할 필요가 있다.

손바닥으로 하늘을 가리지 마라

구인광고를 내거나 이력서를 쓸 때는 최대한 멋지고 솔직한 표현을 해야 한다. 과대포장은 절대 금물이다. 과대선전으로 인재를 채용하면 결과는 아니 한 만 못하다. 과대포장은 며칠이면 바로 들통 난다. 면접자(원장) 입장에서는 채용비용을 날리게 된다. 또한 피면접자(직원) 입장에서는 시간이 지날수록 속았다는 생각을 하게 되면서 생산성은 급격히 떨어지고 결국 퇴사하게 된다. 살롱 입장에서는 채용된 인재가 장기근속 해야 효율성이 높아지는데, 단기간 근무하고 이탈하면 그 손실이 무척 크다. 동기부여도 마찬가지다. 없는 동기를 불러일으키는 것은 돼지에게 노래를 시키는 결과다. 돼지를 채용해서 노래를 가르치는 것보다 꾀꼬리를 채용하는 것이 훨씬 빠르고 바람직하다. 천성이 부정적인 사람, 근본이 게으른 사람을 뽑아서 갖은 방법을 구사해 봐야 결국은 당신이 먼저 지쳐 떨어질 것이다. 또한 그 시간과 비용은 어떻게 감당하겠는가! 뭔가 변화와 혁신이 필요하다면 사람을 바꿔야 한다. 현실을 직시하고 방안을 모색한다. 차가운 이성과 냉정한 감정이 필요하다. 인력 풀(Pool)을 바꾸지 않고 변화를 꾀한다는 것은 사과나무 밑에서 입 벌리고 있는 것과 마찬가지다.

인재가 맘껏 일할 수 있는 여건 조성

시스템이 받쳐주지 못하는 살롱에서 좋은 인재를 채용하려는 것은 욕심이다. 시스템이 잘 갖춰진 곳에서 일하던 훌륭한 인재에게 열악한 경영환경에서 높은 성과를 내라고 요구하는 것은 맨땅에 헤딩하라는 뜻이다. 살롱의 그릇에 맞는 인재를 채용해야 한다. 혹여 어항의 크기에 따라 크기가 변한다는 코이 잉어를 생각하지 마라. 기업은 다 자란 물고기가 역량을 최대한 발휘할 수 있게 멍석을 까는 곳이지, 어린애를 데려다가 키우는 학교가 아니다. 학교나 학원은 수업료를 받지만, 기업은 월급을 준다는 사실이 다르다. 자기계발은 스스로 하고, 기업에서의 교육은 시스템을 가르쳐야 한다.

천천히 뽑고 빨리 해고하라.

면접시간에 일찍 도착했는지, 정시에 도착했는지, 늦게 도착했는지, 유심히 관찰하자. 면접에 늦는 사람은 출근도 늦는다. 표정이 밝으면 좋다. 지나치게 겸손하면 채용하지 말자. 면접자와 피면접자 상호(Inter)간에 관찰(View)하는 것이 인터뷰(Interview)다. 인터뷰는 구애활동의 하나다. 구인광고나 이력서는 연애편지처럼 써야 한다. 직원을 채용할 때에는 천천히 신중하게 뽑고 해고할 필요성이 있으면 최대한 서둘러라. 멋모르고 먹은 독버섯은 빨리 토하는 게 상책이다.

사람을 처음 만나서 그 사람을 충분히 이해하기 전까지는 진공상태라고 할 수 있다. 사람은 이러한 진공상태를 아주 싫어하기 때문에 작은 단서라도 있으면 그것을 근거로 전체를 채운다. 그래서 인간관계는 오해와 갈등으로 넘친다. 상대가 보인 부정적 단서는 전체를 부정으로 채우고 긍정적 신호는 전체를 긍정으로 채운다

말! 성공을 결정한다

말 한마디로 천 냥 빚을 갚는다. 오는 말이 고와야 가는 말이 곱다. 남자는 보통 하루 7,000~15,000 단어를 말하고 여자는 20,000~30,000 단어를 사용하여 의사소통을 한다. 언어는 잘 드는 칼처럼 사용하는 사람의 의도와 능숙함에 따라 편리하기도 하고 흉기가 되기도 한다.

　자동차가 인간에게 편리한 도구임에는 틀림없지만, 사소한 실수의 대가로 목숨을 빼앗아 간다. 우리가 매일 수천에서 수만 단어를 이용하여 말하지만, 의사소통을 잘하는 사람은 인생이 풍요로우며 그렇지 못한 사람은 불행의 연속이다.

　거리를 다니다 보면 '모발 손상을 막아주는', '탈모를 예방하는', '손상된 모발을 위한' 등의 현수막 문구가 눈에 자주 띈다. 원장의 간절한 마음은 이해하지만 바라보는 전문가의 마음은 측은지심으로 가득 차오른다. 저 원장님은 얼마나 힘들게 인생을 살아갈까? 생각만 해도 가슴이 아리다. 아니 슬프다. 사람은 보이는 대로 보고, 들리는 대로 듣는다. 솔직하고 진솔하게 표현한다는 심정으로 자신의 약점이나 부정적 내용을 있는 그대로 고백하는 것은 '언어적 자살'이라고 프랭크 런츠(Dr. Frank Luntz) 박사는 말했다. 오늘날 성공은 말이 결정한다. 성공하려면 소통의 바다를 건너야 한다. 화술을 익히지 않은 경영자가 침묵하지 않고 대화의 바다에 뛰어들면 금방 익사하게 된다. 바다는 의지로 건너는 것이 아니고 실력으로 건너야 한다. 화술을 익히지 않는 사람은 성공과 멀어지고 실패와 친해진다.

　1924년 홀(Samuel Roland Hall)은 판매광고에 있어 잠재고객이 구매하기까지의 심리단계인 AIDMA Theory를 〈Retail advertising and selling〉이란 책에 발표했다. 광고효과를 높이는 심리적 5단계는 주의(Attention)를 끌어내고, 흥미(Interest)를 유발하고, 욕망(Desire)을 자극하고, 기억(Memory)시킴으로써 구매행동(Action)을 촉진한다.

AIDMA Theory (아이드마 이론)

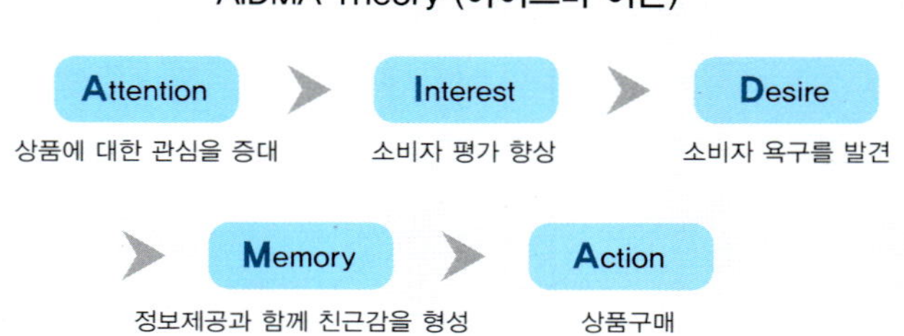

인지심리학이 발달하면서 커뮤니케이션의 단계별 과정은 인지(Awareness) → 지식(Knowledge) → 호감(Liking) → 선호(Preference) → 확신(Conviction) → 구매(Purchase)의 6단계를 거친다고 보지만 신경과학과 뇌과학의 발전에 의하면 구매행동단계가 꼭 그 단계를 순차적으로 거치지는 않는다.

Aidma 이론은 마지막 구매행동을 종료지점으로 보는 단속적 모델이다. Off-Line 환경에 적용되던 Aidma 이론이 보완되어 On-Line 환경에서는 Aisas 이론이 더 주목 받고 있다. Aisas 이론은 주의(Attention) → 흥미(Interest) → 조사(Search) → 행동(Action/Purchase) → 공유(Share)의 연속적 모델이다. 산업사회에서 위키노믹스(Wikinomics), 집단지성(Collective Intelligence), 누스페어(Noosphere) 등의 정보화 사회로의 변화에 AIDMA 이론도 진화했다. 융(Jung. C. G)의 원형개념에 의하면 마음은 세 겹의 양파 껍질처럼 바깥은 의식, 가운데는 무의식, 안쪽은 집단무의식이 자리하고 있다. 의식이 개개인의 특성을 나타낸다면 집단무의식은 의식하지 못하지만 공유하는 어떤 것 즉, 본성을 나타낸다. 개성은 저마다 다양하지만 그 본성은 대동소이하다.

남성의 무의식에는 '아니마(Anima)'라는 여성적 요소가 있고 여성의 무의식 속에는 '아니무스(Animus)'라는 남성적 요소가 있다. 바둑에는 착안대국 착수소국(着眼大局 着手小局)이라는 말이 있다. 문제는 큰 눈으로 바라보고 해결책은 세심해야 한다. 마케터는 전체를 바라보고 부분 사이의 연계성을 파악하는 통찰력을 키워야 한다.

소비자는 구매행동에서 자신의 기대 품질과 실제 품질의 불일치나 비일관성이 발생하게 되는데 이를 '인지부조화Cognitive Dissonance'라고 한다. 인간은 본능적으로 이러한 불일치를 제거하려고 한다. 광고는 판매뿐만 아니라 인지부조화의 해소방법으로도 진행한다. 소비자는 상품을 구매하기 전에 상품 정보에 대한 기대감을 충족시킬 충분한 정보를 기대하기에 광고가 이런 부조화를 해소시킨다. 상품을 구매한 후에는 구매한 상품에 대한 확신을 주는 광고가 진행돼야 한다. 소비자는 자신의 신념과 일치하는 정보는 받아들이고 신념과 일치하지 않는 정보는 무시하는 '확증 편향 Confirmation Bias'이 있다. 광고는 소비자의 의식은 물론이고, 무의식이나 집단무의식까지 반영해서 진행해야 한다. 브랜드 로열티(Brand Loyalty)는 '연속구매'를 위한 것이며 브랜드스위치(Brand Switch)는 '상표전환'에 목적이 있다.

광고는 발신자와 수신자와의 관계를 발전시키기 위함이다. 과학적 절차와 과정을 준수하면 높은 광고성과를 기대할 수 있지만, 잘못된 광고는 언어적 자살이 된다.

과학은 현실(아날로그)을 디지털화 시키는 것이고
예술은 과학(디지털)을 현실(아나로그)화 시키는 것이다.

성공 방정식

인생 − 쓰레기 = 성공

해설 인생에서 쓰레기를 빼면 성공만 남는다.

증명 성공은 쓰레기 속에 있다. 당신의 몸 속 쓰레기를 치우면 그 속에 성공이 있다. 게으름을 없애면 남는 것은 부지런이다. 불친절을 개선하면 남는 것은 친절뿐이다. 무식을 해결하면 결과는 유식이 남는다. 뚱뚱함을 빼면 그 속에 날씬함이 있다. 가난을 물리치면 그 속에는 풍요가 있다. 불행을 버리면 다음은 행복이다. 부정을 바꾸면 긍정이 남는다. 실패가 다 하면 남는 것은 성공뿐이다. 인생이라는 항아리 속에 성공 50개와 실패 50개가 담겼다고 하자. 성공을 뽑으려고 50번 시도했으나 재수없이 모두 실패를 뽑았다. 이제 남은 건 성공 50개뿐이다. 한번만 더 뽑으면 무조건 성공이다. 노력의 종착역은 성공이다. 실수는 성공의 과정일 뿐이고 실수한 후 포기한 결과가 실패다. 실패자는 몇 번의 실수에 지쳐 노력을 멈춘 사람들이다.

50 + 50 ≠ 100

해설 기술력이 50이고 서비스가 50이면 결과는 50이다.

증명 미숙한 사람 둘이 모이면 결과는 미숙이다. 물방울 두 개를 합치면 물방울이다. 미지근한 물 두 바가지를 합한다고 뜨거워지지 않는다. IQ 50인 남녀가 결혼했다면 자녀의 IQ도 50일 확률이 높다. 100이 되지 않는다. 적당한 기술력과 적당한 친절은 적당한 매출뿐이다. 결코 높은 매출을 기대할 수 없다. 100의 기술력에 100의 서비스가 더해져야 만족도가 100이 된다.

100 − 1 = 0

해설 100가지 잘하다 하나만 잘못해도 모두 수포로 돌아간다.

증명 100가지 서비스를 잘했더라도 마지막에 1가지를 실수하면 그 서비스는 0으로 인식된다.

왕중추(汪中求)가 쓴 〈디테일의 힘〉이라는 책 71쪽의 내용이다.

한 의과대학 교수가 첫 강의시간에 학생들에게 말했다.

"의사가 되기 위해 반드시 갖추어야 할 요건은 대담함과 세심함이네." 간단하게 말을 마친 교수는 손으로 실험대 위에 놓인, 소변이 가득 담긴 컵을 가리키더니 손가락을 컵 속에 집어넣었다가 빼서는 다시 입 속에 넣었다. 그러고는 소변이 든 컵을 학생들에게 건넸다. 학생들도 자신이 했던 것과 똑같이 하라는 것이다. 모든 학생들이 손가락을 컵에 깊숙이 넣었다가 다시 입에 넣었다. 모두들 구토를 참느라 얼굴이 일그러졌다. 이런 모습을 본 교수가 웃으며 말했다.

"좋아. 모두들 아주 대담해."

이어서 교수는 근엄한 표정이 되어 말했다.

"다만 모두들 세심함이 부족한 게 아쉽군. 내가 컵에 넣은 것은 둘째 손가락이고, 입 속에 넣은 것은 셋째 손가락이라는 것을 알아차린 학생이 하나도 없는 걸 보면 말일세."

전체는 부분의 총합보다 크다

해설 전체는 부문의 총합보다 더 크다. 그리고 전체는 반드시 부분 속에 있어야 한다.

증명 10명 규모의 살롱에 디자이너가 한 명 입사하면 10%의 매출증대를 예측할 수 있지만, 컨설턴트 1명 투입되면 매출증대가 50%일지, 200%일지 예측이 어렵다. 1등 미용사 10명이 모여도 1등을 못하지만, 1등이 되려는 미용사 10명이 뭉치면 1등이 된다.

똑똑한 미용사 10명이 모인 조직을 '복합계'라 하고 1등이 되려는 미용사 10명이 뭉친 조직을 '복잡계'라 한다. 리더십과 협동심을 요구하는 것은 단순 합의 복합조직이 아니라 시너지효과를 창조적으로 발생하는 '복잡계 조직'을 만들기 위함이다. 조직은 부분의 총합보다 커야 한다.

즉, '1+1 〉 2'이어야 한다.

가치 〉 가격 〉 비용

해설 상품가치는 상품가격보다 커야 팔리고, 상품가격은 생산비용보다 커야 이익이 난다.

증명 기업의 생존부등식은 윤석철 교수가 1991년 쓴 〈프린시피아 매네지멘타〉라는 책에 있다. 기업 경영의 3가지 고려 요소는 가치(Value), 가격(Price), 비용(Cost)이다. 소비자 입장에서는 상품가치가 판매가격보다 높아야 구입하고, 기업 입장에서는 판매가격이 생산비용보다 커야 생존할 수 있다.

실력 − 교만 = 존경

해설 실력에서 교만을 빼면 존경이 남는다.

증명 실력에서 교만을 빼면 겸손이다. 겸손한 만큼 존경 받는다. 실력보다 교만이 크면 (−)존경이다. '(−)존경=비난'이다. 실력이 100인 사람이 10만큼 겸손하면 10만큼 존경 받는다. 실력이 10인 사람이 100만큼 교만하면 90만큼 비난 받는다. 실력이 10인 사람이 100만큼 겸손하면 90만큼 무시당한다. 실력 100인 사람이 90만큼 겸손하면 90만큼 존경 받는다. 인생에서 가장 합리적인 처세는 실력만큼 겸손해지는 거다. 즉, 실력을 높이고 교만을 줄이는 것이 가장 현명한 삶이다.

매출 = 이익+비용 (매출−비용=이익)

해설 비용을 늘려야 매출이 커진다.

증명 이익을 높이려면 매출을 높이고 비용을 줄여야 한다. 반면 매출을 높이려면 비용과 이익을 늘려야 한다. 투자를 해야만 매출이 늘어난다.

엘빈 토플러는 〈부의 미래〉라는 서적에서 무용지식(Obsoledge)을 얘기하며 과거의 지식, 죽은 지식에 대해서 얘기했다. 인간은 신이 있는 것처럼 생각해야 오만함에서 벗어 날 수 있다. 그리고 행동함에 있어서는 과학적으로 행동해야 효율성을 높일 수 있다. 결국 인간은 종교적으로 생각하고 과학적으로 행동해야 한다. 신은 실존하지 않지만 인간에게 꿈과 사랑이 필요하듯. 존재되어져야 한다.

오염된 진리

　이 세상에 진리가 있는가? 모든 사람은 성공의 방법을 찾는다. 하지만, 성공에 도달하는 진리가 있을까! 성공에 도달하는 방법은 분명히 있을 텐데, 가난한 사람들의 대부분은 게으르거나 안일해서 가난뱅이를 탈출하지 못한다. 성실하고 부지런한 사람은 성공에 도달하는 방법을 찾으려고 시간과 노력과 비용을 투자한다. 그런데 왜 성공 방정식에는 해법이 없는 것처럼 보일까! 그 이유는 '오염된 진리' 때문이다. 물이 인간에게 꼭 필요하지만, 오염된 물은 인간의 생명을 앗아간다. 모든 사람이 성공을 갈구하지만 성공에 도달하는 진리도 오염된 경우가 대부분이다. 진리의 상아탑인 대학도 오염된 곳이 있다. 컨설턴트라는 사람들도 많이 오염되었다. 심지어 책도 오염된 도서가 수두룩하다. 요즘에는 특히 종교의 오염이 가장 심한 듯하다. 오염된 신앙인들의 행태를 보면 '신은 멸종되었다'라고 생각하는 것 같다. 백악기에 공룡이 멸종된 것처럼, 과거에 존재했던 신이 멸종된 듯이 오만방자하기 이를 데 없다. 오염된 신앙인들이 득세한다. 오염된 진리는 상한 보약과 같다. 건강해지려고 복용한 보약이 상했다면 아니 먹은 만 못하다. 세상의 진리가 오염되는 것은 간사한 인간들 때문이다. 남을 속여 쉽게 이익을 취하려는 인간쓰레기가 세상의 진리를 오염시킨다.

　인간에게 물이 반드시 필요하기 때문에 물이 오염된 상태라면 정수기가 꼭 필요하다. 정수기가 준비된 사람은 갈증을 해소할 수 있지만, 정수기가 없는 사람은 목마름을 참아야 한다. 아니면 정수기를 갖고 있는 사람에게 물을 비싸게 사서 마셔야 한다. 오염된 물을 정수기가 맑게 한다고 하지만, 이런 정수기조차 가짜가 판치는 세상에 어떻게 참 진리를 찾을까?

오염된 진리를 판별하는 도구는 '재현성'이다. 누군가 자신이 진리를 알고 있다고 주장할 때, 옳고 그름을 판가름하는 것은 생각보다 쉽다. 그에게 말로만 떠벌리지 말고 재현해보라고 하면 된다. 진리는 재현할 수 있다. 재현하지 못하는 진리는 참 진리가 아니라 오염된 진리다. 성공의 법칙이든 실패의 법칙이든 진리는 재현이 가능하다.

가난한 사람의 방식대로 살면 가난해지는 것이 진리고, 부자처럼 행동하면 부자가 되는 것이 진리다. 가난한 사람은 부자처럼 돈을 펑펑 물 쓰듯 하길 바라고, 부자는 가난한 사람처럼 근검절약하며 산다. 부모로부터 물려받은 상속재산으로 으스대는 속물은 육신의 탯줄은 이미 떨어졌지만, 재물의 탯줄이 아직 덜 떨어진 인간이다. 누군가 자신의 지식을 뽐내는데, 그 지식이 재현성이 없다면 그 지식은 오염된 것임이 분명하다.

현실에서 가장 흔히 볼 수 있는 오염된 진리는 '부분적 지식'이다. 전체의 일부만 알고 있는 지식은 매우 위험하다. 덩치 큰 코끼리의 다리만 만지고 통나무라고 생각하는 것과 동일한 이치다. 전체를 이해하고 부분적으로 심화한 지식은 그 가치가 높지만, 전체를 통합적으로 보지 못하는 사람의 부분적 지식은 매우 위험한 지식이다. 코끼리의 네 다리를 전부 코로 착각해서 다리가 없고 코만 다섯인 코끼리를 주장하는 꼴이다. 그러므로 통찰력이 겸비되지 않은 부분적 지식이 가장 '오염된 지식'이다.

새내기도 잘 할 수 있다고 느껴지는 일을 훨씬 더 많은 비용을 지불하면서 전문가에게 의뢰하는 이유가 통합성 때문이다. 20대의 새내기 의사도 자신이 잘하는 분야가 있겠지만, 누가 새내기 의사에게 자신의 진료를 의뢰하고 싶겠는가? 특히나 중환자라면 더욱더 불안해진다. 누가 새내기 변호사에게 복잡한 형사사건을 맡기겠는가? 물론 새내기도 전문가 그룹의 일원이지만, 위험성이 높은 일은 통찰력 있는 전문가가 처리해주길 바란다. 통찰력은 타인에게 전수하기가 어렵다. 그래서 특정한 종류의 학습에는 멘토링과 코칭이 필수적이다.

　부분적 지식은 형식지가 대부분이지만 통합적 지식은 암묵지가 대부분이다. 통찰력은 〈지식창조 기업The Knowledge Creating Company〉의 공저자 노나카 이쿠지로, 다케우치 히로타카가 말하는 '암묵지'가 중요한 부분을 차지한다. 암묵지는 개인 혼자만이 깨달은 통찰력이기 때문에 말이나 글로 표현하기도 어렵고 전달하기도 힘들다. 암묵지의 개념은 1966년 지식을 암묵지와 형식지의 2가지 범주로 나눈 마이클 폴라니 Michael Polanyi의 연구에 근거한다. 폴라니에 따르면 표현되거나 글로 저장될 수 있는 지식과 숫자는 인간이 가진 지식의 작은 부분에 불과하다. 많은 부분은 육감, 직관, 가치, 이미지, 신념, 원리, 그리고 우리를 일하게 하고 효율적으로 사회화시키는 정신 모델이 차지한다. 1995년 노나카 이쿠지로와 다케우치 히로타카는 형식지와 암묵지가 조직 안에서 어떻게 상호작용하는지, 그리고 지식 변환이라고 불리는 이 상호작용의 관리가 어떻게 경쟁 우위의 원천이 되는지를 설명하는 SECI 모델을 발표했다. 그들의 통찰력은 오늘날 지적 자산과 지식 경영에 대한 기업의 태도에 큰 영향을 주었다.

　부패한 진리와 오염된 진리들 때문에 성공의 해법을 찾는 길은 점점 더 힘들고 어려워지고 있다. 참 진리는 땀에 의해서 성장하고 재현성에 의해서 증명된다. 땀을 요구하지 않고 쉽게 습득한 지식은 대부분 부패한 진리거나 오염된 진리다. 모든 지식은 기초에 충실해야만 그 가치가 빛난다.

노나카 교수의 'SECI모델'

SECI모델은 노나카 이쿠지로가 창안한 지식창조 프로세스다. 노나카는 지식창조과정을 '나선형 프로세스(spiral process)라고 한다.

SECI모델

Socialization(공동화): 암묵지와 형식지라는 두 종류의 지식이 공동화되어 또 다른 암묵지로 변환하는 과정

Externalization(표출화): 암묵지가 형식지로 표출되는 과정

Combination(연결화): 새로운 형식지가 다른 형식지와 연결되는 과정

Internalization(내면화): 형식지가 새로운 암묵지로 내면화되는 과정

생각을 언어로, 언어를 문자로, 문자를 행동으로 반복해서 개인은 자기실현을 조직은 목표달성을 한다. 지식창조 프로세스는 간헐적·직선적으로 이루어지는 것이 아니라 연속적·입체적으로 반복된다.

지식창조 프로세스 (SECI모델)

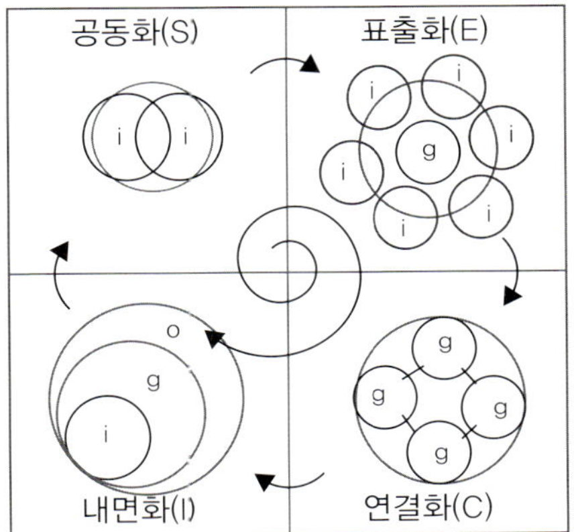

성공이라는 배는 실패에 의해 부상하고, 교만에 의해 부식되며, 방심에 의해 침몰된다. 선택을 잘한다는 것은 자신에게 자유를 허용하는 것이다. 진정한 재미는 자기가 하려고 선택한 일이 아니라 자기가 되고자 선택한 '상태'다. 하고 싶어 하는 자와 되고 싶어 하는 자는 결과가 완전히 다르다.

미용인의 성공적 삶

크든 작든 원하는 바를 이루는 것이 성공이다. 세상이 자신의 의도대로 이뤄진 상태를 성공이라 한다. 모든 사람은 성공하기를 간절히 바란다. 미용인으로서 성공하는 방법에 대해 알아보자. 전업주부의 성공적 삶과 미용인의 성공적 삶에는 차이가 있다. 전업주부는 가정에서의 성공이 전부라고 할 수 있지만, 미용인은 가정과 회사의 균형감각을 유지해야 한다. 또한, 현실유지와 혁신활동이 균형을 이뤄야 한다. 이를 2×2 Matrix로 표현하면 다음과 같다.

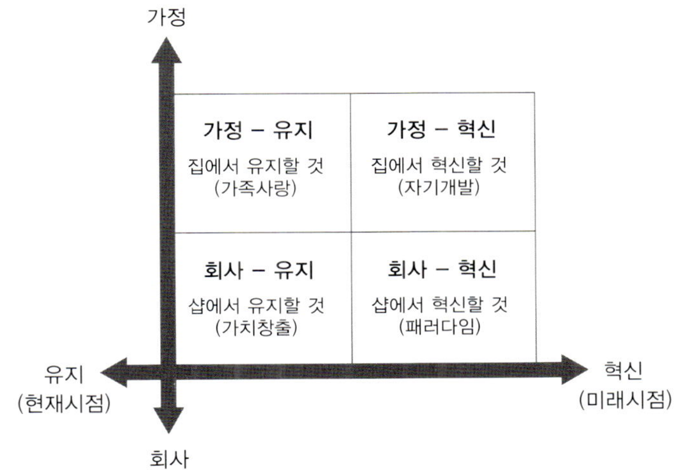

가정과 회사

이 세상은 내가 바꾼다. 그러나 나는 남이 바꾼다.

미용인의 성공적 삶은 가정과 회사의 균형을 유지해야 한다. 가정과 회사의 밸런스를 유지해야 최상의 성공적 삶을 이룰 수 있다.

가정과 회사의 조화는 활과 화살의 관계다. 활시위를 조금 당기면 화살이 조금 날아가고, 욕심을 내어 너무 세게 당기면 활이 부러진다. 가정의 화목과 회사의 업적은 덜 당겨도 더 당겨도 안 된다.

이때 '적당히'라는 표현이 쓰인다. 행복한 가정이 훌륭한 업적을 보장하고 훌륭한 직업이 행복한 가정을 유지시킨다. 직장생활에 편중되거나 가정생활에 안일해서는 성공적인 삶을 영위할 수 없다. 밖에 나가 일하기 위해서는 가정이 평안해야 하고, 가정이 화목하기 위해서는 회사에 나가서 일을 해야 한다.

유지와 혁신

오늘을 살려면 유지하고, 내일을 살려면 혁신한다.

지금 당장 생존하려면 지키고 유지해야 한다. 반면 내일을 살아가려면 가죽을 벗고 새롭게 혁신해야 한다. 현재와 미래의 조화가 유지와 혁신이다. 우리는 오늘 당장 살아남아야 하고 또한 내일도 준비해야 한다. 회사가 유지해야 할 것은 가치창출이다. 시장과 고객에 가치를 제공하지 못하면 회사는 죽는다. 투입한 비용보다 훨씬 높은 부가가치를 창출하면 현재를 유지할 수 있다. 그러나 환경은 끝없이 변화한다. 그 변화에 편승하거나 조금 앞서가기 위해 혁신이 필요하다. 오늘의 방법이 내일의 성공을 보장하지 않는다. 시장과 고객은 한순간도 멈추지 않고 진화한다. 회사도 현실유지와 미래혁신의 균형감각을 유지해야 한다.

나와 너

'나' 없는 세상과 '너' 없는 세상은 무가치하다.

　나 없는 세상은 무의미하고 너 없는 세상은 가치가 없다. 세상은 내가 존재하는 순간에만 인식되는 것이고, 인간은 남을 인식하는 순간에만 존재하는 것이다. 즉, 삶이란 나 없어도 안 되고 너 없어도 안 된다. 나는 하나고 공기는 다수다 보니 공기의 소중함을 모르고 지나친다. 공기 없는 나는 존재할 수 없고, 나 없는 세상은 무의미하다. 너 없는 세상에 내가 존재할 수 없고, 나 없는 세상에 너 또한 존재할 수 없다. 너 없는 나와 나 없는 너는 가치를 잃는다. 너와 내가 하나 되는 것이 '우리'다.

　인간은 나의 세계와 남의 관계에서 살아간다. 나 하나는 분자에 불과하지만 남과의 화합과 융화에 의해 물질이 탄생한다. 혼자인 나는 원소이고 화합된 우리는 물질이 된다. 나의 세계란 원소에 불과하고 남과 어울림의 관계에서 물질이 이뤄진다. 나의 관점에서 우주를 보면 천동설이 되고, 태양의 관점에서 우주를 보면 지동설이 된다. 나의 관점에서 인생을 보면 불행이 되고 우리의 관점에서 인생을 살면 행복해진다. 수소 둘과 산소가 만나면 물이 된다. 수소와 산소가 만나 H_2O가 되어도 그 원소는 변하지 않는다. 인(仁)은 공자의 중심사상이다. 인은 '어질다'. 인은 두 사람이 하나 됨이 아니라 어우러짐을 의미한다. 인은 나와 남이 하나 되는 것이 아니라 우리가 되는 것이다. 인은 선의 근원이 되고 행의 기본이 되는 것을 이른다. 인(仁)은 인(人)과 이(二)가 합해서 친해진다는 의미다. 사람은 서로 친해질 때 가치가 월등해진다. 또한 남들로부터 고립될 때 비참함을 느낀다.

　성공적 미용인의 삶은 결국 조화에 있다. 가정과 회사의 조화는 성공의 중요한 요소다. 가정에 소홀하고 회사에 전념하는 생활은 결코 바람직하지 않다. 물론 가정에 전념하고 회사에 소홀히 하는 것도 어리석은 짓이다. 가정과 회사는 균형을 이뤄야 한다. 어느 한쪽에 쏠리면 반드시 후회한다.

현실주의나 혁신주의 어느 하나를 선택하는 것은 우매하다. 유지와 혁신은 분리되어 존재할 수 없다. 현재는 과거가 되고 미래는 현재가 된다. 현재는 끊임없이 변화한다. 가정과 회사도 끝없이 변화해야 성공을 유지할 수 있다.

기술자는 기술력과 체력만으로 업무수행이 가능하다. 고객과 분리된 공간에서 일하기 때문에 훌륭한 인격을 요구하지 않는다. 실력만 있으면 인정받을 수 있다. 그러나 헤어 디자이너는 고객과 동일한 장소와 시간에서 시술해야만 한다. 고객과 분리돼서는 어떠한 시술도 불가하다. 미용 서비스는 비분리성(동시성)을 탈피할 수 없는 직종이다. 그래서 헤어 디자이너는 고객과 항상 대면해야 하기 때문에 높은 인격을 갖춰야 한다.

디자이너의 품격을 높여 매출을 상승시켜라

헤어 디자이너는 제품을 생산하는 공장의 기술자가 아니다

헤어 디자이너는 고객의 외모뿐만 아니라 마음까지 보듬어야 한다. 디자이너는 기술과 학술과 인술을 동시에 펼치는 트리오 (Trio)다. 미용사와 의사는 '스승 사(師)자'를 쓴다. 단순히 사물을 다루는 숙련자가 아니다. 의사(醫師), 미용사(美容師)의 자질은 학술만으로 부족하다. 의사들이 말하는 명의 3가지 요건은 숙련도, 접근성, 친절함이다.

　미용사도 기술과 학술에만 만족해서는 명미용사라 할 수 없다. 행복한 헤어 디자이너만이 고객을 행복하게 할 수 있다. 행복한 디자이너가 고객을 행복하게 하고, 불행한 디자이너가 고객을 불행하게 한다. 헤어 디자이너의 직무 만족도는 고객만족도와 비례한다. 아름다운 스타일 연출과 미용지식 전달은 물론이고, 고객의 마음까지 보듬을 수 있는 고객의 스승 역할을 하는 최고의 헤어 디자이너가 되면 높은 매출 상승을 이룰 수 있다.

컨설팅 실사례

지난해 1월 헤어랑(가칭) 살롱을 컨설팅할 당시 매출은 18,572,000원이었다. 여기서 중점을 두어야 할 부분은 살롱 전체 매출 성장과 디자이너 개인의 변화다.

1차 서비스 프로세스 개선

인사말, 상담기법, 전화응대, 목소리(톤 · 볼륨 · 리듬), 선언후행, 구호복창 등을 실시했다. 말로써 강조하는 것보다는 서비스 청사진을 명확하게 제시해야, 쉽고 빠르고 정확하게 정착된다. 서비스 청사진은 고객에게 전달하는 모든 서비스 과정을 건축의 설계도처럼 도식으로 표현하는 것이다. 시술부서, 접객부서, 지원부서 등 고객을 직접적으로 상대하지 않는 부서의 활동도 빠짐없이 포함시킨다.

2차 내부 분위기 개선

대청소, 정리정돈, 유니폼 착용, POP 부착, 카운터 정리, 트레이 철수, 가위집 착용 등을 실시했다. 최고의 헤어디자이너가 되려면 기초가 중요하듯 최고의 살롱이 되기 위해서는 살롱의 시설 및 환경 관리가 필수다. 내부 분위기 개선에는 '3정 5S'를 실시했다. 정품, 정량, 정위치가 '3정'이고 정리, 정돈, 청소, 청결, 습관이 '5S'다. 커트를 잘하려면 의지보다 실력이 중요하듯, 청소를 잘하려면 체계적 매뉴얼이 필요하다.

3차 마케팅 실시

쿠폰 전략, 신규고객 유치, 전략적 요금책정, 메뉴구성, 재방문율 높이기, 멤버십 제도 등을 도입했다. 마케팅은 고객에게 상품을 판매하는 것이 아니라 고객이 사고 싶게 해야 한다. 서비스에서 마케팅은 실행 여부에 따라 초점과 맹점이 된다. 초점은 경영의 핵심이고 맹점은 독약을 의미한다. 마케팅은 잘 알고 시행하면 꿀이 되지만, 어설프게 알고 진행하면 독이 된다. 마케팅을 제대로 알지 못한 상태에서 어설프게 실행하는 게 가장 나쁘다. 제대로 모르면 차라리 가만있는 게 상책이다.

마케팅을 잘 모르는 살롱은 섣불리 마케팅을 진행하는 것보다 차라리 청소와 친절에 중점을 두는 것이 훨씬 더 효과적이다.

> 얼마나 많은 사람들이 나름대로의 주먹구구식 마케팅으로 인
> 해 성공의 뒤안길을 걸었던가. 인사나 청소는 지식이 부족해도 노
> 력한 대가가 나오지만, 무지한 마케팅은 오히려 손해를 끼친다.

※ 이렇게 3차 계획에 의한 경영개선 활동을 진행한 결과 2012년 3월 매출
46,578,000원을 달성, 15개월 만에 매출이 28,006,000원 상승했다.

컨설팅 실제 사례를 통해 배운다

1분 스피치로 디자이너의 품격 높이기

컨설팅 내용의 핵심은 1차, 2차, 3차에 걸친 경영개선만이 아니다. 컨설턴트의 이러한 개선활동은 매뉴얼을 제공한다고 저절로 정착되지 않는다. 효과적으로 경영개선을 이루기 위해서는 교육과 조회가 필수 과정이다. 교육은 매월, 조회는 매일 실시했다. 특히 디자이너가 월매출 1,500만 원을 초과하는 데 가장 중요한 포인트가 바로 1분 스피치다. 1분 스피치가 제대로 진행되려면 독서가 선행되어야 한다.

　조금이라도 매일매일 책을 읽고, 읽은 내용 중에서 공유하고 싶은 내용을 다음날 발표하게 했다. 시간은 1분 내외로 누구든 빠지면 안 된다. 또한 매일 실천해야 한다. 기술력만으로 매출을 높이는 데는 한계가 있다. 기술력에 의한 매출은 보통 월 600~700만 원 정도가 한계치다. 기술력에 서비스 프로세스와 이미지 메이킹이 추가되면 월 1,200~1,400만 원 정도까지 달성된다. 보통의 경우 기술력과 서비스만으로는 월매출 1,500만 원을 초과하기 힘들다. 1,500만 원을 초과할 수 있는 비법은 디자이너의 개인별 독서력이다. 조금씩이라도 매일 독서하고 다음날

조회에서 1분 동안 발표하는 과정은 디자이너의 품격을 급상승시킨다. 니체는 익숙하지 않은 것에 대한 호의를 강조했다. 성공하려면 익숙한 것을 버리고 익숙하지 않은 것에 호의를 베풀어야 한다. 능력과 품위를 겸비한 헤어 디자이너로 성장하기 위해서는 익숙한 것들과 이별하고 익숙하지 않은 것들을 반겨야 한다.

헤어 디자이너가 책을 읽어야 하는 이유

상대에게 감출 수 없는 것이 두 가지가 있다고 한다. 가난과 사랑하는 마음이다. 가난한 사람은 자신의 가난을 아무리 감추려고 해도 감춰지지 않는다. 사랑하는 마음도 감출 수 없다. 외모, 미소, 기술 등이 우수한 헤어 디자이너 선생님이 있다. 그가 보여줘야 할 것은 기술과 교양이다. 기술과 교양은 실력으로 드러내야지 어떠한 방법으로도 대체할 수 없다. 감출수록 그 어설픔은 더욱 드러난다.

　조금이라도 매일매일 책을 읽고 1분간 발표하는 것은 헤어 디자이너의 스트레스 관리에도 좋다. 영국 서식스(Sussex)대학 인지신경심리학 전공 데이비드 루이스 박사팀은 독서, 산책, 커피 타임, 음악 감상, 비디오 게임 등의 방법들이 스트레스를 얼마나 줄여 주는지 측정했다. 그 결과 6분 정도의 독서에 스트레스가 68% 감소됐고, 심장박동 수가 낮아지며 근육 긴장이 풀어지는 것으로 나타났다. 비디오 게임은 21%, 산책은 42%, 커피 타임은 54%, 음악 감상은 61%의 스트레스 감소효과가 있었다.

　루이스 박사는 무슨 책을 읽는지는 중요하지 않다고 했다. 또 다른 연구에 의하면 TV를 많이 보는 사람은 자신이 불행하다고 느끼며, 독서를 많이 하는 사람은 행복감을 느낀다고 한다.

나는 어떤 디자이너인가?

매출로 헤어 디자이너의 등급을 매기면 다음과 같이 3등급으로 나눈다. 단지 고객의 외모만 매만지며 고객을 왕처럼 모시는 '기술자'가 3등급이다. 보통 매출 600~700만 원 수준이다. 2등급은 고객의 스타일 연출은 물론이고 미용지식까지 전달하는 친절한 '봉사자'다. 매출은 1,200~1,400만 원을 넘지 못한다. 1등급은 아름다운 스타일 연출 제안과 미용지식을 전수한다. 고객의 마음까지 보듬을 수 있는 미용의 스승 역할을 하는 '안내자'다. 바로 매출 1,500만 원 이상에 도달한 헤어 디자이너다.

조직을 바라보는 곤·점이 '고리더미'에서 '사슬'로 바뀌어야 한다. 생산의 초점도 프로세스를 이루는 '개별 공정들'에서 프로세스 '전체과정'로 옮겨져야 한다. 이를 위해서는 경영자의 관심이 부분적 최적화에서 전체적 최적화로 진화해야 한다. 마이클 해머의 리엔지니어링(Business process reengineering)은 바로 이러한 경영자 인식의 변화를 기초로 하고 있다.

성과는 **프로세스가 낸다**

기술력이나 서비스의 차별화로 매출증대를 기대하지만, 기술력이나 서비스보다 프로세스가 발전되어야만 지속적이고 장기적인 살롱 발전을 이룩할 수 있다. 부분적인 차별화는 경쟁 살롱에서 쉽게 모방해서 따라잡지만 전체적인 프로세스는 모방이 불가능하다. 마이클 해머는 '프로세스가 없는 기업은 간신히 일하는 것이 분명하다'는 말로 프로세스의 중요성을 강조했다.

세계가 에이즈 바이러스와 일전을 치르고 있다. 성욕은 식욕만큼이나 인간에게 강력하다. 콘돔을 사용하면 에이즈 확산을 막을 수 있다. 그러나 인간은 아무리 훌륭한 도구나 방법이 있어도 그걸 좀처럼 사용하지 않는다. 교황 베네틱토 16세의 콘돔 발언이 국제 사회에 파장을 불러일으켰다. 아프리카 순방에 나선 기내 기자회견에서 콘돔 사용이 에이즈 문제를 해결하기보다 오히려 더 확산시키고 있다면서, 섹스에 대한 책임감 있고 도덕적인 태도가 에이즈와 싸우는 데 최선의 방안이라고 주장했던 것이다. 이런 어처구니없는 발언에 프랑스와 각국 정부에서 즉각 반박 성명을 발표했다.

살롱 경영에서도 이와 비슷한 일들이 만연해 있다. 미용사 선생님들에게 교황이 말했던 것과 비슷하게 '직업에 자부심을 가져라', '고객에게 친절해라'고만 주장한다면, 에이즈를 막기 위한 가장 효율적인 방법이 절제와 금욕이라고 주장하는 것과 똑같다. 디자이너에게 열정과 친절을 강조하는 것보다 과학적인 프로세스를 제공하는 것이 매출 증대에 훨씬 도움이 된다.

스키너의 주장대로 피임용품이 있다고 해서 모두가 꼭 그걸 사용한다는 보장이 없다. 과학과 지식이 아무리 발전해도 인간 모두가 과학적이거나 합리적인 것은 아니다. 첨단 과학과 최신 지식도 인간이 그것을 사용하지 않으면 무용지물이다. 이처럼 살롱 경영에서 직원들에게 열정이나 친절을 외친다고 해서 살롱이 뜨거워지거나 친절해지는 게 아니다. 그보다 중요한 것은 '체계적인 서비스 프로세스'를 도입하는 것이다.

교육보다 프로세스가 우선이다

인간은 프로세스의 산물이다. 현재 우리는 우리의 의지로 만들어진 게 아니다. 우리에게 주어진 가정환경 프로세스와 자연환경 프로세스와 사회환경 프로세스에 의한 산물이다. 우리가 한글을 사용하는 것은 대한민국이라는 프로세스에 노출되었기 때문이다. 우리가 미국이라는 프로세스에 노출되었다면 영어를 사용하게 된다. 영어를 잘하고 싶다면 영어를 배우는 것보다 영어권의 프로세스로 들어가는 게 빠르다. 이처럼 체계적인 서비스 프로세스가 없는 상태에서 교육을 진행하는 것은 모래성을 쌓는 것이다. 아무리 훌륭한 교육이라도 프로세스를 기반으로 진행되지 않으면 사상누각이 된다.

다윈의 주장대로 인간은 환경에 적응하는 동물이다. 살롱에 훌륭한 프로세스가 있다면 미용사는 훌륭하게 적응할 것이며, 엉성한 프로세스가 제공된다면 엉성하게 성장할 것이다. 부모가 자식에게 해줄 수 있는 최고의 선물은 훌륭한 교육환경을 제공하는 것이다. 원장이 직원에게 베풀 수 있는 최고의 복지는 최상의 프로세스로 경영하는 거다. 자식의 몸은 부모가 낳지만 인격은 환경이 만든다.

더 나은 교육보다 더 나은 프로세스가 우선이다. 상벌이나 동기부여로 의욕을 고취시켜 행동을 개선하는 것보다 프로세스(환경)를 변화시키는 게 더 효과적이다.

무지개가 정말 7색깔인가?

만유인력으로 유명한 뉴턴이 무지개 현상에 대해서 과학적으로 분석했다. 이를 두고 시인 키츠(John Keats)는 "과학이 자연을 강탈했다. 이 장엄한 무지개 현상은 일개 프리즘 색깔 현상으로 처참하게 전락하였다"라고 했다. 프로세스에 대해서도 시인 키츠처럼 인간에겐 자유와 개성이 중요하다고 주장하는 사람이 있을 것이다.

　무지개에 대해 과학으로 접근한다고 해서 무지개의 아름다움이 변하지는 않는다. 오히려 알면 알수록 더 아름다워진다. 과학으로 식량을 해결했기에 인간은 낭만에 빠질 수 있다. 과학적인 사람의 인생은 낭만적이며, 낭만을 주장하는 사람의 인생은 고달프다. 프로세스에 대해 더 많이 공부하면 할수록 미용에 대한 자긍심은 더욱 높아만 진다. 유능한 미용사는 직업이 낭만 그 자체며, 무능한 미용사는 직업이 노동 그 자체다. 프로세스 없는 살롱은 노역장으로 전락한다.

사물을 인격화하고 사람을 신격화하라. 사물의 인격화란 세상의 모든 사물을 사람처럼 소중하게 대하는 것이다. 사람의 신격화란 만나는 모든 사람을 신처럼 대하는 것이다. 사물의 인격화와 사람의 신격화를 실천하면 인생의 품격이 최고에 도달한다.

인생의 **품격**

사물의 인격화

역할이 있는 사물은 위대하다. 기능과 역할이 있는 사물은 소중하다. 사소한 것이라도 역할이 있으면 위대하다. "못 하나 모자라 말굽을 잃을 수 있고, 말굽이 시원치 않으면 말을 못쓰게 될 수 있고, 말에 문제가 있으면 그 말을 탄 사람이 목숨을 잃을 수도 있다"고 벤자민 프랭클린은 말했다. 작은 역할이라고 대수롭지 않게 지나치면 크나큰 재앙을 초래할 수 있다. 품격 있는 인생을 살아가려면 사물들을 인격적으로 대해야 한다. 역할과 기능이 있는 모든 사물들을 인간처럼, 따뜻하게, 인격적으로 대하라. 밥을 먹을 때는 '밥아 네가 있어서 고마워! 너를 먹고 세상에 좋은 일을 많이 할께'라고 생각하며 고마워하라. 자동차를 탈 때는 차의 역할에 고마워하라. 어쩔 수 없이 버려지는 쓰레기라도 다시 재활용되어 좋은 역할을 기대하는 마음으로 버리자. 모든 사물들을 의인화하고 인격화하면서 살면 품격이 높아진다. 세상의 모든 사물들을 인간처럼 대하자. 인생의 품격과 품위가 한 단계 올라간다.

人人人人(인인인인)

사람 人(인) 4글자로 이루어진 문장 人人人人을 해석해보자. '사람 위에 사람 없고 사람 아래 사람 없다'로 해석하면 된다. 이 말은 현재 일본의 1만 엔 지폐에 그려져 있는 후쿠자와 유키치가 만민평등설을 알리기 위해 사용했다. 〈금강경에서 배우는 성공비결 108가지〉에서는 오자성어로 人人人人人을 "사람(人)이면 다 사람(人)인가, 사람(人)이면 사람(人)다워야 사람(人)이지"라고 해석했다. 이 말은 사람이 사람다워야 한다는 것을 명쾌하게 지적한 가르침이다.

사람은 존재적으로는 평등하지만, 역할적으로는 평등하지 않다. 인간의 품격을 높이려면 문명이 발달해야 한다. 후쿠자와 유키치는 문명을 '사람의 몸을 안락하게 하고 마음을 고상하게 하는 것'이라고 했다. 인간의 품격은 문명발전과 비례한다. 인간의 품격은 계속 높아져야 한다. 물질문명과 정신문명이 고르게 발달해야 인간의 품격을 높일 수 있다.

사람의 신격화

사람은 사람이 아니다. 만나는 모든 사람을 신처럼 대하라. 내가 만나는 모든 사람이 신이다. 나의 생각과 의도를 상대방이 다 꿰뚫고 있다는 자세로 만나라. 절대로 상대방을 바보로 생각해선 안 된다. 인간관계는 신앙생활이다. 청결하고 말끔한 복장은 기본이다. 정직하고 성실하게 만나라. 자신의 속마음을 상대가 다 아는 전지전능한 신이라고 생각하자. 절대로 꼼수를 사용해서는 안 된다. 나를 제외한 모든 사람이 신(神)이다. 세상 모든 사람을 신으로 생각할 때 천국을 만날 수 있다.

당신의 품격이 높아지려면 만나는 사람들을 신격화하라. 괴테는 다음과 같이 말했다. "사람들을 대할 때 이미 그들이 유능한 사람이 된 것처럼 대하고, 그들이 더욱 유능한 사람이 될 수 있도록 도와주어라." 상대는 당신이 대한 것처럼 당신을 대할 것이다. 인생은 신앙생활 같아야 한다. 사람을 평범한 사람으로 보지 말고 나의 꼼수와 속셈을 다 간파하는 능력이 있다고 생각하

자. 내가 만나는 모든 사람은 신이다. 우리 신앙은 고객이며 살롱은 성전이다.

있는 것은 없고, 없는 것은 있다

있는 것은 없는 것처럼 겸손하라. 없는 것은 있는 것처럼 인정하라. 자신의 권력, 실력, 지식 등은 없는 것처럼 낮춰야 인생의 품격이 높아진다. 빈 것은 없는 것이 아니다. 없는 것을 있는 것처럼 생각해야 한다. 숫자 '0'의 위대함을 생각해보라. 신은 자연수를 만들고 인간은 숫자 '0'을 만들었다. 0은 인도의 브라만 부타가 기원전 400년쯤에 만들었다. 없음을 의미하는 0은 결코 없음이 아니다. 여백이 없다면 그림이 아니다. 공간이 없다면 방이 아니다. 노면이 없다면 도로가 아니다. 겸손은 비움이다. 비워지면 채워진다. 역할이란 비움을 채우는 것이다. 비움이 없다면 채움도 없다. 공간이 없다면 생활도 없다. 인류는 0이라는 숫자를 얻음으로써 무한한 수치 계산을 할 수 있게 되었다. 0의 발견은 오늘날 건축, 항공, 전자기기, 의료, 컴퓨터 등 셀 수 없는 모든 분야에 정밀하고 방대한 작업들을 손쉽게 할 수 있게 되었다. 수학에서 0이 없으면 아마 인류 자체가 덧셈 뺄셈만 하면서 살았을 것이다. 0을 발견한 브라만 부타는 이렇게 말했다. "공허의 존재(0)를 처절하게 깨달을 수 있는 자만이 무한한 진리(무한한 숫자)를 얻게 될 것이다."

저자는 신앙이 없다. 아직은 무신론자다. 그러나 토머스 칼라일의 말을 전한다. "사람은 뭔가를 믿으면서 살아가야지, 많은 것에 대해서 토론하거나 논쟁하며 살아가서는 안 된다." 신은 인간을 낳고 인간은 신을 만들었다. 인간이 가장 인간다워지는 길은 사물을 인격화하고, 타인을 신격화해야 한다. 물건과 식물과 동물을 인간처럼 대하고 타인을 신처럼 대해야 인생이 행복하다.

인재는 화원처럼 관리하고 기업은 화단처럼 경영한다. 알프레드 슬론은 "경영관리의 성패는 집권화와 분권화의 조화에 달려있다"고 했다. 화원처럼 개인화하고 화단처럼 조직화하라.

화원과 **화단**

개인은 화원처럼 교육하고 조직은 화단처럼 경영한다. 학원은 화원(花園)처럼 교육하고, 살롱은 화단(花壇)처럼 관리한다. 학원은 화초를 키우는 화원과 같다. 비슷한 또래의 수강생들을 선발해서 똑같은 내용으로 수업한다. 기업은 화원이 아니라 화단이다. 학원이 화원이면 기업은 화단이다. 화단은 환경과 잘 어우러지는 화초들을 다양하게 선택해서 조경한다. 기업이 성장하고 영속하려면 화단이 되어야 한다. 성장과 소멸이 반복되는 생태계가 화단이다. 학원은 화원처럼 인재(화초)를 재배하지만 기업은 화단처럼 인재(화초)를 배정한다. 학원은 같은 꽃 여러 송이를 한꺼번에 키우지만, 기업은 다양한 꽃들을 조화롭게 조경해야 한다. 기업이 추구하는 사명(Mission)이나 비전(Vision)을 실현하는 화단이어야 한다. 원예사는 화원을 만들고 기업가는 화단을 만든다.

화초관리(인사관리)

경영은 화원을 운영하는 게 아니고 화단을 만드는 과정이다. 그래서 개인의 사정도 중요하지만 화단 전체가 조화를 이루도록 관리해야한다. 화단에서는 조화와 어울림이 최선의 선택이다. 정원사와 기업가는 인재를 바라보는 시각이 다르다.

영어로 Overqualified라는 말이 있다. 과잉인재(Overqualified)는 필요 이상의 자격을 갖춘 인재라는 뜻이다. 화단 입장에서 과잉인재는 인재가 아니라 재앙이다. 화원에서는 과잉인재를 고가에 판매할 수 있다. 하지만 화단(기업)에서는 조화(팀워크)를 깨는 과잉인재(Overqualified)는 무용하다. 인재에 대한 예산은 한계가 있는데 필요 이상으로 교육이나 훈련을 받았다고 높은 급료를 지불하는 것은 비합리적이다. 장래에 부담이 될 만한 과잉인재는 아예 멀리하는 게 좋다. 경영전략과 팀워크를 무너뜨리는 사람은 처음부터 채용하지 말아야 한다. 과장이 필요한 곳에 부장을 영입하면 조직에 적응하지 못해서 인력 낭비를 초래한다. 기업은 화원이 아닌 화단이다. 화단에 어울리는 인재를 채용해야 한다. 개인의 능력도 중요하지만 조직 전체의 균형이 훨씬 중요하다. 과잉인재나 과소인재는 절대로 채용하지 말아야 한다. 이를 무시하면 순간적인 인력난을 피할 수 있지만, 장기적인 구인난에 시달린다. 수 년 동안 인력난에 허덕이는 원장은 살롱이 화단(화원이 아니다)이라는 사실을 망각하고 과잉인재나 과소인재를 채용했음이 분명하다.

　제약이론(TOC)을 주장한 엘리 골드렛은 〈The Goal〉이라는 책에서 사건의 종속성에 대한 이론을 펼쳤다. 사건의 종속성(Dependent Events)은 업무 진행과정 하나를 각각의 사건으로 본다. 5명이 나란히 행진을 한다면 뒷사람은 앞 사람의 속도에 제약을 받게 된다. 이런 현상을 사건의 종속성이라 한다. 살롱에서도 손이 느리거나 실력이 부족한 미용사는 제약 이론에 의해 매출증대에 제약요인이 된다. 반면 너무 빠른 사람은 낭비요인이 된다. 살롱에서도 사건의 종속성이 발생한다. 이를 극복하기 위해서 협업이 필요하다. 혼자서 파마말기(Winding) 할 때에 24분이 소요된다면 3명이 동시에 협업하여 8분에 끝낸다. 협업이 이뤄지면 시간단축은 물론 모발손상을 최소화 할 수 있다.

　살롱은 화원이 아니라 화단이다. 살롱의 채용에서도 종속 이론이 적용된다. 인재를 채용할 때에 과잉인재(Overqualified)나

과소인재(Disqualified, Unqualified)를 채용하지 않도록 각별히 노력해야 한다. 아무리 인력난이 힘들어도 채용 원칙은 반드시 지켜야 한다.

개인은 유행을 입고 조직은 제복을 입는다

좋은 기업이란 훌륭한 꽃들이 어우러져 조화(체계)를 이룰 때 탄생한다. 시든 꽃으로 멋진 화단을 만드는 것은 무모하다. 나약한 시스템으로 멋진 화단을 만드는 것도 불가하다. 시스템 없는 화단에 멋진 꽃들이 만발한들 화원에 지나지 않는다. 과학적 시스템 없이 탁월한 화단을 만들려는 의지는 백일몽이다. 시스템이 없는 곳에 멋진 꽃들이 모이면 멋진 화원일 뿐이지 멋진 화단이 아니다. 화원은 꽃(개인)이 드러나고 화단은 조화(조직)가 드러난다.

미용사의 복장은 살롱의 경영전략을 드러내야 한다. 유행은 개인의 특성을 표현하고 제복은 조직의 특성을 표출한다. 조직은 제복을 입어야 한다. 제복은 통일성이지 획일성이 아니다. 조직에서 개인이 살면 전체는 죽는다. 미용사가 살면 살롱이 죽는다. 미용사가 죽으면 살롱이 산다. 살롱이 살면 미용사가 산다. 화원은 유행이고 화단은 제복이다. 미용사는 획일화된 유니폼이 아니라 통일된 제복을 입는다. 개인은 유행을 입으려 하고 조직은 제복을 입으려 한다. 화원이 개인의 자아실현 하는 곳이라면 화단은 조직이 목표달성 하는 곳이다. 화단은 조화와 통일이 중요하다. 조직에겐 품격과 통일성을 표현하는 제복이 중요하다. 제복이란 똑같은 꽃 여러 송이를 키우는 게 아니라 화단 전체의 조화를 이루게 하는 거다. 그래야 제복이 제 기능과 역할을 한다.

적합한 인재를 채용하고 정체성(Identity)을 나타내는 복장을 입어야 기업이라는 화단이 산다. 기업은 화원이 아니다. 화원은 학원이다. 기업은 화단이다.

면접은 훌륭한 인재(人材)를 찾아내는 과정이 아니라 최악의 인재(人災)를 골라내는 과정이다. 면접은 채용이 아니라 해고다. 채용은 천천히! 해고는 신속히!

면접은 해고다

면접은 채용 전 해고다

의사는 환자의 몸속을 샅샅이 볼 수 있다. 그러나 채용자는 구직자의 마음을 볼 수 없다. 채용자 대부분은 외모를 보고 직원을 뽑는다. 이는 큰 실수다. 채용자는 구직자의 마음을 보아야 한다. 보이지 않는 것을 보는 눈이 혜안이다. 사람의 눈은 마음을 읽지 못한다. 마음을 볼 수 있는 심안을 갖은 채용자(면접관)는 극히 드물다. 면접은 재목인 인재(人才)와 재앙인 인재(人災)를 가려내는 과정이다. 기업은 인재(人才)를 만나면 번성하게 되고, 인재(人災)를 뽑으면 재앙이 닥친다. 면접관은 채용해서 절대로 안 되는 사람을 먼저 골라내야 한다. 면접은 채용이 아니라 해고가 우선이다. 재앙을 초래할 인재(人災)를 미리 솎아내는 과정이 면접이다. 일단 채용해보고 나중에 결정하겠다는 경영자는 바보다. 표현이 좀 과하다고 생각하는가? 결코 과격한 표현이 아니다. 일단 뽑고 보는 채용자는 정말 어리석다.

외모에 현혹되지 마라

첫인상에 현혹되어서는 안 된다. 구직자의 외모나 언변에 현혹되지 말라고 아무리 강조해도 쉽게 넘어간다. 구직자는 면접을 볼 때 자신의 본심을 드러내지 않는다. 자신이 연출할 수 있는 최상의 모습으로 자신의 재능과 인격을 포장한다. 복장은 기본이고 목소리까지 연기한다. 표정관리는 물론이고, 심지어 성형수술도 불사한다. 면접이 힘들고 어렵다고 대충 진행하면 큰코다친다. 능력이 부족한 사람을 뽑으면 채용 후 육성시키는 데 많은 비용이 들어간다. 그럼에도 불구하고 채용한 후 교육과 훈련을

시켜서 사회에 공헌하겠다면 수긍하겠다. 그러나 인성이나 성격이 나쁜 사람을 선발하면 그 후유증은 막대하다. 잘못 뽑은 인재(人災)는 기존에 근무하던 우수한 재목을 서서히 몰아낸다. 그래야 자신의 위치가 확고해지기 때문이다. 인재(人災)는 자신보다 무능한 직원을 선호한다. 그레샴의 주장처럼 악화가 양화를 몰아내듯, 둔재가 인재를 내쫓는다. 외모에 현혹되어 채용하면 재앙이 시작된다.

전체 구직자 중 쓸 만한 재목은 몇 %나 될까?

어려운 질문을 하자. 당신은 100명의 구직자 중에서 쓸 만한 사람이 몇 명이나 된다고 생각하는가?

다음을 읽기 전에 답을 써보자.   답: (   ) %

만약 쓸 만한 인재가 30%라고 했을 때, 면접에서 채용률이 30% 해고율이 70%가 되어야 상식적이다. 그러나 현실에서는 앞뒤가 전도되는 경우가 허다하다. 면접은 채용하는 게 아니라 해고하는 자리다. 면접에서 채용률이 높은 원장은 망한다. 만약 채용률이 높은 원장이 망하지 않고 성공했다면 사전에 기업 인지도가 좋기 때문에 둔재들이 알아서 입사지원을 포기했거나 소개자가 필터링해서 추천했기 때문일 것이다.

사과 상자에는 썩은 사과가 하나만 있어도 다른 사과들이 금방 썩는다. 아깝다고 주저하며 버리지 않으면 나머지 사과도 삽시간에 썩는다. 인간이 경험에서 배울 수 있는 것은 본능적이고 단편적인 것들이다. 그러나 우매한 사람은 경험이 가장 강력한 학습이라고 주장한다. 먹고 싸고, 기고 걷는 본능적인 행동들은 직접적인 시행착오로 배우는 게 맞다. 하지만 결과가 오랜 시간 뒤에 나타나는 것들은 경험으로 배울 수 없다. 자신이 알고 있는 지식의 한계점 즉, 피터 센게가 주장한 학습의 지평선을 넘어서는 결과는 직접적인 경험으로 배울 수가 없다. 말콤 그래드웰은 "1만 시간의 법칙"을 강조했다. 미야모토 무사시는 연습 즉, 단련을 강조했다. 단은 1,000일의 훈련이고 련은 10,000일의 수련이다. 단은 금속을 가열하고 두드려 강하게 한다는 의미고, 련은 강한 금속을 부드럽고 질기게 한다는 의미가 있다. 자기 지식의 한계 내에서만 판단하고 행동하려는 것은 어리석다. 이런 이들이 단기간에 결과를 보여준다고 약속하는 사기꾼의 표적이 된다. 현명한 경영자는 학습의 지평선 너머에 계시는 스승을 찾아서 배운다. 그런 스승들의 대표가 바로 책이다. 책에서 배우는 자는 2500년 전 공자와 자주 쉽게 만난다. 한치 앞도 내다보지 못하는 사람과 수천 년을 되돌아보는 사람은 격이 다르다.

사람의 세 가지 부류

프랜시스 베이컨은 사람을 세 가지 부류로 보았다. '꼭 있어야 할 사람', '있으나마나한 사람', '있어서는 안 될 사람'이다. 대부분의 조직에도 세 가지 부류의 사람이 있다. 먹고 살기 위해 마지못해 조직에 '순종한 사람', 자발적으로 '가입한 사람', 열정에 '몰입된 사람'이다. '순종한 사람'은 월급에 목멘다. '가입한 사람'은 결과에 전념한다. '몰입한 사람'은 비전을 따른다. 순종한 사람은 수동적이다. 가입한 사람은 능동적이다. 몰입한 사람은 적극적이다. 삶의 자세가 수동적인 사람은 채용하지 마라. 실수로 '있어서는 안 될 사람'을 채용했다면 지체 없이 망설이지 말고 해고하라. 채용은 신중히 해고는 단호해야 한다. 채용은 천천히 해고는 빠르게 결정해야 한다.

고객이 100을 원할 때 직원이 100이상을 제공하면 원장은 놀아도 된다. 고객이 100을 원할 때 직원이 50을 제공하면 나머지 50은 원장이 일해야 한다. 고객에서 직원을 빼면 나머지는 원장이 할 일이다. 일하기 싫으면 훌륭한 인재를 채용하라. 무능한 직원을 뽑았으면 빨리 해고하던가 죽어라 일해라.

고객에서 직원을 빼면

먼저 답을 말하면 '원장업무'가 정답이다. 고객에서 직원을 빼면 남는 것은 원장의 일이다. [고객-직원=원장] 고객을 만족시키기 위해서 필요한 업무량이 100이면 직원과 원장은 협력해서 100 이상의 일을 해야 한다. 고객이 100을 원할 때 직원이 70만큼 제공하면 나머지 30은 원장이 해결해야 한다. 직원의 능력으로 고객을 만족시키지 못하면 나머지 부족한 부분은 원장이 채워야 한다. 원장이 일을 적게 하거나 안 하려면 능력이 100 이상인 직원을 채용해야 한다. 능력 100 이상의 직원을 채용하지 못하면 나머지 일은 원장이 직접 해야 한다. 채용이 그만큼 중요하다. 훌륭한 인재를 채용하거나 육성하지 못하면 원장은 죽어라 일만 해야 한다. 그게 경영자 운명이다. 훌륭한 인재를 영입하거나 육성할 수 있는 전문성이 있다면 원장은 놀고먹을 수 있다. 그게 경영자 팔자다.

무능한 원장은 능력이 50인 직원을 채용해 놓고 그 직원이 고객에게 정성을 다해 100 이상의 능력을 발휘하길 기대한다. 황당하다. 우물가에서 숭늉을 찾거나 남자보고 아기를 낳으라는 것과 같다.

능력이 50인 직원은 고객을 50 정도 만족시킬 수 있다. 뻔하다. 그런데도 열정이나 의지를 들먹이며 100 이상을 제공하라고 강요한다. 어처구니없다.

반문한다. 원장은 경영을 잘하면 그 성과를 전부 가져갈 수 있는데 왜 경영을 잘하지 못하는가? 의지가 부족해서가 아니라 능력이 부족해서다. 무능한 원장은 무능력한 직원과 함께 열심히 노력해도 성과가 나오지 않으면 특단의 조치를 취해 본다. 그때 별의별 방법이 다 동원된다.

그래도 안 되면 이번에는 월급을 인상해 본다. 인센티브도 적용해보고, 상벌제도를 도입해 본다. 백약이 무효하다. 어떠한 조건을 제시해도 남자는 임신이 불가하다. 능력이 50인 직원은 고객에게 50만큼 제공할 수 있다. 실력이 없으면 노력은 허사다. 의지와 열정을 운운하기 전에 시스템을 개선해야 한다. 그리고 교육과 훈련으로 실력을 키워야 한다. 조직의 부족한 부분은 채용과 시스템으로 채우고 교육과 훈련은 채용과 시스템을 키우는 영양제로 생각해야 한다. 직원의 일은 고객만족이고 원장의 일은 채용과 시스템이다. 직원과 원장이 열심히 일만 하고 경영하지 않는 기업은 핸들 없는 자동차와 같다. 풀프루프(Foolproof)라는 말이 있다. Foolproof는 바보라도 쉽게 따라 할 수 있는 매우 쉽고 간단하면서도 강력한 시스템을 의미한다.

보통의 직원이 평범하게 일해도 큰 성과가 창출되는 체계적·과학적 시스템이 풀프루프다.

능력은 실력과 심력의 합이다 (능력=실력+심력)

실력이란 의지나 열정으로 안 되는 것이다. 커트 실력이 없는 미용사가 아무리 열정적으로 노력해도 커트 시술은 불가능하다. 기술을 배우고 익혀 실력을 쌓아야 한다. 의지나 열정으로 기술이 해결되지 않는다.

심력이란 의지나 열정이 있어야 실현되는 것이다. 고객을 배웅할 때 현관문 밖에까지 나가서 인사하지 않는 것은 기술이 아니라 의지와 열정이 부족해서다. 직업에 대한 사명감은 실력보다 심력에 의해 결정된다.

실력은 타인이 가르치고 자신이 익힐 수 있지만, 심력은 인생의 큰 스승을 만나야 키워진다. 심력을 키워주는 방법은 측정해서 피드백 해주는 것과 인생의 멘토를 만나게 해주는 두 가지 방법이 가장 효과적이다. 심력은 독학으로 안 된다.

제조업에서는 심력보다 실력의 비중이 높다. 서비스업에서는 실력보다 심력이 더 높다. 심력이 곧 실력이다. ㈜미용마케팅연구소의 연구결과에 의하면, 미용서비스업에서 신규고객은 실력과 심력의 가치비중이 비슷하다. 기존고객은 실력보다 심력에 가치비중을 더 둔다. 가치비중 순서는 SQC다. 친절(Service)〉기술(Quality)〉환경(Cleanliness) 순이다. 보편적으로 신규고객은 친절≒기술≒환경에 고루 가치비중을 두며 기존고객은 알아봐주고 특별대우 해주는 것을 기술보다 우선시한다. 신규고객이 단골고객이 되었다는 것은 이미 기술과 환경은 검증되었기 때문에 지속적 차별화 요소인 친절이 부각된다.

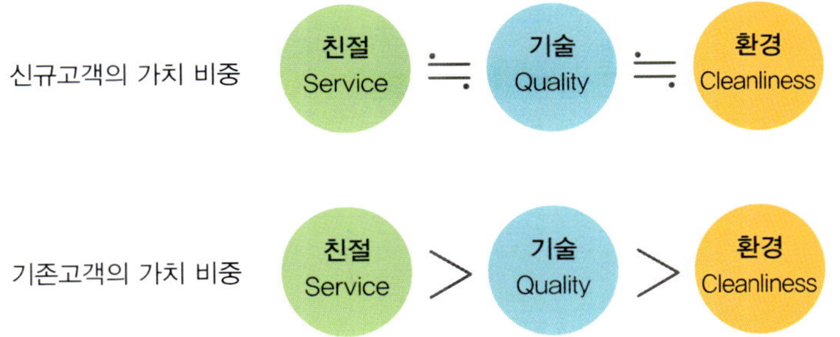

직원이 못다 한 일은 원장의 몫이다. 고객의 기대수준을 초과한 직원의 능력이나 기업의 시스템은 이익으로 환원된다. 고객 기대수준이 100이고 희망이익이 30이라고 했을 때, 직원의 능력이 70이면 원장이 할 일은 60이다(100+30=70+60). 직원의 빈자리는 원장이 채워야 한다.

직원 능력에 따른 원장 업무량

기대수준(고객)	희망이익	직원능력	원장업무
100	30	70	60
100	30	100	30
100	30	130	0

계산식: (기대수준+희망이익=직원능력+원장업무)

4. 고객서비스

파마시술 시 커트 무료 서비스는 무료 제공을 의미한다. 버스 안에서 임산부에게 좌석을 양보하는 것은 친절봉사를 상징한다. 제품구입 후 애프터서비스는 사후 관리를 뜻한다. 헤어 디자이너의 좋은 서비스는 접객 태도를 말한다. 여기서는 일상생활에서 발생하는 봉사(서비스)를 제외하고, 비즈니스의 거래관계에서 발생하는 용역과 접객에 초점을 맞추어, 서비스의 정의 및 고객만족을 이끌어 낼 수 있는 올바른 서비스 방법에 대해 알아본다.

고객만족을 위한 **맞춤식 서비스**

서비스(Service)란?

시장에서 상품(Commodity)은 크게 제품(Product)과 서비스(Service)로 구분한다. 제품이 물질적이라면 서비스는 활동적이다. 미국 마케팅학회에서는 "서비스란 판매를 목적으로 제공되거나 또는 상품 판매와 연계해 제공되는 모든 활동(Activities), 편익(Benefit), 만족(Satisfaction)"이라고 정의했다.

새로운 부가가치의 서비스 산업

18세기 중엽 영국에서 발발한 산업혁명(産業革命, Industrial Revolution)은 경제·사회 구조에 커다란 변화를 가져왔다. 산업혁명은 과학과 기술의 발전으로 공급과잉의 풍요로운 시대를 탄생시켰다. 또한 인간의 욕구를 양적인 부분에서 질적인 부분으로, 물질적인 부분에서 정신적인 부분으로 확대시켰다. 제품에 의한 물질적 풍요는 새로운 서비스 상품의 수요를 탄생시켰다.

과학화와 정보화 사회인 21세기는 제2의 서비스 산업혁명을 요구했다. 이 같은 제2의 서비스 산업혁명은 뷰티산업, 문화산업, 지식산업, 콘텐츠산업, IT산업 등 한마디로 창조산업에 의해서 새로운 부가가치의 혁명을 예고하고 있다.

미용 서비스의 특성

소 멸 성 (Perishability)	현　상	재고로 보관할 수 없음. 고객이 없어 시술을 못하면 그대로 손실.　성수기와 비수기 매출관리가 어려우며, 구입 즉시 스타일(상품)이 소멸
	해결책	수요와 공급 조절. 성수기보다 비수기 매출관리에 집중. 예약시스템 도입
무 형 성 (Intangibility)	현　상	시술 전 객관성을 갖기 어려움. 눈으로 보거나 손으로 만져볼 수 없음 형태가 없는 상품을 고객에게 전달시 상담의 어려움이 있음
	해결책	증거자료(시설, 시술사진, 웹사이트), 고객상담법, 브랜드마케팅, 회원추천제 등 유형화
동 시 성 (Simultaneity) 비분리성	현　상	고객이 생산에 직접 참여하고 그 참여가 곧 소비행위. 생산요원과 판매원을 분리할 수 없음
	해결책	입지와 시설, 헤어 디자이너의 선발과 채용 강조. 생산 · 서비스의 시스템교육 강화
이 질 성 (Heterogeneity)	현　상	디자이너의 기술력과 컨디션에 따라 제공되는 시술과 서비스가 다르므로 품질관리가 어려움
	해결책	시술의 표준화, 서비스의 매뉴얼화, 고객별 맞춤화

서비스 품질요인

서비스	품질요인 / 구성요소
유형성 Tangibility	물리적 시설, 기구, 헤어 디자이너의 외모
신뢰성 Reliability	정확하고 믿음직스럽게 약속한 서비스를 수행하는 능력

응 답 성 Responsiveness	신속한 서비스를 제공하고 고객을 돕겠다는 의지
확 신 성 Assurance	헤어 디자이너의 지식과 예절, 믿음과 신뢰성을 고취할 자질
공 감 성 Empathy	살롱이 고객에게 제공하는 배려, 개인적인 주의 정도

다양한 고객의 성격을 올바로 이해하면 맞춤식 서비스가 가능하다. 누구에게나 똑같은 서비스가 아닌 고객별 맞춤식 서비스를 제공해야 고객만족이 이루어진다.

서비스 강화법

① 먼저 말하고 행동하라.
② 접객의 기본은 목소리다.
③ 백트래킹(Backtracking)하라.
④ 밝게 웃어라.
⑤ 전문성을 전달하는 유니폼을 입어라.

'先言後行−먼저 말하고 행동하라'는 서비스 품위를 가장 빠르고 쉽게 높일 수 있다. 인사나 대화 시에는 남성은 파톤(Tone), 여성은 솔톤(Tone)으로 음조를 높이며, 낮은 서비스 수준을 향상시키기 위해 매뉴얼은 기본이다. 백트래킹 하라. 조직원으로 부터 명령과 임무를 받으면 반드시 그 내용을 복창한다. 나이팅 게일은 "가장 아름다운 화장은 미소 짓는 얼굴이다"고 했다. 용장, 지장, 덕장을 이기는 장수가 바로 복장(제복)이다.

고객 성격에 맞는 맞춤식 응대법

인간의 신체적 특성이 체질이라면 심리적 특성은 성질(성격)이라고 할 수 있다. 체질은 유전적 성향이 높은 반면, 성질은 선천적 요인과 후천적 요인이 50 : 50 정도의 비율이라고 학자들은 주장한다.

DISC행동유형분석은 인간의 성격을 Dominance(주도적), Influence(사교적), Steadiness(안정적), Consciousness(분석적) 4가지로 분류했다.

주도형 고객이라면
권위를 내세우고 싶어 살롱 방문. 브랜드를 선호하며 질문은 당당하게 하는 편. '품위 있으세요!'라는 칭찬은 필수

사교형 고객이라면
감정을 자극하는 색상, 디자인에 높게 반응. 질문은 밝은 표정으로 하는 편. '아름다우세요!'라는 칭찬은 필수

안정형 고객이라면
친구와 함께 방문하며, 지인의 소개나 전문가가 권하는 최신 유행, 인기 상품에 높게 반응. 확신에 찬 권유가 효과적

분석형 고객이라면
고객 스스로 논리적 근거가 형성되었을 때 살롱 방문. 요금, 할인, 성분 등에 민감. 상품의 품질에 대해 논리적인 설명 필요

고객이란 우리의 서비스를 받으려고 찾아오는 사람을 말한다. 여기서 중요한 것은 고객은 사람이라는 사실이다.
예를 들어 애완견센터를 방문한 강아지가 고객일까? 그 강아지의 주인이 고객이고, 강아지는 단지 시술대상일 뿐이다.
새삼스럽게 고객이 사람이라는 사실을 강조하는 이유는 사람에게는 개성이 있기 때문이다. 고객의 육체적 특징과 심리적
성질을 이해해야 과학적 고객관리가 가능하다. '모로 가도 서울만 가면된다'라는 말은 고객관리에서는 통하지 않는다.
스포츠에도 과학이 접목되어 신기록을 갱신하는 시대다. 특히 경영에서의 과학적 기법들은 새삼 더 강조할 필요가 없다.

과학적인 방법으로 **고객관리하기**

고객의 욕구 – 동기유발 요소

고객은 사람이며 사람에게는 욕구(Needs)가 있다. 욕구를 충족하려는 수단이 요구(Wants)며, 욕구를 충족하는 행동이 수요(Demands)다.

예를 들어보자. 배고픈 것이 욕구라면, 그 욕구충족의 대안으로 빵이나 밥을 생각하는 것이 요구다. 베이커리를 찾아 빵을 사 먹는 소비행동이 수요다.

경영학이나 조직행동론에서는 욕구를 동기화(Motivation) 즉, 동기유발 요소라고 한다. 이러한 인간의 욕구는 계단을 오르내리듯 계층적(Hierarchy)이다.

인간이 가진 욕구 5단계설

인간의 욕구와 관련해서 가장 널리 알려진 것은 매슬로(Abraham Maslow)의 '욕구 5단계설(Hierarchy of Needs theory)'이다.

단계	욕구	내용
5단계	자아실현의 욕구	자기 본질에 대한 이해와 자기만족적 상태에 도달하려는 욕구
4단계	자기존중욕구	내적으로는 자율성, 성취감 같은 존경과 외적으로는 사회적 지위, 타인의 인정과 관심에 대한 욕구
3단계	소속애정욕구	가정·친구·단체에서 사랑·우정·소속감의 욕구
2단계	안전욕구	육체·심리적으로 안전하고 싶은 욕구
1단계	생리적욕구	배고픔, 갈증, 성욕을 해결하려는 욕구

고객은 크게 거래지향적 고객과 관계지향적 고객으로 구분한다. 거래지향적 고객은 요금(가격)에 높은 반응률을 보인다. 관계지향적 고객은 요금보다는 거래관계나 브랜드를 선호한다. 욕구단계가 낮으면 거래지향적 성향이 높게 나타나며, 욕구단계가 높으면 관계지향적으로 발전하게 된다.

고객을 구체적으로 분류하라

잠재고객	우리의 서비스를 받을 가능성이 조금이라도 있는 고객 (1, 2, 3차 상권의 권역을 벗어나는 고객)
가망고객	우리의 서비스를 받을 수 있는 가능성이 높은 고객 (잠재고객 중 1, 2, 3차 상권 내의 고객)
신규고객	처음 방문한 고객 (1회 방문한 고객)
일반고객	2, 3회 방문한 고객
우수고객	4회 이상 방문한 고객
옹호고객	추천(소개)하는 고객
동반고객	부부나 가족처럼 경쟁 업체를 이용하지 않는 고객

고객관리의 핵심 키워드

고객을 왜 관리해야 하는가? 고객관리의 목표는 무엇인가? 고객을 관리하는 핵심 키워드는 '부채감정형성'과 '회상'에 있다. '부채감정'이란 기대 이상의 관리로 고마운 마음을 갖게 하는 것이다.

고객의 생일에 정성스럽게 생일축하카드를 우편으로 발송하는 것이 그 예다. '회상'은 고객의 기억에서 좋았던 부분을 다시 상기시키는 것이다. 인간은 망각한다. 제공자가 충분히 만족한 서비스를 제공했다고 해도 시간이 지나면 잊혀지므로 고객관리를 꾸준히 실천해야 한다.

신규고객 유치 – 경쟁 살롱 고객 빼앗기

고객이 우리 살롱을 처음 방문했다면 그 고객은 진정 신규고객인가?

신규고객의 대부분은 경쟁 살롱에서 이탈한 고객이다. 살롱에 신규고객이 방문했다면 전에 다니던 경쟁기업의 서비스가 불만족스러웠거나, 이사 온 경우가 대부분이다. 경쟁 살롱에서 새로운 피난처(?)를 찾아온 고객에게 우리는 어떻게 서비스하고 있는가? 제발 고객에게 친절하자!

신규고객 유치할 때 주의점

가망고객을 신규고객으로 유치할 때 주의할 점은 기존고객이 모르게 유치해야 한다. 대부분의 살롱에서는 신규고객을 유치하기 위해 현수막이나 쪽지광고(전단지)를 통해 할인행사를 진행한다. 영업을 새로 시작하거나 살롱을 리뉴얼한 경우에는 이러한 할인 방법이 신규고객 유치하는 데 좋은 방법이다. 하지만, 기존고객이 어느 정도 확보된 상태에 있는 살롱에서 드러내놓고 신규고객을 유치하려고 현수막이나 광고지를 이용해 진행한다면 기존고객의 로열티(loyalty, 애호도)가 떨어지게 된다. 그래서 신규고객 유치를 위한 캠페인을 진행할 때는 기존고객이 모르게 진행해야 캠페인 효과를 높일 수 있다. 일반적으로 특별한 이슈가 없는 상태에서 신규고객을 늘리려는 목적으로 할인행사를 진행하게 되면 신규고객 증가에 대한 가치보다 기존고객 애호도(loyalty) 감소에 의한 가치 손실이 더 커진다. 근시안 적인 방법으로 캠페인을 진행하면 일시적 매출증대는 가능하지만 오히려 장기적으로는 매출이 추락한다. 대부분의 살롱이 캠페인에서 실패하는 이유가 여기에 있다.

이탈 고객 다시 불러오기

미용 서비스에서 휴면고객이란 없다. 휴면고객이란 잠자는 고객이란 의미로 소비활동이 정지된 상태를 말한다. 경쟁 살롱으로 이탈한 고객은 휴면고객이 아니다. 미국품질학회(ASQC)에 의하면 고객 이탈 원인의 68%가 서비스상의 문제이고 상품의 품질은 14%에 불과하다고 한다.

기술력이 높고 서비스가 형편없는 경영자들이 운영하는 살롱이 경영난에 허덕이는 이유가 여기에 있다. 고객관리는 선택이 아니다.

과학적인 고객관리와 쿠포닝 전략은 동일한 기술력으로도 더 높은 매출달성을 가능하게 한다.

서비스 초보자는 인간의 보편적 특성에 맞춰 서비스를 제공한다. 그 결과에 대부분의 고객들이 만족하는 것을 경험하게 된다. 하지만 시간이 지나면 한계를 느끼게 된다. 그 이유는 고객을 보편적 관점에서 바라보면 모두 비슷하지만, 개인적 관점에서 분석하면 저마다 개성이 뚜렷하기 때문이다. 이때 인간의 보편성과 특수성을 알면 새로운 해결책을 찾을 수 있다. 고객의 보편적 특성과 개인적 특수성을 이해하고 그에 맞춰 응대하는 것이 훌륭한 고객 응대법이다. 그렇다면 남성고객의 인간으로서 보편성과 남자로서의 특수성에는 어떤 것들이 있을까?

남성고객을 위한 효과적인 응대 방법

보편성과 특수성

고객을 효과적으로 응대하기 위해서는 보편성과 특수성을 이해할 필요가 있다. 보편성과 특수성을 알면 남녀의 심리적 차이를 이해하는 데도 큰 도움이 된다.

공부한다는 것은 사회(자연)현상의 보편적인 것과 특수한 것을 알아가는 과정이다. 사실 우리의 눈앞에 펼쳐진 다양한 현상들은 '이것은 이것이다'라고 명쾌하게 정의할 수 없다. 그러나 이런 현상의 공통점을 찾아내는 것이 배우는 사람의 자세이다. 인간에게 주어지는 다양한 문제(사회현상+자연현상)를 바르게 이해하기 위해서는 그 현상이 보편성인지 특수성인지를 먼저 이해하고 상황에 맞는 해결방법을 찾아야 한다.

남성과 여성의 근원적인 성별 차이

살롱에서는 남성과 여성의 인간으로서의 보편성과 특수성에 대한 개념을 이해하고 대처해야만 성 차이의 심리에 적합한 고객 응대가 가능하다. 일반인들은 보편성과 특수성을 동일한 개념으로 알고 있는 경우가 많다. 남성과 여성의 염색체는 46개로 같다. 반면 성염색체(여-XX, 남-XY)는 분명히 다르다. 즉, 남성과 여성은 인간으로서의 본성은 같지만 성적으로는 완전히 다른 동물이다. 사람들이 남녀의 차이를 이해하기 어려워하는 이유는 인간적 보편성과 성적 특수성이 공존하기 때문이다. 남녀는 인간으로서 사회생활을 할 때에는 상당히 유사한 성질을 갖고 생활하지만, 이성(남녀)로서 사회생활을 할 때에는 극단적 차이를 보인다. 생물학적 인간의 남녀는 동질성이 크지만 생리학적 남녀의 성적 특성은 확실히 이질적이다.

남녀의 보편성과 특수성의 예

각각 100명의 젊은 남성과 여성이 달리기를 한다고 가정해보자. 보편성의 관점에서 남자는 여자보다 빠르다(보편성이란 평균적인 성질이다.). 이러한 사실은 누구나 알고 있다. 하지만 모든 남자가 모든 여자보다 빠른 것은 아니다. 여성 중에서 빠른 사람은 보통의 남성보다 훨씬 빨리 달릴 수 있다. 이렇듯 모든 남성이 모든 여성보다 빠르지 않다고 해서 일반적으로 '남자는 여자보다 빠르다'는 보편적 사실을 부정할 수 없지 않은가.

특수성에 대한 보편성의 거부

인간은 사회생활을 하면서 보편성에 대해서는 잘 인식하지 못한다. 너무도 당연하고 익숙한 사실들이기 때문이다. 공기의 존재를 느끼지 못하는 것처럼 말이다. 하지만 어떤 사람이 복권에 당첨되어 인생 역전이 이루어졌다는 매우 특수한 상황과 접하게 되면, 나도 될 수 있다는 보편적 사실로 착각하는 경우가 많다. 고객 응대에서도 보편성을 뛰어넘는 특이한 경험으로 그 사실을 일반화 시키려는 실수를 범하는 경우가 종종 있다. 불친절한 서비스는 매우 특수한 상황임에도 불구하고 정작 본인은 당연한 보편적 상황이라고 주장하며 자신을 정당화하는 경우다.

남녀의 동질성과 차이점

그림처럼 남녀의 '인간적 보편성'은 100% 일치하지만 여성적 특수성과 남성적 특수성은 어느 한곳도 일치하는 곳 없이 완전히 다르다. 평소에는 남녀가 보편성으로 생활을 하기 때문에 상호 이해와 배려가 많으나, 성적 특수성이 드러나게 되면 도저히 이해할 수 없는 상황 즉, 몰이해의 상태가 되는 것이다. 이루어 질 수 없는 가상의 세계를 상상해보자. 가상이지만, '성이 완전히 배제된 상황'에서 남녀가 생활한다면 남녀는 인간적 보편성에 의해 상당 부분 동질성을 유지하게 될 것이다. 성적으로 미성숙한 어린이나, 초고령층에서 성적 트러블이 줄어들며 인간적 동질성이 높아지는 사례다.

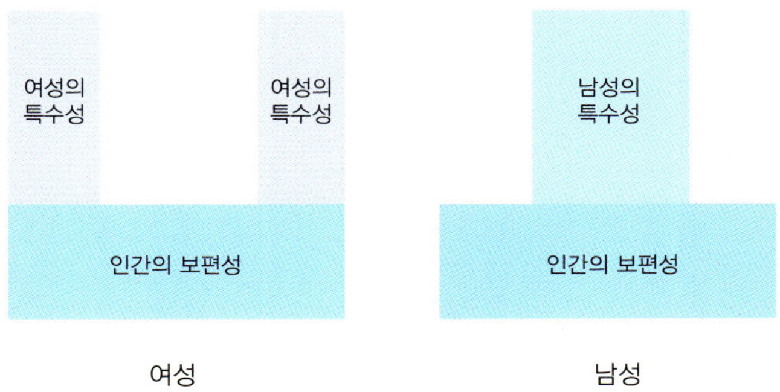

남성고객의 만족도를 높이는 방법

① 빠른 템포의 리듬을 선호한다.

② 논리적 설명을 선호한다.

③ 시각적 표현을 선호한다.(남성에게는 시신경 핵이 많아 시각적 정보를 대뇌에 보내 흥분작용을 일으키나 여성에게는 적다.)

④ 커트 후 잔머리감을 없앤다.(여성 헤어 디자이너는 경험해보지 못했을 상황이다. 짧은 헤어스타일의 남성은 커트 후 남게 되는 잔머리감을 매우 싫어한다. (주)미용마케팅연구소의 조

사에서 남성고객이 살롱에서 느끼는 불만으로 잔머리감이 1순위를 차지했다.)

⑤ 살롱의 기억을 상기시켜야 한다.(상품에 대한 고객의 기억력은 높지 않다. 살롱의 서비스가 잊혀지지 않도록 지속적인 고객관리가 필요하다.)

인간의 보편적 심리는 다양한 방법으로 개발되어 있다. 성격유형분석 툴은 DISC, MBTI, ANNEAGRAM 등 여러 가지가 잘 개발되어있다. 미용분야에서 전문가가 되려면 인간의 보편적 성격과 특수성을 이해하여 고객별 맞춤식 상담기법과 서비스 방법을 개발할 필요가 있다.

너도나도 불황이란다. 호황과 불황은 파도처럼 늘 반복한다. 시장에 끝없는 호황이나, 영원한 불황은 없다. 호황이 있으면 불황이 있고 불황이 있으면 호황도 있는 법. 경제상황은 밀물과 썰물처럼 빠지면 들어오고 들어오면 빠지는 게 순리다. 진심으로 성공을 갈구한다면 새로운 스타일 · 서비스 · 분위기로 고객을 맞이하자.

인간은 익숙한 것을 좋아하는 회귀본능이 있지만, 동시에 항상 새로운 것을 찾는 신기성효과(novelty effect)도 존재한다. 익숙한 것에 대한 편리함과 새로운 것에 대한 신기함은 인간이 당면한 영원한 딜레마라고 할 수 있다.

3관법으로 **불황에서 진화하라**

진화의 시작

영국의 BBC 방송에서 죽기 전에 가봐야 할 50곳을 선정했다. 그 중 33위가 남태평양에 위치한 에콰도르의 갈라파고스 제도다. 이곳은 현재 약 1만 명의 주민이 살고 있지만 1535년 발견 당시에는 커다란 거북이가 많이 살고 있었다.

에스파냐어로 거북을 갈라파고스라고 한다. 1885년 가을, 찰스 다윈이 갈라파고스에 도착했다. 다윈은 여기에 서식하는 거북의 모습도 모두 같은 줄 알았다. 그러나 총독에게서 갈라파고스 거북의 모습이 다르다는 걸 전해들은 다윈은 깜짝 놀랐다. 그리고 진화론을 생각했다. 환경이 다르면 진화과정도 달라진다는 것을 말이다. 종의 기원을 쓰게 된 동기가 여기서 시작되었다.

인간은 사춘기가 되면 이성에 '관심'을 갖게 된다. 인간은 어떤 대상에 관심이 생기면 그 대상에 대한 '관찰'이 시작된다. 이리저리 요리조리 관찰한 후 합의가 되면 '관계'를 맺는다. 인간관계나 비즈니스 관계에서도 통용되는 부분이다.

3관법이란 무엇인가?

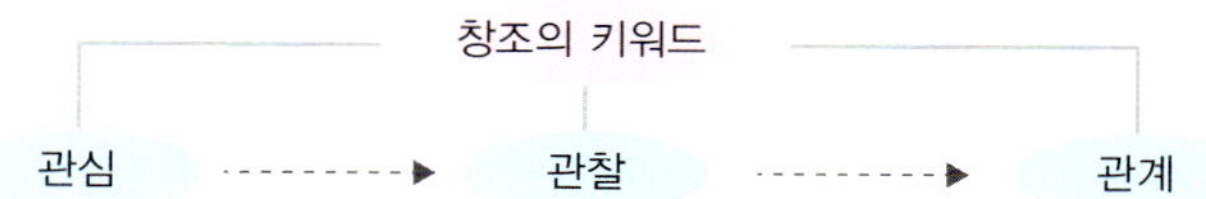

경영자라면 누구나 지금의 방법보다 더 나은 경영기법을 찾고 싶어 한다. 경영자 스스로 혼자 공부해서 새로운 경영전략을 수립하고 발전할 수 있지만, 인간의 능력에는 한계가 있다. 전문가가 필요할 때 그 전문가를 찾아서 관계를 맺고 지도편달을 받는 게 훨씬 창조적인 방법이다.

관심	인간은 사춘기가 되기 전에는 이성에 대한 '관심'이 거의 없다. 그 이유는 성적으로 성숙되지 않았기 때문이다. 경영자도 마찬가지다. 경영에 대해 제대로 배우지 못하면 체계적인 경영에 '관심'을 돌리지 못한다. 주먹구구식의 경영으로 일관하면서도 무얼 모르는지 알지도 못하고 관심도 없다. 다시 말해 미성숙 단계에서는 관심이 가지 않는다.
관찰	신체가 성숙하게 되면 이성에 눈을 뜨게 된다. 즉, 관심이 생기면 이성을 '관찰'하는 단계로 접어든다. 원장 역시 경영에 눈뜨게 되면 컨설턴트를 찾거나 프랜차이즈에 가입하거나 경영학을 배운다. 컨설턴트 또한 살롱과 경영자를 관찰하고 '관계를 맺을까? 말까?' 신중하게 관찰한다. 서로 합의가 되면 계약을 맺고 컨설팅을 수행한다.
관계	이성에 대해 관심을 가지고 연애라는 관찰 과정을 거치면, 서로가 합의하여 '관계'를 맺는다. '관계'를 유지하기 위해 결혼을 하고 그 결과 새로운 창조물(자녀)을 생산하게 된다. 이와 마찬가지로 살롱 원장과 경영 컨설턴트 등은 계약을 통해 관계를 형성함으로써 서로에게 도움을 줄 수 있는 다양한 컨설팅을 할 수 있게 되며, 이로써 성공적인 결과를 얻을 수 있다.

성공으로 가는 3관법

체계적인 경영에 '관심'이 생겼다면, 컨설팅 회사나 프랜차이즈를 관찰하게 된다. 관심은 의도적으로 발생하는 것이 아니라 자연적인 현상이다. 어린이가 사춘기가 되면 저절로 이성에 관심이 생기는 것처럼 말이다.

관심의 단계에서는 본인의 의지가 크게 중요하지 않다. 그러나 '관찰'의 단계에서는 판단력에 따라 행복과 불행으로 갈라진다.

여기서 제대로 관찰하지 못하면 불행의 씨앗이 싹튼다. 포장된 상대의 실상을 정확하게 꿰뚫는 실력을 길러야 한다. 관찰력이 떨어져 사기를 당하거나 의도하지 않았던 결과가 발생하는 경우가 허다하기 때문이다. 관찰력이 높은 사람도 자신이 잘 모르는 분야에서는 속임수를 당하기 쉬우니 각별한 주의를 요한다. 컨설팅 회사나 프랜차이즈를 선택하는 과정에서 면밀하고 세심한 관찰력을 발휘하여 성공을 실현할 수 있는 올바른 '관계'를 맺음으로써, 살롱 경영의 성공을 보장받을 수 있다.

고객을 꿰뚫어보는 3관법 활용 방법

관심, 관찰, 관계의 3관법은 기존고객에게도 해당하지만, 특히 신규고객에게 더더욱 큰 효과를 발휘한다. 고객이 살롱을 방문하면, 가장 먼저 '관심'을 갖고 인사를 하며 관심과 관찰을 해야 한다. 처음 방문한 고객이라도 살롱의 세련되고 친근한 응대에 좀 더 편안함을 느끼게 된다.

　관심을 갖다 보면 자연스레 '관찰'을 하게 된다. 고객이 어떤 헤어스타일을 하고 왔는지, 어떤 색상의 의상을 입었는지, 어떤 음료를 마시는지 등을 관찰하고 기억하자. 시술 도중에 관찰한 내용을 토대로 대화를 이어나가면 고객과 더욱 친숙해질 수 있다.

　한 예로 시술 중 고객에게 가르마 방향을 물어보곤 하는데, 만약 조금의 관심과 관찰과 관계가 이루어졌다면 그런 질문을 하지 않고도 고객이 원하는 스타일을 먼저 제안하여 시술하고 마무리할 수 있을 것이다. 그렇게 하면 고객은 살롱을 더욱 신뢰하며 '나와 잘 맞는다'고 생각할 것이다. 시술이 끝나고 나갈 때에도 고객별 캐비닛 번호를 기록해서 챙겨드리고, 번호가 없는 살롱에서는 외투와 가방을 다른 고객과 혼동하지 않고 챙겨드리면, 고객은 작은 부분에서도 큰 감동을 받게 된다.

　이러한 관심과 관찰과 관계로 인해 그 고객은 지속적으로 우리 살롱을 방문할 것이며, 담당 디자이너와의 친밀한 '관계'를 맺어 오랜 단골고객이 될 것이다. 이제부터, 3관법으로 새로운 고객을 창출하자.

여자와 남자는 인간사회라는 영역에서 함께 생활하며 살아간다. 그리고 동물적으로 대부분 비슷하다. 하지만 인식부문, 감정부문, 성적 기능에서는 상당한 차이를 보이거나 정반대의 특성을 나타내기도 한다. 남자와 여자를 결정짓는 요소는 염색체로, XY염색체는 남자이고 XX염색체는 여성이다. 즉, 남녀의 성을 결정하는 것은 수정할 때 Y염색체에 의해서 결정된다.

고객과 소통하는 방법

서비스의 4가지 특성 – 무형성, 동시성, 이질성, 소멸성

서비스는 형태적으로 '무형성'이 강하다.

커트 시술은 일시적으로는 형태가 있지만 소유자인 고객이 자신의 커트 스타일을 타인에게 판매(양도)할 수 없다.

일반적으로 서비스는 형태가 없다는 것이 특성이다. 화가의 그림은 제품이다. 그러나 교수의 강의는 그 형태가 순간적이어서 무형성을 띤다.

서비스는 시간적으로 생산과 소비의 '동시성'이 강하다.

헤어 커트 시술은 동일한 공간과 시간에 이루어지므로, 고객과 헤어 디자이너가 분리될 수 없다.

고객이 방문하기 편리한 곳에 살롱을 창업해야 하는 이유다. 살롱의 상권이 중요하다고 하는 이유가 서비스의 동시성 즉, 비분리성이라는 특성이 존재하기 때문이다.

서비스는 품질적으로 변수가 많아 '이질성'이 강하다.

헤어 커트 서비스는 변수가 많아 품질이 일정하지 않다. 같은 살롱이라도 디자이너들의 실력이 다르다. 또한 같은 디자이너라도 신체적, 심리적 상태에 따라 품질(커트)이 달라진다. 심지어는 동일한 커트라도 고객의 인식(유행)이 변하면 다르게 보인다.

서비스는 보관적으로 '소멸성'이 강하다.

서비스는 제공자의 행위요소가 대부분이므로 시간적으로 빠르게 소멸된다. 재고로 보관할 수 없는 성질이 소멸성이다.

판매능력이 부족한 사람에게는 재고가 없다는 게 장점으로 인식되지만, 영업력이 강한 사람에게는 비수기에 생산해서 성수기에 대량판매가 불가능하다는 단점으로 작용한다.

소멸성은 상품적으로 지속적인 재생산이 이루어져야 한다는 장점으로 볼 수 있지만, 생산 효율성의 관점에서 본다면 큰 단점이다.

서비스는 형태적 무형성, 시간적 동시성, 품질적 이질성, 보관적 소멸성이라는 특성이 강하다. 고객의 기대와 인식에서 그 격차가 크다. 고객의 욕구는 다양하다. 십인십색의 고객 기대를 만족시키기 위해 무형성, 동시성, 이질성, 소멸성이라는 특성을 극복하고, 최대한 유형화해야 한다. 더불어 고객의 입장에서 시간과 공간을 최대한 배려한다. 교육을 통한 지식수준과 숙련도를 높여 품질을 균일하게 유지해야한다. 성수기 수요에 따른 공급 조절이 원활해지도록 시술방법과 시간단축에 대해서 연구할 필요가 있다.

효과적인 서비스 디자인 설계 – 서비스 품질 갭 모형

경영전략을 수립하기 위해서는 고려해야 할 변수가 많다. 서비스 기업의 전략, 개념, 행위 등을 이해하고 수립하기 위한 원리원칙이나 통합된 방법론을 안다면, 서비스 디자인을 설계하는 데 큰 도움이 된다. '서비스 품질 갭 모형'을 이해하면 서비스 디자인을 쉽게 설계할 수 있다. 물질영역인 제품은 과학적 계량화가 가능하지만, 행위영역인 SVC는 심리적, 인식적인 분야로서 표준화와 계량화가 쉽지 않다. 이러한 이유로 제공자와 고객 간에는 격차(Gap)가 생긴다. 이러한 격차의 원인은 다음과 같다. 서비스 품질 갭 모형은 고객 부문과 제공자 부문으로 구분한다. 고객 부문은 고객의 기대와 제공자가 인식한 기대의 차이를 말하며 '갭 1'이라고 하며 '지식갭'이라고도 한다. 지식갭은 고객기대를 제대로 알아내지 못하는 데에서 발생한다. 제공자가 고객기대를 제대로 파악했어도 표준화된 설계를 하지 못하는 데에서 발생하는 갭을 '갭 2' 즉, 표준갭이라고 한다. 서비스 디자인을 잘 표준화해서 설계했어도 제공자의 실력이 부족해서 표준대로 전달하지 못하는 데에서 발생하는 갭을 '갭 3'라고 하며 '전달갭'이라고 한다. 설계된 대로 제공했더라도 고객과 소통이 잘못 이뤄져 생기는 갭을 즉, '갭 4'라고 하며 '소통갭'이라고 한다. 고객의 기대를 정확하게 파악해서 갭 1의 지식갭을 극복하고, 고객의 기대대로 설계해서 갭 2의 표준갭을 극복하고, 표준화한 대로 전달해서 갭 3의 전달갭을 극복하고, 표준화한 대로 광고해서 갭 4의 소통갭을 극복했다면 마지막 갭 5를 극복해야 한다. 갭 1~4까지 발생원인은 제공자에게 있다. 마지막 갭 5의 발생원인은 고객에게 있다. 고객이 원하는 대로 제공했더라도 고객이 다르게 인식함으로써 발생하는 '갭 5'를 '인식갭'이라 한다.

　서비스 품질 갭의 발생은 고객과의 소통 부재, 표준화된 매뉴얼 부재, 제공자의 기술력 부재, 고객이해 부재에서 발생한다. 고객에게 제공할 수 있는 수준으로 광고하고, 표준대로 제공할 수 있는 제공자 선발 및 육성, 표준화된 매뉴얼 개발 및 설계, 고객의 욕구를 정확하게 파악하는 것이 갭(격차)을 줄이는 최선이다.

고객에게 서비스 품질로 접근하라

제품의 품질은 비교나 측정이 서비스에 비해 용이하지만 서비스 품질은 정의와 측정이 어렵다. 교사가 열심히 잘 가르쳐도 학생이 공부하지 않는다면 교사의 강의품질을 측정하기 어렵다. 학생이 열심히 공부해서 성적이 높아졌다면 그 성과가 교사의 영향력인지, 학생 본인의 노력인지 제대로 구분해서 평가하기가 쉽지 않다. 이와 같이 무형의 서비스 품질을 측정하기 위해 마케팅 조사자들은 고객만족도 조사라는 방법을 도입했다. 그러나 고객만족도 조사는 조사방법에 따라 편차가 심하다. 그래서 장기적이고 포괄적인 서비스 품질평가는 만족도조사보다 서비스품질로 접근하는 것이 더 바람직하다. 고객이 예상하는 기대품질과 체험 후의 인지품질 사이에 발행하는 격차(Gap)를 줄이면 서비스 품질이 향상된다. 기대품질과 인지품질 사이에 발생하는 격차를 찾아내는 방법은 자이텀(Zeithaml)과 동료들이 개발한 '서비스 품질 갭 모형(Gap Model of Service Quality)'이 유용하게 활용된다.

Gap1	지식격차	관리자가 알고 있는 고객의 기대수준과 고객이 바라는 서비스 품질 간의 격차.
Gap2	표준격차	고객의 욕구를 잘 이해했어도 설계된 서비스 표준이 기대수준에 미달될 때 생기는 격차.
Gap3	전달격차	서비스 표준인 매뉴얼이 제대로 설계되었어도 제공자가 설계대로 제공하지 못하는 격차.
Gap4	소통격차	실제 제공되는 서비스 품질보다 광고내용이 과장되었을 때 발생한 격차.
Gap5	인식격차	실제 제공된 서비스 품질과 고객이 인식한 서비스 품질 간에 발생한 격차.

지식격차는 고객을 제대로 알지 못함으로써 발생하고, 표준격차는 서비스를 제대로 디자인 하지 못해서 발생하고, 전달격차는 제공자의 능력이나 열정의 부족에서 발생하고, 소통격차는 커뮤니케이션의 오류나 과대광고에서 발생하고, 인식격차는 고객의

처해진 상황에 따라 발생한다. 고객과 서비스 제공자는 신체적으로 가까이 있지만 심리적 거리는 꽤 먼 사이다. 고객의 마음에 다가갈 수 있는 방법은 고객의 입장에서 생각하고 시술의 전문성을 높이고 이성보다 감성으로 다가가는 것이다.

서비스에 대해 불만이 있어 컴플레인을 제기하는 고객들은 불만을 표현하는 방법이 다양하다. 고객이 불만을 제기할 수밖에 없었던 이유를 파악하고 진심으로 대처한다면 조금 더 원활한 고객 응대를 할 수 있다. '적을 알고 나를 알면 백전백승'이라는 말이 있듯이 고객별 특징을 잘 이해하고 그에 대해 적절히 응대할 수 있는 방법을 알아보자.

컴플레인 처리를 잘하는 살롱이라면 그 고객은 오히려 살롱에 신뢰를 갖고 우호적인 단골고객이 될 수 있다. 극심한 컴플레인은 불만사항 자체보다 대응방법이 미숙해서 발생한다.

불평을 기회로 만드는 **컴플레인 처리법**

컴플레인 처리를 잘하는 살롱으로 거듭나기

고객이 불만을 제기하는 이유는 '불친절, 약속 불이행, 지식 부족' 등이 있다. 그중 고객이 느끼는 불친절에는 단순히 말투나 표정만 있는 것이 아니라 명백한 실수에 대해 사과하지 않고 책임을 회피하는 경우도 포함된다. 고객이 특별한 불만을 겉으로 표현하지 않았더라고 갑자기 혼란스러워 하거나, 당황해 하거나, 화를 내거나, 실망스러워 하는 등 약간의 반응이라도 감지되었다면 이미 문제는 크게 발생한 것이다. 어떤 고객에게는 아무렇지도 않은 일들이 또 다른 고객에게는 매우 실망스러운 일이 될 수도 있다.

만약 당신이 분별력 있는 사람이라면 고객이 화를 내지 않는다고 해서, 당신 잘못이 아니라고 해서, 고객의 실수라고 해서, 문제가 사라지기를 바라지는 않을 것이다. 고객들은 당신이 완벽하기를 기대하지 않는다. 일이 잘못되어 갈 때 당신이 적극적으로 해결해 줄 수 있기를 기대할 뿐이다.

다음 사항을 체크하며 컴플레인에 관해 기록하자.

① 내가 저질렀던 실수와 저지르기 쉬운 실수

② 고객의 기분을 상하게 만든 원인

③ 지금까지의 고객 응대 방법

컴플레인 3대 원칙

신속 해결의 원칙　＋　우선 사과의 원칙　＋　불논쟁의 원칙

컴플레인 처리의 7단계

1단계	끝까지 듣는다. 컴플레인과 관련하여 고객과 상담할 때에는 말을 끝까지 들어주는 것이 중요하다. 사람은 누구든 가슴에 담고 있는 말을 쏟아내야 후련해진다. 중간에 말을 가로채서 성급하게 설득하려 들면 오히려 역효과를 일으켜 더욱 화나게 할 뿐이다.
2단계	놀라고 미안한 표정을 짓는다. 고객이 컴플레인을 제시했을 때 별일도 아니라는 듯한 표정을 짓고 있으면 고객은 '이런 문제가 자주 생겨서 별 신경도 안 쓰나 보군', '나는 화가 나고 심각한데 아무렇지도 않나?' 등의 생각에 불쾌해 할 수 있다.
3단계	심려를 끼쳐서 죄송하다고 진심으로 사과한다. 설령 고객의 오해로 빚어진 컴플레인이더라도 고객이 화가 난 것은 사실이다. 그러므로 고객의 감정에 대해 이해를 나타내고 진심으로 사과하는 것이 중요하다.
4단계	사실을 확인한다. 컴플레인이 발생하면 일단 진심으로 사과해야 하지만 그 원인이 무엇인지, 시술과정과 현재 상태는 어떠한지를 냉정하게 확인한다. 핑계 거리를 찾는 게 아니고 재발을 방지하기 위한 복기(復碁)를 해야 한다.

5단계	빠르게 대응한다.
	제품이나 시술에 문제가 발생했을 경우에는 빠르게 교환 또는 환불해주거나 재시술을 하여 2차 컴플레인을 예방한다.
6단계	첫 컴플레인 시 기대 이상으로 보상한다.
	물심양면으로 고객이 기대하는 것 이상의 성의를 보여주면 오히려 고마워하고 두터운 신뢰를 쌓게 된다. 감동은 기대를 초월하는 순간부터 이루어진다.
7단계	컴플레인을 말해준 고객에게 감사해한다.
	컴플레인을 직접 표현하는 고객은 아직까지 관심과 미련이 남아있다는 표현이다. 확실히 마음이 떠난 고객은 컴플레인 없이 떠난다. 컴플레인보다 무서운 것은 무관심이다. 불만을 겉으로 표출하는 고객에게 감사하라.

고객 유형에 따른 효과적 응대 방법

1. 트집을 잡는 유형

이 유형은 꼬투리를 잡거나 작은 실수도 쉽게 용납하지 않는 특징을 보인다. 상황에 대한 근거를 제시할 것을 요구하는 경우도 있는데 이러한 고객에게는 특히 언행을 조심해야 한다. 자칫 말실수를 하게 될 경우 더 큰 컴플레인으로 이어지는 빌미를 제공할 수 있다. 일단 고객의 말을 끝까지 듣고 중간에 끼어들지 않도록 한다. 더불어 확실하게 입증된 자료를 시각화해서 눈앞에 보여주면서 설명한다.

2. 흥분하는 유형

이 유형의 고객은 'YES'나 'NO' 대답만 요구하거나 행동의 변화가 크고 말이 빠르면서 화가 나면 더듬기도 하는 경향이 있다. 이럴 때에는 같이 음성을 높이거나 말대꾸를 하는 것보다는 일단 음성을 낮추고 고객이 진정될 수 있도록 차분히 응대하는 것이 좋은 방법이다. 고객의 의견을 경청하면서 메모를 하는 등의 모습을 보여주며 확실한 결론을 제시할 수 있도록 노력하고 있다는 모습을 보이는 것이 효과적이다.

3. 큰소리치는 유형

이 경우는 상대방을 무시하는 경향이 있으며 일단 큰소리를 내면 교환이나 환불 등이 가능할 것이라고 생각한다. 뜻대로 되지 않았을 경우에는 최고 책임자와의 상담을 요구하기도 한다. 이런 고객에게는 차분하게 접근하며 일관성 있는 태도로 응대하는 것이 좋다. 되도록 고객의 심기를 건드리는 언행은 하지 않으며 T.P.O(시간, 장소, 상황)를 고려하여 응대하도록 한다. 또한 억양의 변화 없이 세세한 설명보다는 요점 중심으로 응대하는 것이 더욱 효율적이다.

4. 집요한 유형

이 유형은 침착하고 차분하며 논리적으로 말하는 경향이 있다. 대부분 교사, 의사 등의 고학력자가 많으며 본인의 실수를 쉽게 인정하기보다는 요구사항이 수용되지 않으면 외부에 알리겠다는 등의 주장을 하는 경우도 있다. 이러한 고객에게는 주관적인 의견을 표현하기보다는 객관적인 사실을 인정하고 논리적인 방법으로 해결방안을 모색하여 응대하는 것이 중요하다.

진심 어린 사과와 응대, 신속한 처리

이처럼 고객의 유형에 따른 적절한 응대도 중요하지만 꼭 기억해야 할 것이 있다. 불만을 제기하는 고객들이 마음속으로 원하는 것은 생각 외로 간단하다. '진심 어린 사과와 고객의 입장에 서서 이해해주는 것, 관심 어린 응대와 신속한 처리' 등이 바로 그것이다. 고객 유형에 따른 적절한 응대와 더불어 진심어린 마음이 전해진다면 어떠한 컴플레인이라도 손쉽게 해결될 수 있다.

우리 마음속에는 이상형이 있다.

그 이상형에 대해 구체적으로 그려본다면, 우연히 스쳐 지나가는 인연의 찰나에서 그 대상을 찾아내기 쉬울 것이다.

마음에 구체적으로 그려놓은 이상형이 없다면, 어느 날 우연히 눈 맞아 결혼 하게 될지도 모른다. 그런 인연으로 결혼해서 행복한 인생을 살기란 쉽지 않다. 우리가 생각하는 이상형은 저절로 나타나지 않는다. 주변의 헌신적인 사랑과 양육환경은 물론, 체계적인 커리큘럼에 의해서만 육성된다.

첫째는 고객감동, 이윤은 고객감동의 보너스

철저한 기획 + 과학적 설계 + 열정적 실행 = 최상의 상품

훌륭한 인격소유자가 저절로 만들어지지 않듯, 높은 품질의 상품은 우연히 얻어지지 않는다. 품질은 오직 철저한 기획과 과학적 설계를 통해서 얻을 수 있다. 기획과 설계 없이 이미 만들어진 상품에 부족한 기능을 추가하는 것은 현명하지 않다. 고품질 상품은 우수한 설계가 선행되어야만 만들어진다. 우수한 상품이 탄생되기 위해서는 기획단계, 설계단계, 생산단계, 판매단계를 거쳐야 한다.

기획이 부실했다면, 설계나 생산단계에서 개선해보려고 해도 쉽게 개선되지 않는다. 완벽한 기획과 과학적 설계, 열정적 실행이 전제되어야만 매력적인 상품이 탄생한다.

고객의 입장에서 기획, 설계, 생산, 마케팅하라.

고품질 상품을 제공하려는 목적은 궁극적으로 잘 팔리게 하려는 것이다. 고객이 선호하는 상품이 되기 위해서는 최상의 품질을 갖춰야 한다. 최상의 품질이란 제공자의 입장이 아니라 고객의 입장에서 평가되어야 한다. 제공자가 생각하는 품질과 고객이 생각하는 품질에는 차이가 클 수 있다. 제공자(생산자) 입장에서 기획되고 설계되어 만들어진 상품이 재고로 쌓이는 경우는 부지기수다. 그렇다면 고객의 입장에서 평가되는 품질의 요소에는 어떤 것들이 있을까?

품질이란 생산자의 언어가 아니라 고객의 언어라는 사실을 생각하며, 고객의 입장에서 품질을 다시 생각해봐야 한다. 생산자는 고객이 어떤 특성을 중요하게 생각하는지 고객의 입장에서 기획하고 설계하고 생산해야 한다. 마지막 단계인 판매도 고객의 입장에서 마케팅 해야 팔린다. 고객이 중시하는 특성을 찾아 상품의 기획과 설계에 반영하자.

변화하는 고객, 그들이 중시하는 품질 요소

고품질 상품(시술 매뉴얼, 서비스)을 계획할 때는 고객이 중시하는 품질 요소가 뭔지 알아내야 한다. 살롱에서 중요하다고 생각하더라도 고객이 하찮게 여기는 품질 요소에 심혈을 기울인다면, 분명히 헛수고가 된다. 고객의 욕구를 무시한 상품은 고객에게 외면을 받는다. 고객이 필요로 하는 품질 요소를 찾아내어 개발에 반영하는 것이 최상의 품질로 인정받는 지름길이다. 고객은 전문가가 아니다. 뭔가 필요하고 부족한 것을 느끼지만, 잘 표현하지 못한다. 때로는 표현한다고 해도 피상적이거나 단편적인 경우가 대부분이다. 품질에 대해 고객이 바라거나 요구하는 요소를 분석할 때, 드러난 요소를 곧이곧대로 해석해서는 안 된다. 고객이 인식하는 품질 요소는 절대적이지 않고, 표현한 그대로도 아니다. 상품으로서의 절대적 요소가 중요하지만, 경쟁기업과 비교되는 상대적 요소가 품질경쟁에서는 훨씬 더 중요하다. 세월이 지나면 품질에 대한 사회적 분위기와 고객 인식도 변화한다. 그 밖에도 가족이나 친구 등 준거집단에 의해서도 품질인식의 영향을 받는다. 고객욕구는 바위처럼 고정된 것이 아니라 동물처럼 이동하고 변화한다. 이렇듯 추상적인 고객의 욕구를 일본 동경대학교의 노리아키 카노 교수는 다음과 같이 입체적이면서도 명쾌하게 정의했다. 그가 제시한 품질 요소를 구분하는 카노모델은 1984년에 발표되었다.

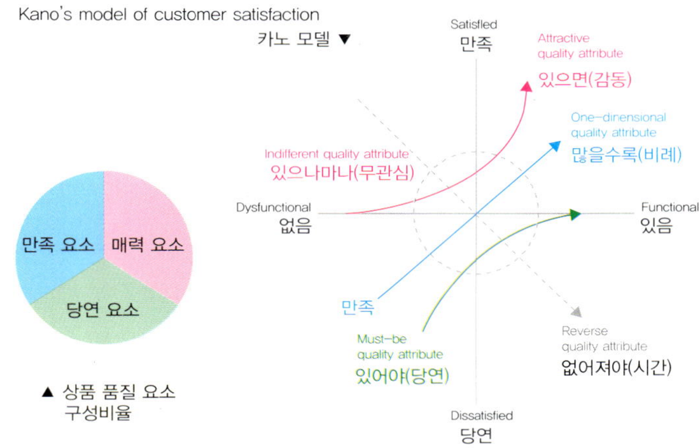

▲ 상품 품질 요소 구성비율

1. 당연품질 요소

당연히 있어야 할 요소다. 당연품질 요소는 반드시 있어야 한다. 고객은 당연요소가 없을 때에는 심각한 불만을 표현하지만 해결된다 해도 특별한 만족을 느끼지 않는다.

> 예 이상형을 예로 들 때 키 180cm를 기대한다면 필요요소다. 180cm에 근접한다면 키에 대해 더 이상 바랄 것이 없게 된다. 당연요소는 필수요소로서 해결만 되면 더 이상 불만이 없지만, 특별히 만족도가 높이지는 것은 아니다. 즉, 당연품질 요소는 불만해소 요소다. 불만은 해소되지만, 특별히 만족도가 높아지지 않는다.

2. 만족품질 요소

비례품질 요소로서 높으면 높을수록, 좋으면 좋을수록 만족도가 높아지는 품질 요소다. 만족요소와 당연요소는 부족할 때 불만족을 느끼는 것은 같지만, 충족되더라도 더 많은 것을 원하는 것이 차이점이다.

> ㉯ 이상형을 예로 들 때 수입(월급)은 많으면 많을수록 좋다. 100만 원보다는 200만 원이, 300만 원보다는 500만 원으로 높아지면 높아질수록 그 만족도가 비례로 높아진다. 즉, 만족품질 요소는 일반적으로 생각하는 품질 요소로 다다익선의 품질 요소다. 품질과 비례해서 만족도가 상승 한다.

3. 감동품질 요소

고객이 미처 생각하지 못했거나 의식하지 않았던 부분이 충족됨으로써 만족감을 급상승시키는 품질 요소다.

> ㉯ 이상형에게 바라는 당연요소와 만족요소는 대부분 많이 의식하는 품질 요소이지만, 감동품질 요소에 해당하는 효심·배려 등은 존재하는 순간부터 만족을 넘어 감동을 전달하는 품질 요소다. 고객졸도나 고객기절 등의 요소라고 이해하면 된다.

당연요소, 만족요소, 감동요소의 균형

이상과 같이 품질 요소는 끝없이 변화하고 발전한다. 품질 요소는 정적 요소가 아니라 동적 요소로서 이해하고 개발해야 한다.

품질은 시간과 비례해서 불량이 된다. 과거의 매력요소가 오늘에는 만족요소로 격하된다. 오늘의 만족요소가 내일에는 당연요소로 전락한다. 매직스트레이트 파마가 처음 출시되었을 때는 매력요소였지만, 현재는 만족요소나 당연요소로 변했다. 과거에는 고객생일에 축하카드와 할인쿠폰을 동봉해서 우편으로 발송하는 것이 매력요소였다면 요즘에는 만족요소에 불과하다. 카노모델은 품질향상을 위한 노력이 어느 한쪽에 치우치는 것이 아니라 전방위적 차원에서 이루어져야 한다. 당연요소 · 만족요소 · 감동요소가 균형을 이루도록 자원과 역량을 조화롭게 분배해야 경쟁우위에 선다. 시간의 경과에 따라 오늘의 고품질이 내일에는 불량품으로 전락하므로 끊임없이 살롱의 품질개선에 노력해야 한다. 모든 품질요소는 앨빈 토플러가 〈부의 미래〉에서 말한 '무용지식(Obsoledge)'처럼 품질은 시간이 지남에 따라 죽어간다. 오래된 스타일, 익숙한 분위기, 지루한 서비스는 죽은 상품이다.

인간은 이성적일까? 감성적일까? 어떤 때는 이성적인 면이 커 보이고, 상황에 따라서는 감성적인 면이 두드러져 보인다. 사람은 각자 다른 성격, 인격, 감정 등을 가지고 있다. 이러한 인간성은 백인백색 천차만별이다. 사람의 성격이 똑같은 경우는 없지만 몇 가지 유형별로 성격을 그룹화해 놓은 것이 성격유형이다.

비이성적인 고객의 감성
– 상대성으로 공략하라

인간의 이성적 판단이 합리적일까?

인간의 능력이 대단하긴 하지만 완전하진 않다. 인간은 가능하면 모든 상황에서 가장 합리적인 판단을 내려야 한다. 하지만 생활환경의 수많은 변수들을 고려해서 이성적이고 합리적인 의사결정을 내린다는 것은 불가능하다. 의사결정의 변수가 3가지만 되더라도 6가지 경우의 수가 나오고, 10가지로 늘어나면 360만 개가 넘는 경우의 수가 나타난다. 이렇게 엄청난 수는 계산이 아무리 빠른 슈퍼컴퓨터를 이용해도 30년이 넘게 걸린다. 그렇다면 어떻게 해야 좀 더 빨리 상황판단을 내리고 대처할 수 있을까? 이러한 상황에서 인간은 과거의 경험이나 다른 사람들의 행동을 모방하는 것이 합리적이라고 판단했다. 그래서 의사결정이 조금만 복잡해져도 즉흥적, 경험적, 직관적 판단을 내린다.

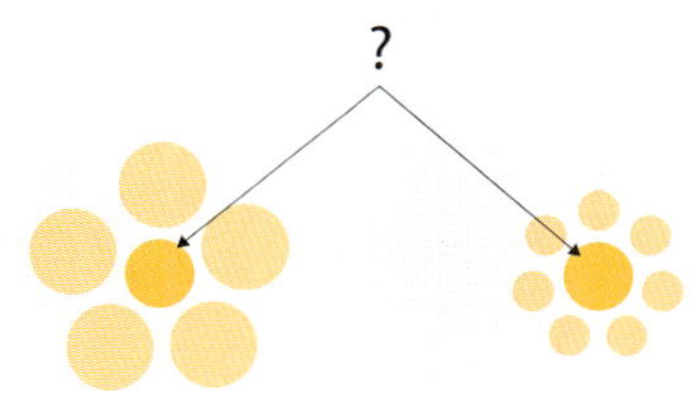

어느 것이 커 보일까?

같은 크기의 사물도 주변환경에 따라서 크기가 다르게 보인다.

경험이나 선인들의 행동을 모방하는 것

어떤 사람의 두뇌가 아무리 명석하고 지식이 풍부해도 모든 상황에서 이성적인 판단으로 결정할 수 없다. 그래서 자신과 타인의 경험을 판단의 잣대로 활용하게 되는데 여기에는 비합리적 · 비이성적 모순들이 포함된다. 과거에 정답이었던 문제가 현재도 정답일까? 총이 없던 원시시대에는 사자가 달려오면 피하거나 달아나야 했다. 총과 자동차가 발명된 후에는 사자를 피하는 것이 아니라 오히려 잡으려고 쫓아간다. 과거의 경험이나 지식들에 의해 우리는 선입관이 형성되고, 지식의 부족이나 시간의 부족에 의해 합리적인 판단을 할 수 없는 상황에서는 선입견이라는 잣대를 기준으로 즉각적인 판단을 내리게 된다. 이러한 선입견을 고정관념이라고 부른다.

예측 가능한 인간의 비이성적 의사결정

애덤 스미스는 인간의 모든 경제행위는 시장의 '보이지 않는 손'이 있기 때문에 가격은 수요와 공급이 만나는 점에서 결정된다고 했다. 그 이후 대다수의 기존 경제학자들은 인간을 '호모 이코노미쿠스(경제적 인간)' 즉, 정보가 충분하면 이익을 극대화하기 위해 합리적으로 행동하고 자신의 이익을 위해 행동을 적절히 조정한다고 생각했다. 하지만 인간의 정보분석능력과 감정조절능력에는 한계가 있기에 비합리적인 행동들을 할 수밖에 없다. 허나 다행인 것은 이러한 비이성적인 의사결정이 예측 불가능한 것이 아니라 '예측 가능'하기 때문에 학문으로 탄생했다. MIT 슬론 스쿨의 드라젠 프레렉(Drazen Prelec)은 불확실성 속의 확실성 즉, 인간행동의 임의적 일관성(Arbitrary Coherence)을 규명했다.

시장에도 상대성 이론이 있다.

아인슈타인의 상대성 이론은 "자연법칙이 관성계에 대해 불변하고, 시간과 공간이 관측자에 따라 상대적이다"는 이론이다. 인간은 비교대상이 없는 것을 판단하지 못한다. 우리는 어떤 것에 대하여 판단할 절대적 기준이 없다. 고객은 요금이나 품질을 인식할 때 항상 다른 것과 관련지어서 비교한다. 시장에서 가격, 품질, 효용 등에 대한 판단도 비교대상에 따라서 상대적이다. 우리는 비교대상 모두를 꼼꼼하게 비교하는 성향이 있는 게 아니라 서로 비교하기 쉬운 것만 비교하려는 성향이 있다.

　가격이 싸다·비싸다는 절대적 기준이 있을까? 어떤 상품의 품질이 우수하다고 할 때 품질을 평가하는 잣대는 뭘까? 재화의 효능을 판단하는 바로미터는 뭘까? 사람의 판단기준이 절대적이지 않은 것은 분명하다. 비교대상에 따라 판단 기준이 변한다. 판단 기준에 절대적인 것이 없고, 처해진 환경과 비교 기준에 따라서 가변적이고 불명확하다. 그러므로 요금책정과 전략수립 과정에서 시장 상대성 이론을 반영해야 한다.

당신이 살롱을 창업했다고 가상해보자

첫째, 요금 상대성 이론

경영 컨설턴트가 제안한 파마 요금이 아래와 같다면 당신은 어떤 제안을 선택하겠는가?

	고가	중가	저가
A안	10만 원	8만 원	4만 원
B안	10만 원	7만 원	4만 원
C안	10만 원	6만 원	4만 원

상권·기술력·시설·서비스가 동일하더라도 매출이 달라질

것이라는 것을 예측할 수 있겠는가? 요금책정에 따라 매출이 달라질 것이라고 판단했다면 당신은 전문가적 감각을 갖고 있다. 아마추어들은 인정하려고 하지 않는다.

둘째, 전략 상대성 이론

동일 상권 내에 모든 경영환경이 일치한다는 이상적 상황을 가정하자. 현재는 평범살롱과 품위살롱 2곳이 운영 중이다. 당신이 이곳에 새로게 창업한다면 다음 중 어떤 경영전략을 수립하는 것이 바람직하다고 생각하는가?

	면적	인테리어	파마 요금
평범 살롱	20평	2천만 원	4만 원
품위 살롱	30평	4천만 원	5만 원

1안 요금 전략	20평에 인테리어 1,500만 원을 투자하고 파마 요금을 3만 8천 원으로 책정해서 가장 저렴한 살롱이라는 이미지로 가격경쟁 전략을 도입한다.
2안 경쟁 전략	30평에 인테리어 4,000만 원 투자하고 파마 요금은 평범살롱과 같이 4만 원으로 책정해서 평범살롱보다는 규모와 인테리어로 경쟁을 하고, 품위살롱 파마 요금 5만 원보다 20% 저렴한 4만 원으로 책정하여 평범살롱, 품위살롱 양쪽 다 경쟁한다.
3안 좀 더 전략	30평에 인테리어는 품위살롱보다 높게 5,000만 원 투자하고 파마 요금은 품위살롱과 같게 5만 원을 책정, 서비스를 좀 더(훨씬 더 아님) 낫게 해서 차별화한다.

인간이 어떤 판단을 할 때 절대적 판단기준에 의해서 결정하는 경우는 없다. 시장경제활동에서는 판단기준은 매우 상대적이다. 가격을 책정하고 할인율을 결정하는 것은 생산자나 판매자다. 고객이 아니다. 홈쇼핑에서는 '마지막 기회', '특별 구성상품', '한정 판매', '돌파기념' 등 다양한 명분을 만들어 소비자를 유혹한다. 아주 잘 팔린다. 이러한 이슈들은 모두 상대적 명분이다. 인간은 이성적이지도 않고 합리적이지도 않은 존재다. 이성적 존재였다면 세상엔 평화만 있어야 하고, 모든 인류는 평등해야 했다. 하지만 어떤 사람은 법 앞에 유달리 더 평등하다. 그들은 이러한 인간의 비이성적인 판단을 삶에 적용한 사람들이다.

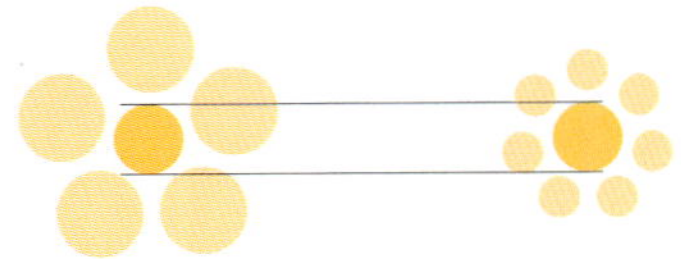

둘 다 똑같다!

〈상식 밖의 경제학〉 34쪽 참고

가운데 놓인 두 원은 크기가 서로 달라보인다. 실제 둘의 크기는 똑같다. 주변에 큰 원들이 있으면 작아 보이고 작은 원들이 있으면 커 보인다. 비교 대상에 따라 우리의 판단은 상대적이다.

공짜가 아닌 공짜 티켓!

뷔페에 갔을 때를 떠올려보자. 뷔페는 입장할 때 티켓을 구입하면 음식을 무한히 마음껏 먹을 수 있다. 입장 후엔 모든 게 공짜가 된다. 사람들은 뷔페 식당에 입장함과 동시에 공짜의 자유를 남용한다. 세상에 '공짜 점심은 없다'는 것을 알면서도 인간은 공짜에 이성을 마비시키고 행복해 한다.

마야인들은 숫자 0을 발명했고, 고대 인도 학자 핑갈라(Pin-gala)는 기존 숫자에 0을 더해 두 자릿수를 만들었다. 숫자 0(zero)은 없다(無)는 뜻이 아니라 비다(空)는 의미다.

시장에서는 마케팅에 '0'을 도입하면서 큰 효과를 누리고 있다. 하나 사면 하나가 공짜! 공짜 마케팅! 공짜 시식회! 시장에서는 이성적으로 설명할 수 없는 마술이 지금도 행해지고 있다. 공짜의 마술은 비이성적·비과학적 마케팅이 아니다. 공짜의 마술은 예측 가능하고 대처 가능하다. 당신이 심리학을 기초로 경제·경영에 대한 지식을 쌓는다면 시장에서 마술사가 될 수 있다. 마술사들이여! 시장은 상대적이라는 사실을 꼭 기억하라. 행복과 불행도 상대성 이론이 적용된다.

인 간의 마음은 상황에 따라 반응하는 고유한 형태가 있다. 이를 성격유형이라고 한다. 성격유형을 분석하는 방법은 여러 가지가 있다. 가장 널리 알려져 있는 방법은 Enneagram, MBTI, DISC, 스즈키BN법, 정신분석적 성격진단. LIFO 등이다. 그렇다면 넓은 아량과 높은 배려를 행동으로 보여주는 방법이 있을까? 결론은 '있다'이다. 고객에게 환영 받고 싶은 사람은 마음을 이해할 수 있어야 한다. 사람의 마음을 이해하기 위해서는 그 사람의 '마음의 문'을 찾아 열고 들어가야 한다. 마음의 문은 어디에 있을까? 그 문을 찾아 열쇠로 열고 들어가 보자.

마음의 문을 **열어라**

당신부터 '마음의 문'을 열어라

이상윤 교수는 〈인간의 7대 심리영역과 매장에서의 활용〉이라는 학술논문에서 인간은 좌우 측면을 선호하는데, 이를 '측면선호의 영역'이라고 했다. 측면이라고 하면 좌·우측을 말한다. 인간은 좌·우 둘 중 더 선호하는 쪽이 있다고 한다. 물론 사람마다 다르다. 어떤 학자들은 인간의 심장이 왼쪽에 있기 때문에 왼쪽을 더 선호한다고 주장하기도 한다.

낯선 사람을 만나면 본능적으로 경계한다. 처음에는 꼭꼭 걸어 잠근 '마음의 문'이 좀처럼 열리지 않는다. 마음의 문에는 들어가는 문과 나오는 문이 있다. 한쪽이 들어가는 들문이면 반대편은 나오는 날문이다. 마음의 문이 좌·우 어느 쪽에 있는지 찾는 방법은 사람의 눈을 보면 안다. 눈은 마음의 창이다. 눈이 바라보는 곳에 우리의 마음도 있다. 즉, 시선이 머무는 곳에 마음도 머물기 마련이다. 나의 행동에 따라 마음의 창이 열리기도 하고 닫히기도 한다. 고객의 '마음의 문'을 열려고 하기 전에 먼저 내 마음의 창을 활짝 열어 놓자.

내 신체의 좌우대칭

박수 치듯 손바닥끼리 정면으로 마주하고 손가락을 쫙 벌려보자. 그리고 세게 박수를 한 번 치자. 겹쳐진 손을 보면 왼손과 오른손의 높이가 다르거나 양손의 손가락이 정확하게 일치하지 않고 삐뚤어졌을 것이다. 내 몸의 손이지만, 왼손과 오른손이 정확하게 일치하지 않는다.

동물들은 외형이 대칭인 것을 선호한다. 영양의 뿔이 대칭일수록 짝짓기 성공률이 높다는 연구결과도 있다. 인간도 본능적으로 약간 비대칭인 부분을 보완하려고 한다. 그런 심리는 무의식중에 신체 반응으로 나타난다. 외모는 분명하게 대칭을 선호하는데 인간의 내부 장기는 대칭이 아니다. 인간의 심장은 왼쪽에 있다. 과학적으로 여러 설이 있지만 내장은 상대에게 보이지 않기 때문에 짝짓기에 영향을 미치지 않는다.

그래서 심장이 가까운 쪽을 더 선호한다는 '심장과 친근감의 상호작용'을 주장하는 이론은 설득력이 떨어진다.

전문가 관점에서 고객의 눈을 보라

눈 깜빡임을 자세히 보면 좌안과 우안의 깜빡임 속도에 약간의 차이가 있다. 두 눈 중에서 깜빡임이 빠른 쪽에 '마음의 문'이 있다. 고객의 '마음의 문'을 찾았다면 상담을 하거나 시술할 때, 가능하면 마음의 문 쪽으로 다가가라. 눈 깜빡임이 빠른 쪽이 의식영역이고 느린 쪽이 무의식영역이다. 사람은 의식영역을 선호하고 무의식영역을 회피한다. 거리에서 전단지를 배포할 때 의식영역 쪽에서 전달하면 더 많은 사람들이 받는다. 같은 시간을 투입해도 전단지를 더 많이 배포하고 싶다면 의식영역 쪽으로 다가가라.

고객의 눈을 봐라. 눈짓으로 가볍게 하는 눈인사가 목례(目禮)다. 대화할 때는 눈을 바라보아야 한다. 이런 사실을 대부분 알고 있지만, 고객의 눈을 제대로 바라보는 사람은 거의 없다.

보통은 정면으로 바라보는 것을 어색해한다. 그래서 미간이나 인중을 보면서 말하라고 한다. 이것은 옳은 방법이 아니다. 어색하지 않게 고객의 눈을 바라보는 방법이 있다. 상대를 바라볼 때 의사가 환자를 진찰하듯 마음의 문을 찾아준다는 전문가의 입장에서 바라보면 자연스런 분위기가 된다. 눈 깜빡임 속도 차이를 분간하기 어려운 경우에는 고객의 핸드백 위치를 보아라. 인간의 행동심리에서 핸드백은 방패 역할을 한다. '이쪽으로 다가오지 마세요. 반대편으로 다가오세요'라는 무의식의 행동언어다. 약점은 감추고 강점은 드러내고 싶은 것이 인간의 본성이다. 서비스 제공자는 고객이 핸드백을 어느 쪽에 맸는지 기억했다가 반대편으로 다가서면 친근감을 높일 수 있다. 지금부터 당신은 안과전문의다. 고객의 눈을 바라보는 것이 아니라 환자의 눈을 진찰하는 의사의 심정으로 바라본다면 고객은 당신을 전문가로 인정하게 되므로 눈을 바라봐도 전혀 이상하지 않다.

첫인상으로 고객 마음의 문 열기

문을 찾았다면 열쇠가 있어야 고객의 마음속으로 들어갈 수 있다. 그 문을 여는 열쇠는 무엇인가? 열쇠는 바로 첫인상(First Impression)이다. 첫인상은 0.15초에 정해진다는 학자도 있고 3분 내에 형성된다는 주장도 있다. 패션스타일, 헤어스타일, 얼굴 표정, 바디 랭귀지, 신체적 거리 등 짧은 시간에 느껴지는 요소를 근거로 '좋다·싫다'를 판단한다. 첫인상은 한번 각인되면 쉽게 바뀌지 않는다. 능력이 100인 사람이 첫인상에서 좋다(+)로 결정되면 그는 +100에서 시작하는 것이고, 싫다(−)로 인식되면 −100이 된다. 첫인상이 결정된 후의 추가적인 정보는 좀 더 구체화하는 데 사용한다. +100으로 각인된 사람의 추가정보가

−20이면 그는 +80으로 인식된다.

또한 −100인 사람이 추가정보를 +30으로 구체화하면 −70이 된다. 첫인상의 힘은 능력이 아니라 인식(+/−)에서 결정된다. 실제 능력이 200인 사람의 첫인상이 (−)로 각인되면 −200이 된다. 그것을 바꾸기 위해서는 최소한 +200 이상의 긍정적인 추가정보가 필요하다. 하지만, 처음에 대부분의 능력이 표출된 상태에서 긍정적 추가정보를 200 이상 구축한다는 것은 매우 힘들다.

첫인상은 그 사람의 능력보다 호불호가 어떻게 결정되는가가 더욱 중요하다.

일관성의 법칙과 선택적 기억

첫인상은 차가울 땐 얼었다가 분위기가 좋아지면 녹는 얼음이 아니다. 첫인상은 시멘트처럼 한번 굳어지면 다시는 회복할 수 없다. 사람은 자신의 결정을 합리화하려고 한다. 이를 '일관성의 법칙'이라고 한다. 어떤 상황에서 자신이 선택한 결정을 일관되게 유지하기 위해서 후속적인 판단을 이전의 선택과 의도적으로 일치시켜 일관성을 유지하려고 한다. 또한 인간의 기억은 매우 애매하다. 보고 들은 것들을 있는 그대로 기억하지 않는다. 자신이 이해할 수 있고 흥미 있는 부분만 기억한다. 들어온 정보를 그대로 기억하는 것이 아니라, 자신의 입맛에 맞게 가공·편집하여 본인의 기호에 맞게 선택해서 기억한다. 첫인상이 고착화된 후에 추가적으로 제공되는 정보는 자신의 판단과 일치시켜 기억한다. 이렇게 제공된 정보들 중에서 자신의 가치판단과 일치하는 것만을 선택적으로 기억하는 것이 '선택적 기억(Selective Memory)'이다.

고객 마음의 문으로 들어가는 방법
인간은 측면을 선호한다.

선호하는 좌우 측면에 '마음의 문'이 있다. 마음의 문은 들어가는 들문과 나오는 날문이 있다. 입구 즉, 들문을 찾는 방법은 눈 깜빡임이 빠른 쪽과 핸드백을 맨 반대편을 확인하는 것이다.

마음의 문으로 들어가려면 첫인상이라는 열쇠로 열어야 한다. 첫인상은 얼음처럼 얼었다 녹는 것이 아니라 시멘트처럼 한번 굳으면 바꿀 수 없다.

공포영화를 보면 두려워지고 예쁜 아기를 보면 저절로 미소 짓게 된다. 또 슬픈 공연을 보면 마음이 슬퍼진다. 이처럼 사람의 마음은 상황에 따라 빠르게 변한다. 고객의 마음을 움직이는 것 역시 살롱의 상황연출에 따라 의도한 대로 가능하다. 잘 기획된 영화나 연극이 우리의 마음을 빼앗듯 철저하게 준비된 살롱과 헤어 디자이너가 고객의 마음을 얻어 팬(Fanatic)으로 발전시킨다. 고객의 마음을 많이 감동시킬수록 고객의 주머니는 점점 더 많이 열린다.

고객의 마음은 **언제 움직이는가**

인간에게 감동을 전하는 것들

당신이 가장 감명 깊게 봤던 영화 세 편을 생각해보라. 어떤 것에 감동했는가? 무대배경, 영화음악(OST), 연기력, 대본(스토리) 등 어떤 것인가? 영화나 연극이 우리에게 감동을 선사하는 특별한 요소는 뭘까? 인간은 어떤 요소에 크게 감명 받을까?

　영화 〈러브 스토리〉가 출시된 지 벌써 40년이 지났다. 맨해튼에 있는 센트럴 파크의 설경에서 제니와 올리버가 눈 위를 뒹구는 장면이 아직도 떠오르는가? 'Skating in Central Park'라는 곡이 귓가에 들리는가? 올리버가 제니에게 미안하다고 말하자 제니가 한 말을 기억하는가? "사랑은 미안하다고 말하는 것이 아니야(Love means never having to say you're sorry!)!" 우리도 '미안하다'는 말보다 '감사합니다', '고맙습니다'라는 말에 익숙해지면 어떨까?

인간은 감정의 동물이다

사람의 감정과 의식은 일치하지 않는다. 다이어트를 하겠다는 의식과 먹고 싶은 감정은 서로 어긋나기 일쑤다. 금연하겠다는 의지와 니코틴의 유혹도 감정과 의식의 극명한 격차를 보인다. 사람은 감성으로 판단하고 이성으로 합리화한다. 우리가 내린 모든 결정은 이성에 의해서 판단한 것이 하나도 없다. 공부를 잘하고 싶은 의식과 현실의 편안함은 늘 우리를 유혹한다. 그리고 대부분의 사람들은 그 유혹에 무릎 꿇는다. 그리고 자신이 공부하지 못한(사실은 안 한) 것에 다양한 핑계거리를 만들고 죽을 때까지 구실로 삼는다. 그리고 또다시 자신의 2세에게는 공부하라고 한다. 왜 당신은 지금 당장 공부하지 않는가?

당신은 진정 성공을 원하는가?

무능한 사람이 자신을 합리화하는 방법은 상대를 비난하거나 핑계를 대는 것이다. 자신의 감성욕구와 타협하여 무능한 상태를 방치하면서 끝없이 누군가를 비난하고 핑계거리를 찾는다. 실패한 사람 중 '성공의 방법'을 몰라서 실패하는 경우는 소수에 불과하다. 의식적으로는 성공하고 싶어 안달하는 것 같지만, 감성적으로는 성공을 거부한다. 그렇지 않다면 왜 지금 당장 살롱을 깨끗하게 청소하고 정리정돈하고 말끔한 분위기를 연출하지 않는가? 고객을 응대할 때, 환한 미소로 맞이하기가 그렇게 어려운가? 하루 16시간 이상 몇 년씩 고시공부 하는 사람들도 많은데, 일주일이나 한 달에 한 번 교육받는 것을 거부하는 이유가 도대체 무엇인가? 가난한 살롱과 가난한 사람들의 대부분은 의식적으로는 가난을 싫어하는 것처럼 보이지만, 내면의 감성으로 깊이 들어가 보면 가난을 사랑한다. 나는 부모처럼 살지 않겠다고 말하면서 부모의 삶을 그대로 답습하는 사람들처럼 말이다. 말로는 잘살고 싶다고, 부자가 되고 싶다고, 열심히 노력하고 있다고 말한다. 그러나 현실의 행동은 부자와는 멀게, 가난과는 완벽하게 일치하도록 살아가면서 결과가 달라지기를 바란다. 실패자는 분명히 성공을 싫어하지 않을까? 그렇지 않다면 '성공의 방법'을 확실하게 알려줘도 실행에 옮기지 않는 이유를 어디서 찾아야 하는가?

고객의 마음을 움직이는 법

살롱의 분위기가 아름다우면 고객의 마음도 아름다워진다. 빠른 템포의 음악이 흐르면 듣는 이들의 심장박동이 빨라진다. 인간의 마음은 환경에 자유롭지 못하다. 서비스 제공자의 표정이 밝으면 고객의 마음도 밝아진다. 고객은 친절한 사람에게는 친절하게 대한다. 또 품격 있는 사람 앞에서는 품위 있게 행동한다. 그래서 품위 있는 장소에서는 품위 있게 지출한다. 어수선한 분위기에서는 소비가 이뤄지지 않는다. 불결한 환경, 불친절한 태도, 불량상품 앞에서는 고객 자신이 아무리 노력해도 즐겁거나 행복할 수 없다. 감동받을 수 없다. 즐거운 영화를 보면 기뻐하고 슬픈 영화를 보면 눈물 흘리는 것처럼 살롱 분위기와 친절도에 따라 고객의 마음상태가 바뀐다. 헤어 디자이너의 마음이 즐거워야 친절한 고객 응대가 가능하다. 그렇다면 디자이너는 자신의 마음을 어떻게 조절할 수 있을까? 과학적이고 손쉬운 방법이 있다.

당장 얼굴 표정을 바꿔라.

인간의 표정에는 기쁨 · 슬픔 · 노여움 · 놀람 · 불안 · 혐오의 6가지 표정이 있다. 또 인간의 신경계에는 중추신경이 있는데 운동중추와 감정중추가 하나로 연결되어 있다. 그래서 운동중추신경을 억지로라도 사용해서 얼굴 표정을 웃는 모습으로 연출하면 감성중추신경은 저절로 즐거운 상태로 인식하고, 엔도르핀을 분비하여 즐거운 상태가 된다. 이처럼 얼굴 표정을 바꾸면 감정상태가 달라진다는 심리학 이론이 '안면 피드백 이론(Facial Feed-back Theory)'이다. 마음은 표정에 따라 달라진다. 기뻐지고 싶으면 웃는 표정을 지어라. 슬퍼지고 싶으면 얼굴을 찡그리면 된다. 운동중추와 감정중추는 서로가 하나로 연결되어 있다. 나의 표정이 밝아야 내 기분이 즐거워진다. 내가 즐거워야 고객을 행복하게 할 수 있다. 가난한 사람이 부자를 도울 수 없는 것처럼, 불행한 직원은 고객을 행복하게 할 수 없다. 당신이 필요로 하는 것은 당신에게 없다. 당신의 꿈, 당신의 인생, 심지어 돈조차 말이다. 나에게 필요한 것은 반드시 남에게서 구해야 한다. 다른 사람을 기쁘고 행복하게 해줄 수 있어야 비로소 당신이 바라는 것을 구할 수 있다. 카네기 멜론대학의 조사에 의하면 성공의 15%는 자신의 실력이고 85%는 인간관계에 있다. 나의 능력을 키우는 것보다 남의 마음을 얻는 것이 성공에 다가가는 지름길이다.

고객의 마음을 얻을 수 있는 방법

사람은 '감정의 동물'이다. 아름다운 것을 보면 예뻐하고 더러운 것을 보면 혐오한다. 즐거운 영화를 보면 기뻐지고 슬픈 영화를 보면 우울해진다. 사람은 처해진 환경과 주변 여건에 따라 감정이 수시로 변한다. 살롱에서 밝은 분위기와 환한 표정을 연출하면 찾아오는 고객의 마음도 저절로 밝아진다.

서비스 제공자의 마음이 기뻐야 고객에게도 기쁨을 선사할 수 있다. 나의 마음은 현재 나의 표정이다. 웃으면 기뻐지고 찡그리면 슬퍼지는 심리학 이론인 '안면 피드백 이론'을 명심하자.

고객은 전지전능하다. 고객만 있으면 모든 것이 가능하다. 좋은 집, 넓은 차, 맛있는 음식, 세계 여행, 자녀 양육, 사회적 인정, 자아실현 등 당신이 원하는 것을 다 이룰 수 있다. 나의 신앙은 고객이다. 나의 성전은 살롱이다. 나의 예배는 시술이다.

나의 신앙은 **고객이다**

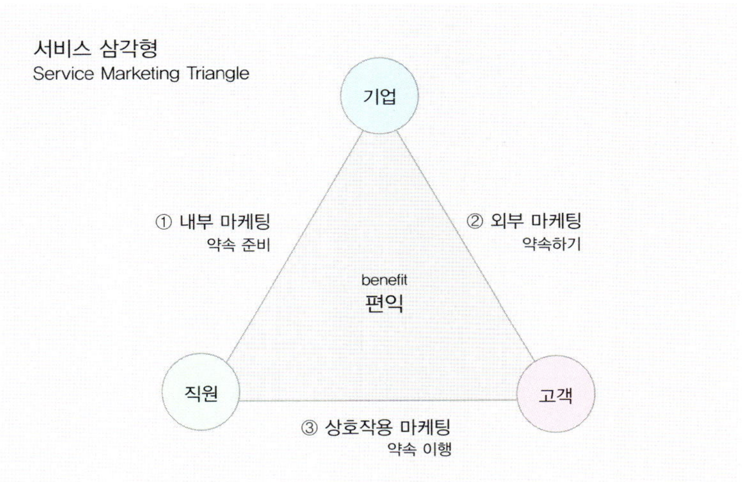

　인간은 신을 만들고 신은 인간을 만든다. 시장은 고객을 부르고 고객은 시장을 만든다. 신은 인간에게 영혼의 안식처를 제공한다. 그래서 인간은 신을 숭배한다.

　성부·성자·성령의 삼위일체라는 말이 있다. 연극에서의 등장인물을 페르소나라고 한다. 시장에는 고객·직원·원장이 페르소나다. 페르소나는 우리말로 등장인물을 뜻한다. 시장에는 소비 주체인 고객이 있고, 직원은 고객의 욕구를 충족시키며, 원장은 고객과 직원이 가장 효율적으로 행복할 수 있는 시스템을 제공한다. 살롱에는 고객·직원·원장(기업)이 삼위일체의 페르소나를 형성하는데, 등장인물을 삼각관계로 표현한 것이 서비스 삼각형이다. 기업은 고객에게 편익(뷰티서비스)을 제공한다는 약속을 하기 전에 그 약속을 이행할 수 있는 준비를 한다. 이것이 내부 마케팅이다. 직원과 기업은 고객을 위해서 존재한다. 또한 기업은 약속할 준비가 완료되면 고객께 어떠한 서비스를 제공하겠다는 약속을 한다. 이것이 외부 마케팅이다.

내부 마케팅과 외부 마케팅이 진행되면 고객이 살롱을 찾는다. 살롱에서 고객과 직원 간에 이뤄지는 과정이 약속이행단계로 상호작용 마케팅이다. 고객과 직원과 기업이 만나는 순간이 진실의 순간(MOT)이다. 이 접점의 순간은 통합적 관점에서 일관되어야 한다. 진실의 순간들이 일관적이고 통합적으로 진행될 때 브랜드 파워가 강하게 형성된다. 고객은 돈벌이 수단이 아니라 사랑하고 보살피며 애정을 쏟아야 할 주체다. 고객을 신으로 섬기는 민스헤어의 신앙을 소개한다.

민스헤어의 신앙

1. 민스의 신앙은 고객이다.

고객의 생각이 민스의 행동이다.

2. 민스의 신앙은 혁신이다.

탁월함은 혁신과 동행한다. 우리는 2등의 스승이다.

"오늘은 고객의 기대를 뛰어넘는 것이라도, 내일이면 그 기대를 충족하는 정도에 그친다. 그래서 우리는 계속해서 고객의 반응을 모으는 겁니다."

3. 민스의 신앙은 교육이다.

교육만이 인간을 행복으로 인도한다.

고객에게 서비스하는 것을 기피하는 것은 직원들의 열정이 부족해서가 아니라, 그들이 할 수 없는 일일 경우가 많다. 그것은 필수적인 기술이나 지식이 부족해서 생기는 당연한 일일 수 있다.

4. 민스의 신도는 직원이다.

직원은 고객에 헌신하고, 민스는 직원에 헌신한다.

5. 우리의 성전은 살롱이다.

살롱은 가장 성스럽고 아름다우며 깨끗해야 한다. 환경이 깨끗하면 인생이 밝아진다.

6. 민스는 혼자서도 잘할 수 있는 일은 하지 않는다.

민스는 함께 해야만 가치 있는 위대한 일을 한다. 예를 들어 독주회 같은 것은 혼자서도 잘할 수 있기에 민스는 하지 않는다.

민스는 오케스트라처럼 여럿이 함께했을 때, 위대해지는 일을 한다.

7. 정직하지 못한 사람은 미용사가 되어서는 안 된다.

뷰티서비스는 무형의 것이기에 고객이 먼저 믿고 구매해야 한다. 제품은 판매자의 신뢰가 없어도 물품만 인수받으면 되지만, 뷰티서비스는 미용사가 신뢰를 얻지 못하면 저렴하더라도 구입하지 않는다. 전문가에게 신뢰는 절대적이다.

시장에서의 역할

기업은 가치를 주고, 직원은 노력을 주고, 고객은 급여를 준다. 고객·직원·원장(기업)의 가치가 일치할 때 위대한 에너지가 발생한다.

수치로 평가할 수 없는 것은 개선할 수 없다. 서비스품질 측정모델은 SERVQUAL모델, SERVPERF모델, KS-SQI 모델이 가장 널리 활용되나 필자의 경험으로는 매출과 재방문율이 가장 과학적이고 현실적인 정확한 측정모델이다. S&RR(Sales & Repurchase rate)로 측정한다.

서비스 품질 평가 5요소

상품의 품질

상품의 질이 품질이다. 사전에서는 '상품의 성질과 바탕'을 품질이라고 한다. 그렇다면 품질이 좋다, 나쁘다 구분하는 기준은 무엇인가. 고객이 기대한 서비스와 기업이 제공한 서비스의 격차에 의해 좋고 나쁨을 가른다. 고객이 기대한 서비스와 기업이 제공한 서비스가 일치할 때 만족한다. 기대한 서비스가 더 크면 불만이 시작된다. 제공한 서비스가 더 크면 감동이 시작된다.

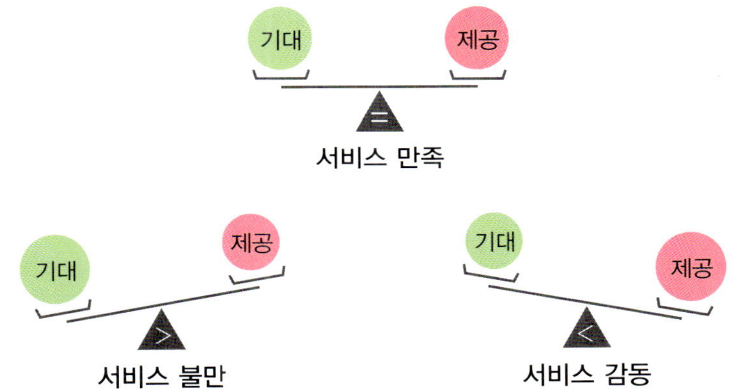

서비스 특성

사람을 여자와 남자로 구분하듯, 상품도 서비스와 제품으로 나눈다. 시장에도 제품과 서비스가 존재한다. 제품과 서비스는 상반되는 특성이 많다. 그 특성을 이해하지 못하면 경영자와 마케터는 큰 혼란에 빠진다.

　서비스의 첫째 특성은 무형성이다. 서비스는 눈에 보이지 않는다. 손으로 만져 볼 수 없다. 그래서 신뢰가 중요하다. 제품보다 브랜드의 중요성이 더욱 강조되는 이유다. 실체가 없기에 기존 고객의 소개를 통한 회원 추천제의 효과가 높다. 적극 도입하자.

둘째 특성은 동시성이다. 고객과 미용사가 동일한 시간과 공간에 있어야 시술이 이뤄진다. 시술(생산)과정에 고객이 동참한다. 서비스업의 상권과 운영시간이 강조되는 이유가 동시성 때문이다. 고객과 미용사가 분리될 수 없기에 비분리성이라고도 한다.

셋째 특성은 이질성이다. 제공자마다 제공되는 품질이 다르다. 고객마다 요구가 다르고 미용사마다 기술력이 다르다. 그래서 품질이 균일하지 않다. 시술 전에 고객의 욕구를 미리 파악할 수 있는 상담이나 성격유형분석이 중요하다. 미용사들의 기술편차를 줄이기 위한 기술과 서비스의 표준화 교육이 필요하다. 계획한 서비스 품질을 반복적으로 제공할 수 있는 서비스 매뉴얼이 필요하다. 헤어부문은 모질이나 두상을 감안해서 시술하며, 피부부문은 피부상태나 체질을 반영해서 관리한다. 고객 개인별 가치관도 이질성을 유발하는 요소다.

넷째 특성은 소멸성이다. 서비스는 제품(물질)이 아니기에 재고로 보관할 수 없다. 생산이 곧 소비다. 제품처럼 한가한 비수기에 만들어 놓고 성수기에 집중해서 판매할 수 없다. 성수기와 비수기 매출관리가 중요하다. 고객의 시술기록, 시술사진, 시술정보를 축적하는 과정이 필요하다.

① 무형성, ② 동시성, ③ 이질성, ④ 소멸성

서비스품질 측정모델은 SERVQUAL모델, SERVPERF모델, KS-SQI모델이 가장 널리 활용되고 있다.

서비스품질 5요소

유형성 (Tangibility)	**외형적 단서** • 최신 장비를 갖추고 있다. • 시각적으로 보기에 좋다. • 직원은 옷차림과 용모가 단정하다. • 적합한 시설과 분위기를 갖추었다.
신뢰성 (Reliability)	**정확한 수행** • 시간을 정확히 지킨다. • 고객의 문제를 적극적으로 해결한다. • 믿고 의지할 수 있는 기업이다. • 약속한 시간 내에 서비스를 제공한다. • 업무내용을 정확하게 기록한다.
응답성 (Responsiveness)	**즉각적 반응** • 소요시간을 정확히 알려준다. • 즉각적인 서비스를 제공한다. • 자발적, 적극적으로 고객을 돕는다. • 매우 바쁠 때에도, 신속하게 대응한다.
확신성 (Assurance)	**제공자 능력** • 고객이 직원을 신뢰할 수 있다. • 편안한 거래를 위해 안전을 제공한다. • 예의가 바르고 공손하다. • 질문에 답변할 충분한 지식이 있다.
공감성 (Empathy)	**감정의 수용** • 고객에게 개인별 관심을 보인다. • 영업시간이 고객에게 편리하다. • 맞춤서비스를 제공한다. • 고객의 이익을 진심으로 생각한다. • 직원은 고객의 욕구(필요)를 이해한다.

SERVQUAL(Service Quality)은 PZB(Parasuraman, Zeithaml, Berry)에 의해 성과–기대를 측정하는 기대서비스와 제공서비스의 상대적 품질평가 방식이다. SERVPERF(Service Performance)은 Cronin & Tayler(1992)가 고객기대를 배제한 서비스 성과에 기초한 절대적 품질평가 수단이다. SERVQUAL이 상대적 품질평가라면 SERVPERF는 절대적 품질평가다. KS–SQI(Korean Standard–Service Quality Index, 한국서비스 품질지수)는 한국표준협회에서 SERVQUAL 모델의 5가지 차원을 기반으로 한국적 특성을 반영해서 개발한 모델이다. S&RR(Sales & Repurchase rate)은 (주)미용마케팅 연구소에서 개발한 서비스 품질평가 모델이다. 매출과 신규고객 재방문율과 기존고객 재방문율을 반영해서 개발한 혁신적인 신개념 품질평가 모델이다

　모쪼록 대한민국 미용산업의 서비스 품질 향상에 진력하여 국민들은 아름답고 행복하게, 미용인은 자긍심과 고수익을 실현하길 바란다.

첫인상이 형성되고 나면 자신의 판단이 옳다는 것을 증명하는 정보만 선택적으로 받아들이는 '가설검증바이어스'가 작용한다. 즉, 뛰어난 미용사를 만났더라도 첫인상이 좋지 않았다면, 고객은 다음에 좋은 점을 발견해도 첫인상의 경험을 토대로 무시하거나 쉽게 잊어버린다.

고객 응대 — 고객인가 연인인가

누군가를 진정으로 사랑한 적이 있는가? 사랑하고 사랑받는 일이 우리의 일상사지만, 제대로 사랑하고 사랑받는 사람은 많지 않다. 대부분의 사람들이 성공하고 싶어 하면서도 결국은 성공하지 못하는 것처럼 말이다. 고객을 응대하는 것과 이성과 연애하는 것에 차이가 있을까?

고객 응대에 대한 관심이 점점 높아지고 있다. 하지만 고객 응대를 과학적으로 접근해 분석하려는 사람은 거의 없다. 인생은 노력하는 것이 아니라 공부하는 것이다. 생명이 붙어 있는 사람은 누구나 살아남으려고 노력한다. 심지어 하루하루를 빈둥거리며 생활하는 사람들도 나름은 무척 노력한다. 왜 열심히 노력해도 성공하지 못할까? 이유는 방법을 모르기 때문이다. 고객 응대에 대한 방법을 모른다.

음악에 대한 음법(音法)을 알면 베토벤의 교향곡을 감미롭게 이해할 수 있고, 그림에 대한 화법(畵法)을 배우면 고갱(Paul Gauguin)의 작품을 풍성하게 느낄 수 있다. 이렇듯, 고객에 대해서 공부하면 할수록 고객응대에 대한 흥미와 보람이 더욱 커질 것이다.

세상에는 다양한 곡들이 있지만 7음계로 모든 소리를 표현한다. 화려하고 다양한 색깔의 그림들도 3원색으로 표현한다. 세계 인구 약 70억 명의 성격도 몇 가지로 나타낼 수 있다. 고객응대에서 첫인상 요소를 3가지로 단순화 시킬 수 있다.

메라비언의 법칙으로 유명한 UCLA의 메라비언 교수는 첫인상의 대면 커뮤니케이션 법칙을 설파했다. 대화에서 상대방으로부터 전달되는 이미지는 시각이 55%, 청각이 38%, 언어가 7%의 비중을 갖는다. 메라비언 법칙은 고객은 물론 이성 간의 관계에서도 적용된다. 경쟁 살롱과 기술력·서비스·분위기 등 주어진 조건이 비슷할 때, 메라비언 법칙만으로도 차별화 전략을 펼칠 수 있다. 메라비언 법칙에 의하면, 미용사의 시각이미지 표정·복장·헤어스타일·제스처 등이 55%의 비중을 차지한다. 청각인 목소리 톤·리듬·음색 등이 38%의 비중을 차지한다. 언어는 말의 내용과 사용하는 단어로 7%를 차지한다. 결국 미용사의 지적 수준이나 능력보다는 시각(Visual)적 이미지가 첫인상 형성에 8배정도 영향력이 크다. 청각(Vocal)적 이미지는 5배 이상이다. 이 둘을 합하면 14배에 해당한다.

우정과 사랑의 차이는 '성(Sex)이 있는가 없는가'에 있다. 뇌 구조에서 우정은 이성의 영역이고 사랑은 본능의 영역이다. 본능의 뇌는 6,500만 년 전 포유류가 진화하면서 형성된 뇌로 파충류의 뇌(Reptilian Brain)라고도 부른다. 친구와 우정, 연인의 사랑, 고객의 애호도(Loyalty)는 서로 비슷한 개념이다. 고객 응대는 친구처럼 우정을 쌓고 연인처럼 사랑하는 사이다. 고객에게 좋은 첫인상을 심어주는 첫인상 연출법에 대해서 메라비언의 법칙을 기준으로 자세하게 알아보자.

1. Visual(시각)

시각 이미지는 표정, 복장, 헤어스타일, 제스처 등이다.

얼굴 표정은 밝아야 한다. 미소 짓는 얼굴이 최고의 표정이다. 복장은 전문성을 표현하는 제복이 좋다. 미용사들은 시술을 해야 하기에 활동성이 보장되는 편리성과 전문성을 동시에 고려해야 한다. 제복(유니폼)은 전체가 통일된 이미지를 전달하고 단합된 느낌으로 대수의 법칙을 따른다. 클레이 셔키의 '많아지면 달라진다'는 대수의 법칙이다. 사람은 같은 값이면 큰 것을 좋아한다. 대수의 법칙은 확률에서만 적용되는 것이 아니다. 10명이 통일된 동작을 연출했을 때보다 1,000명이 일치된 동작을 했을 때, 더 큰 전율과 감동을 전달한다. 조직에서 제복(Uniform)을 입지 않고 각자 다르게 입으면 개성은 표현할 수 있지만, '부정성 효과'를 야기한다. Negativity Effect란 사람들은 인물에 대해 평가할 때는 긍정적으로 평가하려는 경향이 있지만, 만일 어떤 '부정적인 정보가 나타나면 다른 긍정적 정보보다 부정적인 것에 더 비중을 두고 평가한다'는 이론이다.

헤어스타일은 단발로 하거나 올림머리로 한다. 특히 여성이 긴 머리를 늘어뜨리면 세련된 전문가보다 청순한 아마추어로 인식된다. 전문가의 모발이 길어 보이면 전문가라기보다는 섹시하다는 관점으로 바라본다. 단발머리는 비즈니스 파트너를 연상하며, 긴 생머리는 성적 파트너를 연상시킬 수 있다.

2. Vocal(청각)

심장은 귀를 통해 연주된다. 심장은 맑은 목소리와 높은 톤에 의해서 매혹된다. 누드가 시선을 끈다면, 솔톤(Sol-Tone)은 귀를 유혹한다. 맑고 청아한 솔톤(Sol-Tone)의 목소리는 누드 목소리다. 남자에게는 파톤(Fa Tone)이 누드 목소리다. 목소리의 완성도를 좀 더 높이려면 마지막 발음을 3초 정도 길게 끌면서 끝 톤을 조금만 더 높이면 감미롭고 세련되게 들린다.

3. Verbal(언어)

언어는 그 사람의 지적 수준과 품격을 드러낸다. 커뮤니케이션에서 말을 많이 하는 것보다는 질문과 경청에 힘써야 성공한다. 경청을 잘하기 위해서는 질문을 잘해야 한다. 말할 때는 은유법을 적절히 사용하고 명언·명구로 짧고 통찰력 있게 소통한다. 커뮤니케이션에서 말이 많아지면 실망이 커진다.

사랑은 눈으로 오고 우정은 귀로 오며 신뢰는 행동으로 온다. 어리석은 자는 말로 하고 현명한 사람은 보여주고 들려주고 행동한다. 신뢰는 행동으로 전달되며, 말로 오지 않는다. 사랑은 심장이나 성기가 아니라 눈을 통해 들어온다. "다음에 또 봐요!"라는 말은 있어도 "다음에 또 들어요"라는 말은 없다. 언어적 표현은 커뮤니케이션에서 7%에 불과하다.

어떤 사람은 고객 앞에서 굽실거리는 것이 친절이라고 생각한다. 친절은 굽실거리는 게 아니다. 친절은 품위와 품격이 묻어나야 한다. 사람을 크게 남자와 여자로 구분하듯, 상품은 제품과 서비스로 구분한다. 제품 판매자는 굽실거리는 것만으로 일정 수준의 서비스 품질에 도달할 수 있다. 그러나 서비스 제공자가 굽실거리면 오히려 서비스 품질에 의심이 생긴다.

서비스 품질 – 고객 수준보다 높여라

품위와 품격이 묻어나는 친절

제품 판매자들은 친절만으로도 차별화가 가능하지만, 서비스 제공자들은 품격이 더해져야 한다. 고객들의 서비스 품질 인식 수준이 점점 더 높아지고 있다. 친근을 넘어 친밀이나 친애의 단계까지 서비스 수준을 높여야 한다. 고객에게 제공되는 서비스 수준을 친애의 단계로 격상시켜라. 친애단계는 한 번에 실현될 수 없다. 꾸준한 정성과 시간과 노력을 투자해야 한다.

고객이 상표에 보이는 애착의 정도를 로열티라 한다. 로열티는 애호도다. 고객 정보를 최대한 많이 수집해서 관리하고, 그 정보를 서비스 제공과정에 적극적으로 활용해야 친애단계에 도달한다. 고객에게 애인처럼 서비스할 수 없다면 살롱을 떠나 생산직으로 옮기는 게 현명하다. 친절은 생산직의 서비스다. 서비스 업종에서 친절 수준으로 서비스를 제공하면 불량품이 된다. 국민소득 2만 달러의 시대다. 국민소득이 높아지면 서비스 기대수준도 비례해서 높아진다. 지금까지는 친절로도 경쟁이 되었지만, 앞으로는 친절만으로 통하지 않는다.

서비스 품질 수준 – 살롱 & 디자이너 품질

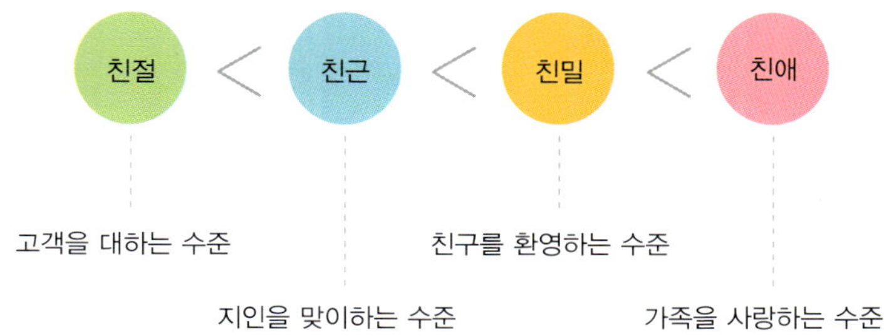

고객이 결정하는 상품 가치 기준

고객에게 제공되는 상품(제품+서비스)의 가치가 높고 낮음의 평가 기준은 뭘까? 상품의 가치 평가는 '욕구충족'에 의해 결정된다. 고객의 욕구를 충족시키는 상품은 가치가 있는 것이고 욕구를 충족시키지 못하는 상품은 불량품이다. 상품의 가치는 보편적 절대기준이 없다. 고객이 만족하면 우량품이고 고객이 불만이면 불량품이다.

　품질 평가는 기술자가 아니라 고객이 평가한다. 최고 품질의 담배가 있다고 하자. 담배가 모든 사람에게 가치 있는 상품은 아니다. 애연가에게는 담배의 가치가 높기 때문에 돈을 주고 구입한다. 그러나 비흡연자에게는 쓰레기에 불과하다. 결국 상품의 가치는 제공자가 결정할 수 있는 게 아니다. 상품 가치는 고객이 결정한다. 어떤 상품의 품질도 생산자나 제공자가 결정할 수 없다. 그래서 고객지향적 품질경영이 각광받는다. 상품의 가치 기준에 객관성은 존재하지 않는다. 모든 상품의 가치는 고객 각자의 주관적 판단에 따른다.

뷰티 서비스에서의 품질 – 살롱 & 미용사품질

살롱품질 QSC (Quality, Service, Cleanliness)
Q ▶ 결과품질　S ▶ 과정품질　C ▶ 환경품질

미용사품질 STI (Skill, Tone, Impression)
S ▶ 스타일 T ▶ 목소리 /　▶ 이미지 ▶ ｜▶ 이미지

서비스 품질 요소와 품질 수준

　품질 요소를 수평축에 놓고 품질 수준을 수직축에 표기하면 한 눈에 서비스 품질을 이해할 수 있다. 그렇다면 서비스 품질 수준은 뭘까? 고객이 살롱을 평가하는 품질 수준은 고객 수준과 경쟁 수준에 따른 비교우위 수준을 따라야 한다. 고객이 원하는 서비스 수준이 80이라면 고객 수준은 80이 된다. 또한 경쟁 기업의 서비스 제공 수준이 90이라면 경쟁 수준이 90이다. 고객 수준(80)과 경쟁 수준(90) 중에서 높은 것이 비교우위 수준이다.

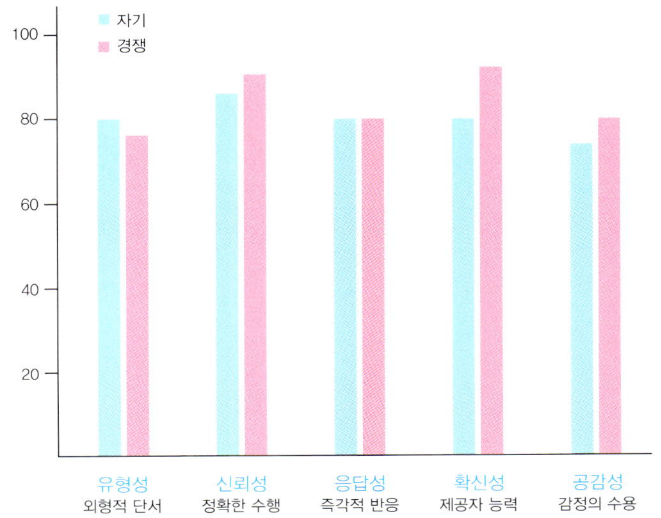

서비스 품질 수준 결정

서비스 품질 관리자는 서비스 품질 수준을 결정해야 한다. 품질이야 무조건 높으면 좋겠다고 생각하지만, 효율성을 강조하는 품질 관리자는 합리적 수준을 결정해야 한다. 서비스 품질 수준은 어느 정도가 적당할까? 일차적으로는 무조건 경쟁자보다는 높아야 한다. 여기서 경쟁자란 같은 업종의 모든 기업을 뜻하는 것이 아니다. 동종 업계에서도 경쟁관계에 있는 기업의 품질 수준보다만 높으면 된다. 타 업종도 경쟁자가 된다. 서비스 품질 관리자는 어떤 상황에서도 경쟁자보다는 품질 수준을 무조건 높게 책정하는 것이 당연하다.

경쟁자보다 높으면 경쟁 수준을 능가한 것이지만 고객 수준도 넘어야 할 산이다. 고객 수준의 기준점은 바로 고객이다.

서비스 품질 수준 결정

구분	요소	수준
살롱품질 QSC	Quality	불만 해소
	Service	고객 수준
	Cleanliness	고객 생활환경
미용사품질 STI	Skill	불만 해소
	Tone	여 – 솔, 남 – 파
	Impression	고객 외모

살롱품질 QSC

살롱품질을 결정할 때는 모든 면에서 경쟁 수준을 능가했다는 가정 하에 고객 수준을 설명한다. 살롱품질 수준에서 Q(Quality)는 불만해소 정도면 된다. 불만해소란 음식점으로 말하자면 맛없는 수준만 넘기면 된다. 미에 대한 품질은 절대기준치가 없다.

S(Service)는 고객의 서비스 수준을 초과해야 한다. 고객의 서비스 수준이란 고객이 받아보았거나 알고 있는 서비스의 최고수준을 말한다. 고객의 의식수준이나 지식수준이 높으면 그 이상 제공해야 한다. 예절 수준이 높은 고객에게는 그에 상응하는 고품격 예의를 지켜야한다. C(Cleanliness)는 고객의 안방보다 깨끗하고 럭셔리해야 한다. 고객의 거주공간(안방)이나 근무처(회사)보다 깨끗해야 한다. 초라한 고객도 초라한 장소를 싫어한다.

미용사품질 STI

미용사품질 수준에서 S(Skill)는 고객의 인식을 개선할 수 있는 살롱품질 QSC 중에서 SC(Service, Cleanliness)와 미용사품질 STI(Skill, Tone, Impression) 중에서 Ti가 먼저 갖춰져야 한다. SC와 TI가 선행되었다면 S(Skill)는 고객의 취향과 문화에 따라 달라진다.

예를 들어 크게 유행했던 패션 스타일을 시즌이 지나고 나면 촌스럽다고 인식하는 것이 미에 대한 우리의 의식이다. 미와 맛은 절대기준이 없다. 서울시민이 맛있어 하는 김치가 남쪽 사람에게는 맛없게 느껴질 수 있다. 미의 기본요소인 점, 선, 면, 형, 명암, 양감, 질감, 색채, 공간, 구도 등은 모두 개인이나 문화에 따라 그 기준이 달라진다. 물론 미에 대한 절대 요소가 몇 가지 있

다. 절대 요소 몇 가지만 초과하면 나머지는 인식에 의해 결정된
다. 즉, 서비스 품질 수준은 고객의 지식이나 의식 및 라이프 스
타일의 기준선을 넘어서면 된다.

고객에게 불친절 한 것은 자신의 인생에 불친절한 것이다. 고객에게 불친절한 것은 적을 돕는 행동이다. 불친절은 반역이며, 역적이며, 개국노며, 배신자다. 그러나 경쟁자에게는 최고의 선행이다.

친절은 나를 돕고
불친절은 적을 돕는다

　싸움을 치르는 장소가 전장이다. 상품을 거래하는 장소가 시장이다. 시장과 전장 둘 중 어디가 더 위험할까? 두 나라가 싸우는 전쟁은 승률이 반반이다. 그렇다면 시장에서의 승률은 얼마일까? 현재 운영하고 있는 살롱의 수익률을 분석한 결과에 의하면 상위 20%는 돈을 벌고 중간 60%는 간신히 현상 유지하며 하위 20%가 망한다. 시장에서 승률은 20%에 불과하다. 전장보다 시장이 더 무섭다. 시장을 전장보다 만만히 봐서는 절대 안 된다. 밀림에서 약자가 강자의 먹이가 되듯이 시장 역시 약자는 강자의 먹이가 된다. 돈을 못 버는 하위 그룹이 망하면 부동산 중개수수료도 생기고 간판도 새로 바꾸고 중고거래처도 먹고 산다. 하지만 상위 그룹은 한곳에서 오랫동안 영업을 함으로써 시장에는 특별한 기여를 하지 않는다. 성공한 기업은 국가와 사회에는 훌륭한 역할을 하지만 시장의 약자들에게는 엄청난 피해를 끼친다.

　부자 살롱들은 채용과 세금으로 국가경제에 크게 이바지한다. 그러나 망하는 살롱은 실업과 지원 등이 필요하기 때문에 국가경제에는 악영향을 끼치지만 개별 시장에서는 '먹잇감' 역할을 톡톡히 한다.

전장보다 위험한 시장에서 승리하는 법

싸움터보다 무서운 장마당에서 이기는 법은 매우 간단하다. 승리의 비법은 바로 친절이다. 당신은 고객에게 친절한가? 아니 그보다 먼저 자신에게 친절한가? 자기 자신에게 친절하지 않은 미용사가 고객에게 친절할 수 없다. 슈나이더(Schneider)와 보우엔(Bowen)은 종업원 만족과 고객 만족은 긴밀한 관계가 있다고 했다. 미용사 스스로 자기 인생과 직업에 만족하지 못하면 고객만족은 희망사항일 뿐이다. 친절은 나를 돕고 불친절은 적을 돕는다. 시장에서 승리하려면 고객에게 친절해야 한다. 인터넷이 세상의 모든 정보로 연결되었듯이 시장도 고객이라는 네트워크로 끈끈하게 연결되었다. 고객이라는 시장의 네트워크는 절대로 끊어지지 않는다. 당신이 고객에게 친절하면 그 친절이 고객 네트워크를 통해 경쟁 살롱을 뿌리째 뽑아낸다. 반면 불친절한 행동은 자기 살롱에서 경쟁 살롱의 광고지를 배포하는 것과 같다. 불친절한 살롱은 경쟁 기업이 더 친절하다고 홍보하는 홍보대사의 역할을 자임한 꼴이다.

영업은 스포츠가 아니다. 세상의 모든 스포츠는 최소한 동일 조건에서 경쟁하지만, 시장은 철저한 불공평 게임이다. 일단 원장의 경력이 다르다. 경영 경력이 20년 된 원장과 새내기 원장이 싸워야 한다. 자금력이 수십억인 원장과 단돈 오천만원인 원장이 똑같이 경쟁한다. 상권 · 경력 · 자금 · 지식 · 실력 등 모든 것이 불공평한 상태에서 동등하게 경쟁하는 곳이 시장이다. 시장에서 불친절은 자살골이다. 불친절한 미용사는 매국노다.

친절 수준

친절에도 수준이 있다. 사람을 대하는 태도가 매우 정겹고 고분고분한 태도를 친절이라고 한다. 친절은 모르는 사람에게 예의를 갖추는 거다.

친절한 서비스보다 한 수 위가 친근한 서비스다. 친근은 알고 지내는 사람에게 예의를 갖추는 정도다. 살롱에서 친근한 서비스라면 고객의 이름을 불러드리는 수준이다. 사이가 가까운 지인이라면 이름을 불러드리는 친근한 서비스는 당연하다. 고객관리 프로그램에 저장된 존함을 찾아보고 "홍길동 고객님 그동안 안녕하셨어요?"라는 정도의 서비스가 친근한 서비스다. 친근한 서비스보다 한 수 위는 친밀한 서비스다.

친밀은 친구 정도로 가깝게 예의를 갖추는 서비스다. 우정을 나누는 사이라면 그 사람의 생일이나 특징을 기억하는 것은 당연하다. 생일에 생일축하카드를 우편발송하고 살롱에 방문했을 때는 고객님이 즐겨 마시는 차를 기억하는 센스는 기본이다. 한 두 번도 아니고 대여섯 번 이상 방문했는데도 방문할 때마다 '고객님 어떤 음료 준비해 드릴까요?'라는 멘트를 언제까지 반복할 것인가?

서비스의 최고 수준은 바로 친애다. 친애는 가족이나 애인에게 예의를 갖추는 서비스다. 예를 들어 고객님께서 업스타일을 원하신다. 오늘이 아기 돌이란다. 당신은 고객님의 결혼식이나 가족 행사를 알게 된다면 어떻게 대처하는가? 그냥 '고객님 축하해요'라고 말로 대신하는가? 아니면 화환이나 꽃다발을 보내는가? 단골고객에게는 친애의 서비스를 제공해야 한다. 절대 후회하지 않는다. 그 대가는 생각보다 훨씬 크다.

환영합니다. 민스헤어입니다.	친절한 서비스
홍길동 고객님 보름만이시네요?	친근한 서비스
홍길동 고객님 전에 원두커피 드셨는데, 이번에도 같은 것 준비해 드릴까요?	친밀한 서비스
홍길순 고객님 아기 돌 축하해요!	친애의 서비스

서비스 부등식

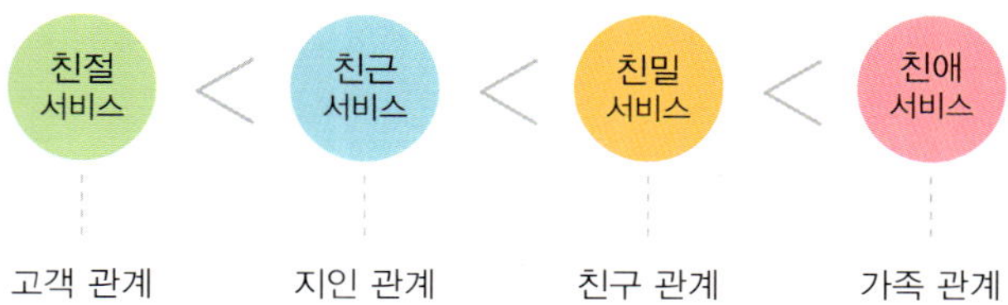

혼자 싸우지 마라.

친절한 서비스에서 친애의 서비스로 서비스 품격을 향상시킨 원장은 이기는 게임을 해야 한다. 시장에게 이기는 게임은 함께 싸우는 거다. 밀림에서 사자는 얼룩말을 사냥할 때 혼자 싸우지 않는다. 그러나 얼룩말들은 함께 방어하지 않는다. 얼룩말이 힘을 합쳐 함께 사자와 맞서면 아마도 사자는 굶어 죽고 말 것이다. 그러나 오늘도 얼룩말들은 외로이 사자무리에 잡혀 먹힌다. 시장에서도 망하는 원장님들은 홀로 고독하게 싸우다가 사라져간다.

이기는 미용실 원장 곁엔 반드시 전문가가 있다. 과거 영국의 식민지였던 나라는 미국과 캐나다를 포함해 50개국이 넘는다. 영국 인구 6,000만 명으로 전 세계에 식민지를 만들 수 있었던 힘은 바로 뭉치는 힘이었다.

한 나라를 식민지로 만들려면 식민지 국민의 3% 병력만 뭉치면 가능하다. 사자들은 함께 사냥하고 얼룩말은 홀로 도망치듯, 강자들은 뭉치고 약자들은 흩어진다. 친절한 서비스로 똘똘 뭉친 미용사는 누구도 이길 수 없다. 고객에게 친절하라. 그리고 뭉쳐라. 절대 혼자 싸우지 마라.

고객을 모방하라. 고객의 행동을 따라 하라. 고객의 안방수준으로 청소하라. 고객의 복장 수준으로 제복을 입어라. 고객을 닮으면 마음을 얻는다.

'닮다'와 '좋다'는 **동의어다**

누구나 꿈꾸는 성공!

삶을 성공으로 이끄는 것은 원만한 인간관계에 있다. 니콜라스 부스먼은 90초 안에 상대방을 파악하고 공통점을 찾아내서 라포르(Rapport)를 형성해야 성공할 수 있다고 한다. 세계에서 가장 다양한 민족으로 구성된 미국의 신혼부부 99%는 동일 인종과 결혼했으며, 94%는 같은 종교다. 훌륭한 인간관계(라포르)를 형성하려면 시각적·청각적·언어적 메시지가 일치해야 한다. 시각적 메시지는 밝은 표정, 바디랭귀지, 미소, 의상 등이다. 청각적 메시지는 맑은 목소리로 음색, 어조, 리듬 등이다. 언어적 메시지는 단어, 내용 등이다. 메라비언은 자신의 저서 〈Silent Messages〉에서 첫인상은 시각적 메시지가 55%, 청각적 메시지가 38%, 언어적 메시지가 7%의 비중으로 만들어진다고 주장했다.

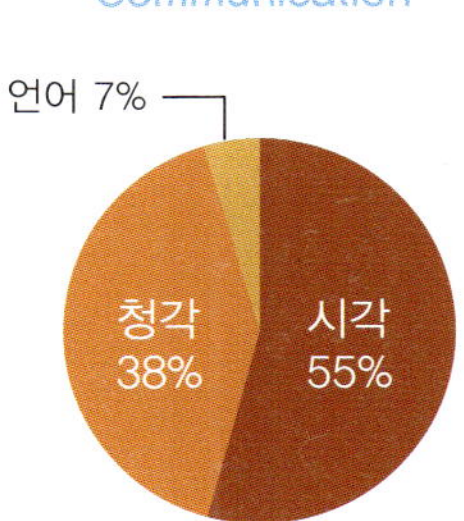

메라비언(Albert Mehrabian) 교수의 연구에서 핵심은 커뮤니케이션의 신뢰성을 높이는 데 시각적·청각적·언어적 비율이 55:38:7이라는 것이 아니다. 세 가지 측면이 일관성 내지는 조화로운 일치(Congruity)를 이루는 데 달렸다는 주장이 메라비언 법칙의 요지다. 일치에는 불변의 법칙이 작용한다. 몸짓, 목소리, 말에 불일치가 보이면 말을 믿지 않고 몸짓이나 목소리를 믿는다. 커뮤니케이션에서는 목소리(언어)보다 몸소리(몸짓)가 더 크게 들린다.

상대의 마음을 얻어 자신을 좋아하게 하려면 상대와 닮아야 한다. 'I Like You(나는 너를 좋아한다)'를 외치지 말고 'I am like

You(나는 너와 닮았다)'를 외치는 것이 더 훌륭한 인간관계를 맺어준다.

왜 닮은 사람을 좋아할까?

서로 비슷한 사람이 더 끌리는 이유는 무엇일까? 〈끌리는 사람은 1%가 다르다〉의 저자이며, 심리학자인 아주대 이민규 교수는 4가지 근거를 들었다. 첫째, 다른 사람이 나와 동일한 행동을 한다는 것은 내가 옳다는 반증이기 때문이다. 둘째, 비슷한 태도나 취향을 갖고 있는 사람들은 미래의 행동을 쉽게 예측할 수 있다. 미래가 예측 가능하다면 스트레스를 덜 받는다. 셋째, 자기와 비슷한 사람을 좋아하지 않는 것은 곧 자신을 싫어하는 것이므로 자기와 비슷한 사람에게 끌린다. 넷째, 사람들은 공통점이 없는 사람에게는 반감을 느끼는 경향이 있다. 심리학에서는 이를 '반감가설(Repulsion Hypotheses)'이라 한다. 사람들은 자기와 공통점이 없는 사람들에 대한 반감을 느끼는 경향이 있다. 상대방과의 대화에서 '내 생각도 당신과 같습니다'는 말은 그와 훨씬 가까워지게 할 수 있다.

첫 만남은 처음이 아니다

처음 본 사람인데, 어디선가 많이 본 듯하다면 그 사람은 인상이 좋다는 뉘앙스다. 커뮤니케이션을 잘하는 사람은 인상이 좋다고 평가 받는다. 커뮤니케이션은 상대의 반응에 있다. 반응이 좋다는 것은 보내는 메시지가 좋다는 것이고 반응이 나쁘다는 것은 발신이 서툴다는 신호다. 소통(Communication)의 의미는 발신과 수신에서 얻는 반응에 있다. 반응의 성공 여부는 100% 발신자 책임이다. 상대방과 좋은 라포르를 형성했다는 것은 첫 만남에서도 오랜 만남처럼 느끼게 할 수 있어서 지속적인 관계를 맺기가 무척 수월해진다. 첫인상에서 친근함을 전달할 수 있다면 시간을 벌고 시작하는 것과 마찬가지다. 반대로 첫인상이 좋지 않다면 오랜 세월 동안 나쁜 관계를 쌓아놓은 것같이 느끼게 되므로 커뮤니케이션에서 큰 걸림돌이 된다.

좋은 인사법

만남 시작 몇 초간의 접촉을 인사라고 한다. 인사는 다섯 단계를 밟는다. 마음 열기 · 눈 열기 · 얼굴 열기 · 말 열기 · 몸 열기의 다섯 단계다. 마음 열기는 긍정과 열정으로 마음을 활짝 연다. 눈 열기는 상대의 눈을 다정하게 바라보며 눈 맞춤(Eye Contact)한다. 얼굴 열기는 밝은 표정으로 활짝 웃는다. 말 열기는 반가운 인사말을 전한다. 몸 열기는 상대에게 한 발 더 다가간다.

 인사는 한자로 人事라고 쓴다. 사람 인(人)에 일 사(事) 자로 이루어진 글자다. 말 그대로 사람의 일이다. 인간이라면 마땅히, 그것도 매일 매번 행해야 할 인간의 기본 도리다. 인사를 잘 못하는 사람이 성공한 사례는 없다. 인사를 어떻게 하느냐에 따라 행복과 불행이 결정된다. 모든 인간관계의 기본은 인사다.

 1921년 루이스 터먼(Lewis Madison Terman)은 캘리포니아의 초 · 중등생 25만 명 중에서 지능지수(IQ) 140에서 200까지 1,470명을 찾아서 50년간 추적 조사했다. 터먼과 연구팀은 천재

집단이 평범한 학생들보다 월등히 성공했을 것이라 예상했지만 결과는 전혀 달랐다. 반세기 연구의 최종 결론은 "성공과 실패를 결정하는 주된 요소는 지능이 아니다"였다. 그렇다면 무엇이 성공의 열쇠일까? 이에 대하여 카네기멜론대학에서 흥미로운 조사를 실시했다. 자신의 인생이 실패하였다고 스스로 평가한 1만 명의 사람에게 "본인이 성공하지 못한 이유는 무엇이라고 생각하는가?"라는 내용의 설문을 조사했다. 그 결과 85%는 '원만하지 못한 인간관계'를 가장 큰 실패 이유로 대답하였다.

현대 사회에서 바라보면 철저한 남녀 불평등 사례지만, 조선시대에 아내를 내쫓을 수 있는 허물의 일곱 가지를 칠거지악 (七去之惡)이라 했다. 칠거지악은 고대 중국으로부터 전해온 유교적인 예교(禮敎)다. 고려 이후 왕성해진 유교제도의 보급에 따라 조선시대 이혼사유의 근간이 되었다. 이는 남녀를 불문하고 부부 간에 서로 삼갈 행동이었다.

서비스의 **칠거지악**

조선시대의 칠거지악

1. 불순구고 (不順舅姑) – 시부모에 불손함

2. 무자 (無子) – 아들을 낳지 못함

3. 음행 (淫行) – 음탕한 행위

4. 투기 (妬忌) – 질투와 시기

5. 악질 (惡疾) – 불치병

6. 구설 (口舌) – 구설수에 오름

7. 도절 (盜竊) – 남의 물건에 손댐

서비스의 7대 죄악 (The Seven Sins of Service)

서비스업에서 공통적으로 발견되는 직원 응대 태도의 불량을 칼 알브레히트(Karl Albrecht)는 '서비스의 7대 죄악(The Seven Sins of Service)'이라 했다. 알브레히트의 명저로는 〈서비스 아메리카 Service America in the New Economy〉가 있으며, 그는 고객의 불만을 분석해서 7대 죄악을 규정했다.

1. 무관심 (Apathy) – 쳐다보지 않음

2. 무시 (Brush-off) – 솔로 털듯이 싹 무시함

3. 쌀쌀맞음 (Coldness) – 냉담함

4. 생색내기 (Condescension) – 건방짐 / 오만함

5. 로봇화 (Robotism) – 인조인간

6. 규칙제일 (Rule Book) – 융통성 없음

7. 회피하기 (Run-around) – 뺑뺑이 돌리기 / 핑계대기

1. 무관심 (Apathy)

▶ Point 고객은 관심 받고 싶어 한다.

고객이 들어와도 고객을 쳐다보지 않고 자기 일만 한다. 그리고 나와는 상관없다는 태도를 보인다. 이는 주로 바쁜 날이나 지친 오후에 발생한다. 관리자 등 직급이 높은 사람에게도 종종 나타난다. 헤어 디자이너는 헤어스타일만 잘하면 되는 기술자가 아니다. 스타일은 물론 고객의 마음도 보살펴야 한다.

무관심은 서비스에서 가장 빈번하게 나타난다. 디자이너는 다른 디자이너가 아무리 바빠도 자신의 고객이 아니면 강 건너 불 보듯 무관심하다. 고객은 직원 한 사람만 바라보고 살롱을 찾지 않는다. 같은 공간에 근무하는 모든 사람을 하나로 생각한다. 자신이 한가하고 동료가 바쁘면 서로 적극적으로 도와야 효율적이다. 미용서비스는 고객이 특정 시간에 몰리는 경향이 있다. 헤어 디자이너 간의 협업시스템은 생산효율성을 높이는 좋은 방법이다. 결론적으로 고객은 관심 받고 싶어 한다.

2. 무시 (Brush-off)

▶ Point 고객은 배려 받고 싶어한다.

고객을 얕보는 행위다. 솔질로 먼지를 털어내는 거 같은 행동이다. 행색이 초라한 고객을 무시하는 행위다. 왠지 고가의 시술을 하지 않을 것 같은 고객을 업신여긴다. 요금할인을 원하거나 깎아달라는 요청에 무의식적으로 거부하는 반응이다.

영업 종료 시간에 근접하여 방문하는 고객을 무시하고 퇴근 준비에만 여념 없이 행동한다. 특히 영업시간이 지난 후에 방문하는 고객은 대부분 무시당한다. 이성적으로는 당연한 처사지만 고객의 감정은 그렇게 이성적이지 않다. 고객은 배려 받고 싶어 한다.

3. 쌀쌀맞음 (Coldness)

▶ Point 고객은 푸근함을 좋아한다.

고객의 실수나 과도한 요구에 냉담하게 대하는 태도다. 할인쿠폰을 제시하거나 고객이 자신에게 유리한 행동을 취하는 것이 느껴졌을 때 많이 발생한다. 고객이 필요한 것을 요청했을 때, 선언후행 (예를 들어, '고객님, 음료 준비되었습니다'라고 먼저 말한 후에 잔을 놓은 행위를 해야 한다)이 이뤄지지 않으면 고객은 직원들이 쌀쌀맞다고 생각한다. 고객은 푸근함을 좋아한다.

※ 선언후행 – 행동하기 전에 먼저 말로써 행동을 알리는 것.

4. 생색내기 (Condescension) / 건방짐

▶ Point 고객은 겸손함을 좋아한다.

고객에게 제공하는 서비스를 과대 포장해서 생색내는 경우다. 고객은 미용에 대한 전문지식이 없다. 전문용어를 사용해서 상담해야 할 경우에는 겸손함이 바탕에 깔려야 한다. 조금만 경솔하면 고객의 눈에는 오만한 디자이너로 비춰진다. 고객은 겸손함을 좋아한다.

5. 로봇화 (Robotism)

▶ Point 고객은 개인이다.

고객은 맞춤식 서비스를 바란다. 획일적인 서비스를 원치 않는다. 똑같은 상담, 똑같은 멘트는 말하는 기계처럼 느끼게 한다. 고객은 똑같은 서비스가 아니라 사람 냄새 풍기는 서비스를 기다린다. 전에 마셨던 차나 상담 내용을 기록해서 맞춤식 서비스를 제공한다. '고객들은 없다. 단지 고객만 있을 뿐이다.' 천편일률적인 것보다 한 사람 한 사람의 인격체로 대접받고 싶다. 고객은 개인이다. 고객은 한 사람이다.

6. 규칙제일 (Rule Book)

▶ Point 인간은 감정의 동물이다.

고객의 사정보다 규칙을 우선하는 태도다. 예외를 거부하고 융통성이 없는 경우다. 유연성이 받아들여질 여지가 없다. 규정은 지킬 수 있어도 고객은 지킬 수 없다. 쿠폰의 유효기간이 지났을 때, 얼마든지 부드럽고 완곡하게 설명할 수 있는데, 곧이곧대로 거절하는 경우다. 철저한 것 같지만 앞뒤가 꽉 막힌 일 처리다. 규정을 내세우면 할 말은 없지만 인간은 감정의 동물이다.

7. 회피하기 (Run-around)

▶ Point 고객은 환영 받고 싶다.

컴플레인이나 애로사항을 적극적으로 대처하지 않고 회피한다. 문제를 분명하게 처리하지 않으면 나중에는 더 큰 문제가 야기된다. 예를 들어 컴플레인을 제기한 고객의 담당 디자이너가 휴무일 경우, 다른 누군가 나서서 적극적으로 해결하려고 하지 않고 서로 미루는 경우다. 고객의 입장에서 불편한 내용이라도 어물쩍 넘어가선 안 된다. 담당자가 없다, 담당부서가 없다, 해당 부서는 저쪽이다, 이렇게 고객을 뺑뺑이 돌리지 말자. 고객은 환영 받고 싶다.

서비스의 칠거지악을 피하라. 호의의 보답성을 얻어라

전문가의 서비스가 완벽하면 좋겠지만 인간은 완전하지 않다. 우리가 바라는 디자이너는 실수 안 하는 디자이너가 아니라 실수를 해결할 줄 아는 디자이너다. 인간은 기본적으로 '좋아한다'는 이야기를 들으면 '나도 좋아한다'라고 말하고 싶어 한다. 상대가 나에게 호의를 베풀면 나 역시 상대에게 호감을 갖는다.

누군가가 나를 좋아하면 나도 그가 좋다. 사람은 자신에게 호의를 갖게 되는 사람에게 무조건적인 호의를 갖는다. 상대에게 호감을 가지고 대하면 상대도 거기에 응해야겠다는 심리가 자연스럽게 생긴다. 애런슨(Elliot Aronson)은 이를 '호의의 보답성'이라고 했다. 서비스 칠거지악을 피하면 고객에게 인정받고, 서비스 칠거지악의 사태를 좌시하면 시장에서 살아남을 수 없다.

당신은 남의 눈을 의식해서 억지로 웃은 경험이 있을 것이다. 상대를 의식해 억지로 웃는 미소를 '팬암 미소'라 한다. 팬 아메리칸 항공사의 승무원들이 승객들에게 보내는 미소라는 팬암 미소(Pan Am Smile)는 가짜 웃음, 직업적 웃음을 뜻하는 학명으로 굳혀졌다. 진짜 웃음은 '듀센 미소'다. 프랑스의 신경생리학자인 기욤 듀센(Guillaume Duchenne 1306~1875)은 마비된 실험 참가자의 얼굴에다 전기적 자극을 가했을 때 만들어지는 얼굴 표정과 자연스러운 웃음을 비교한 결과 진짜 웃음은 광대뼈와 눈꼬리 근처의 근육이 움직여서 만들어진다는 것을 발견했다. 이를 기리기 위하여 학자들(폴 에크만/ㅁ-틴 셀리그먼)은 진짜 웃음을 듀센 미소(Duchenne smile:뒤센 미소)라고 불렀다.

기술자가 아닌 **연기자가 되라**

기술자에서 연기자로 진화하라

산업사회에서 기계와 함께 일하던 전문가들은 고객과 직접 접촉하지 않았기 때문에 무뚝뚝해도 생산성에는 아무런 문제가 없었다. 오히려 말이 많은 사람을 꺼리기도 했다. 그러나 정보사회와 지식사회에서 일하는 전문가들은 기계가 아니라 고객과 직접 대면하며 일한다. 서비스 산업이 발전하면서 현재 근로자의 70% 이상이 서비스업에 종사하고 있다. 이는 대면하는 고객의 70% 이상이 서비스 지식이 풍부한 사람이라는 뜻이다. 서비스교육을 받은 사람들은 당연히 더 높은 서비스 품질을 요구한다. 그래서 서비스업 종사자들이 고강도의 감정노동에 노출된 상태다. 이제는 우수한 기술력에 약간의 봉사정신으로는 생존할 수 없다. 미용인들이 기술자에서 연기자로 변신한다면, 그들의 전문성을 크게 인정받는 것은 물론이고 성공적인 인생이 보장된다.

감정노동의 후유증

대인접촉 과잉증후군

고객과 지속적으로 접촉하는 미용인들에게는 고강도의 감정노동이 요구되므로 대인접촉 과잉증후군(Contact-overload Syndrome)에 쉽게 노출된다.

대인접객에 대한 심한 스트레스는 두 가지 심각한 문제를 야기한다. 첫째는 미용인 자신의 건강이다. 심하면 직업 자체를 하찮게 여기고 무력감에 빠진다. 둘째는 피로, 긴장감 등으로 결정적 순간에 서비스 품질이 떨어진다.

편차가 큰 감정노동 능력

감정노동으로 인한 스트레스와 피로는 고객 응대를 불성실하게 만들고, 심한 경우 고객에게 적대감을 드러낸다.

연구에 의하면 고객대면이 높은 서비스 제공자들이 극심한 스트레스로 인해 우울증, 대인기피증을 앓게 되거나 심리적 공황에 빠진다. 정신과 치료를 받거나 알코올 중독에 빠지기도 한다. 심지어 자살한 경우도 있다. 이는 극단적 경우이지만, 미용인들 중에서 강도는 달라도 유사한 감정적 스트레스를 호소하는 경우가 있다.

집착을 버리면 인생이 경이롭다

정원을 가꿔야 꽃을 보듯,
마음도 가꿔야 행복해진다.
욕망의 쓰레기를 버리자.

누적된 과거가 현재다. 지금의 나는 과거 선택한 것들의 증거다. 이 세상 전부가 내 것이 아니고, 내가 선택한 것들만 내 것이다. 나는 내가 알고 있는 지식이고, 내가 할 수 있는 행동이고, 내가 하고 있는 습관이다. 내가 성공을 생각하면 나는 성공하고, 내가 실패를 생각하면 나는 실패한다.

감정을 다스리는 것도 실력이다

혹실드(Arlie Russell Hochschild—캘리포니아 주립대 사회학과 교수)는 감정노동의 진행 상태를 알아보려고 승무원들을 만나고 채용면접과 연수장면을 지켜봤다. 승무원은 웃어넘기기 어려운 상황에서도 미소를 지어야 했고, 승객이 자신을 웨이트리스 취급을 하거나 아무 이유 없이 커피를 자신의 팔에 쏟아도 화를 내지 못한다. 극심한 상황에서도 감정을 조절하는 승무원들의 감정은 진심이 아니다. 단지, 회사의 요구 때문이다.

서비스 제공자들은 상황을 객관화해 직장에서 '연기하는 자아'가 '진짜 나'는 아니라고 믿고, 직장에서 고객과 자신을 분리한 상태에서 직업적 능력을 보여주려 한다. 그러면서 냉소하지 않으려 노력하고, '직업상 필요하므로 이렇게 하는 것'이라고 생각하며 자존감을 지킨다. 이러한 태도는 바람직하지 않다. 어려운 야구공을 잘 치는 타자가 훌륭한 선수이듯, 고객과의 감정을 잘 다스려야 훌륭한 미용인이다.

용서하고 감사하라

Situation

당신이 어떤 사람에게 5만 원을 빌려주고 다른 사람에겐 500만 원을 빌려줬다고 가정해보자. 하지만 둘 다 약속한 날에 돈을 갚지 못해서 모두 탕감해 주었다. 그럼 5만 원 빌렸던 사람과 500만 원 빌렸던 사람 중에서 누가 당신의 호의에 더 감사할까?

Solution

5만 원을 탕감 받은 사람은 5만 원 정도 감사해하고, 5백 만 원을 탕감 받은 사람은 5백 만 원 정도 감사해한다.
당신에게 크게 잘못한 사람을 크게 용서하라. 당신에게 크게 감사해할 것이다.

전문가들은 웬만한 품질에 감동하지 않는다. 서비스업에서 고객을 감동시키기가 점점 어려워진 것은 직장인의 70% 이상이 서비스업에 종사하는 서비스 전문가이기 때문이다.

더 이상 제품이나 기술만으로 고객을 감동시키는 것은 불가능한 일이다. 이젠 서비스를 차별화하고 전문화한 경우만이 감동을 전달할 수 있다. 과거에는 평범한 서비스로도 고객을 만족시킬 수 있었지만 요즈음 그런 서비스로는 고객을 만족시킬 수 없다. 감정노동을 극복하기 위해서는 감정을 자유롭게 다스릴 수 있는 연기자가 되어야 한다. 용서와 감사의 마음으로 감정을 다스리자. 감정노동의 회복을 위해 캐런 레이비치와 앤드류 샤테의 저서 〈절대 회복력〉을 추천한다. 명의(名醫)는 병원균 속에서 진료를 해도 질병에 걸리지 않아야 하듯, 명미(名美-명미용사)는 감정노동 속에서도 스트레스를 받지 않아야 한다.

5차원 서비스는 경쟁자가 인정하는 서비스를 말한다. 5차원 고객은 경쟁자가 고객이 되는 것을 말한다. 5차원 경영은 5차원 서비스로 5차원 고객이 방문하는 경영수준이다. 차원이 다른 서비스를 제공해야 경쟁자에게 존경 받는다. 경쟁자들이 벤치마킹을 목적으로 고객이 되어야 5차원이다. 경쟁자가 아닌 스승이 되자.

5차원 서비스와 **5차원 고객**

당신의 서비스는 몇 차원인가? 사람은 태어나는 순간부터 사회화 과정을 거친다. 자라면서 사회화가 제대로 이뤄지면 사회에서 중요한 역할을 한다. 사회화에 뒤쳐지면 상대적으로 평범하거나 하찮은 일을 하면서 산다. 직업에 귀천이 없다지만 사회 역할에는 분명히 중요한 역할과 평범한 역할이 존재한다. 아기가 사회에 잘 적응토록 사회화시키는 과정이 필요하듯, 미용사들도 미용산업에서 중추적 역할을 하기 위해서는 고도화 시키는 과정이 필요하다. 미용사가 고도화 되었다는 것은 차원이 달라졌다는 의미다. 우리는 지금 몇 차원 서비스(SVC)를 제공하고 있는가! 미용사를 고도화 하는 다섯 단계의 5차원 서비스를 알아보자.

FLS(Five Level Service – 5차원 서비스)

FLS	미용사	살롱	수익
1차원 SVC	**모두가 불만족한 서비스**	**생존이 문제인 살롱**	많이 적자
	고객 · 직원 · 원장 모두 다 불만인 상태	컴플레인이 자주 발생. 적자 운영	
2차원 SVC	**직원만 만족하는 서비스**	**존재감이 없는 살롱**	조금 적자
	직원은 만족. 고객과 원장은 불만 상태	인정받을 만한 요소가 없는 평범함	
3차원 SVC	**고객이 만족하는 서비스**	**노력 없이 존재하는 살롱**	현상 유지
	시술력 하나에만 전념 하는 상태	동기와 목표 없이 현실에 안주	

4차원 SVC	고객이 감동하는 서비스	노력으로 인정받는 살롱	조금 흑자
	다 좋으나 과학적이지 못한 상태	노력한 만큼 대가가 없음	
5차원 SVC	예술로서 인정받는 서비스	경쟁자가 찾아오는 살롱	많이 흑자
	기술자가 아닌 연기자로 변신한 상태	경쟁자들에게 존경 받는 조직	

　안타까운 일이지만 1차원 SVC에 해당하는 미용실은 퇴출되어야 한다. 1차원과 2차원의 상태에 놓여 있는 미용실들이 미용 수준을 하락시키는 주범이다. 그러나 어른에겐 어린 시절이 있었듯 분발하여 4차원 SVC에 도달하면 언제든지 성공할 수 있다. 여기서 반드시 기억할 말이 있다. 바로 사고 혁명이다. 생각과 행동을 바꿔야 한다. 과거와 같은 생각과 방법으로 다른 결과를 기대하는 사람은 정신병자와 다르지 않다.

　누구나 5차원 SVC를 제공할 수 있지만 실행하는 사람은 흔치 않다. 부자 살롱이 소수에 불과한 이유다. 날씬한 몸매를 원하지만 다이어트 하는 것을 싫어하는 것처럼 말이다. 마음으로는 5차원을 원하지만 행동은 1차원에 머물고 싶어 한다. 조금만 노력하면 4차원까지는 쉽게 도달될 수 있지만, 대부분의 살롱이 3차원에 속해 있다. 미용사나 살롱은 4차원에는 도달해야 한다. 4차원까지는 노력으로 가능하다.

　5차원은 노력만으로 도달할 수 없다. 5차원에 다다르려면 경영 지식과 통찰력 둘 다 필요하다. 먼저 입지선정, 시장점유율, 요금책정, 고객가치, 고객 유치 및 유지, 직원채용 및 육성, 비전수립, 품질관리, 리더십, 트렌드 등 경영지식이 필요하다. 원장과 살롱이 5차원이 되었다면 미용사도 5차원의 미용사를 채용하든가 아니면 5차원으로 육성해야 한다. 미용사가 3차원인데 살롱이 5차원이 될 수는 없다.

둘째, 원장은 통찰력이 있어야 한다. 엄할 때와 친할 때를 알아야 한다. 고객이 누구인지 알아야 한다. 그 고객들의 욕구를 알아야 한다. 경쟁자와 차별화 할 수 있는 방법을 알아야 한다. 변화의 물결에 따라 생각과 행동이 변해야 한다. 조직원 한 명이 조직을 파괴시킬 수 있지만, 한 명의 조직원으로 조직을 만들 수 없다. 배고플 땐 빵이 중요하고, 배부를 땐 꿈이 중요하다는 것을 알아야 한다. 사업은 돈을 버는 게 아니라 행복을 버는 거다. 3차원까지는 벤치마킹이 효율적이지만 4차원부터는 벤치마킹으로 불가능하다는 것을 알아야 한다. 성공한 사람들의 충고는 중요한 정보지만 절대적 정보는 아니다. 그것을 판단하는 능력이 통찰력이다. 부분적 경영지식은 학습으로 쉽게 습득할 수 있다. 그러나 전체를 꿰뚫는 통찰력은 단시간에 습득할 수 없다.

성인이 되었다고 어린이를 잘 키우는 게 아니다. 좋은 교육을 받은 사람이 훌륭한 교육자는 아니다. 커트를 잘하는 미용사가 커트교육도 잘하는 것은 아니다. 5차원으로 가려면 섣불리 성공한 사람을 모방하지 마라. 치명적 문제가 발생할 수 있다. 3차원까지는 모방(벤치마킹)이 좋은 방법임은 분명하다. 5차원 SVC에 도달하려면 외형적 변화가 아니라 생각의 변화가 필요하다. 내면의 의식개혁 없이 친절교육이나 동기부여 등으로 해결하려고 하면 결국 실패한다. 혁신이란 생각과 행동 즉 안팎이 모두 변해야 한다.

5차원 고객은 보통의 고객이 아니다. 일반적으로 말하는 외부 고객(Customer)이나 내부 고객(Designer)은 4차원까지다. 5차원의 고객은 경쟁자 고객(Competitor)이다. 경쟁자 고객은 경쟁 기업의 임직원들이다. 다른 살롱의 원장이나 미용사들이 찾아올 때 비로소 5차원 SVC에 진입한 것이다. 어떻게 하면 경쟁 살롱의 경쟁자 고객(원장+직원)이 우리 살롱을 방문하겠는가? 경쟁 살롱의 원장이나 미용사는 시술을 받으려고 찾아오는 게 아니라 배우려고 방문한다. 5차원 SVC로 5차원 살롱을 경영하면 5차원 고객들이 몰려온다.

사람의 마음에는 창문이 4개 있다. 그 중에 열리는 문은 하나뿐이다. 나머지 셋은 굳게 닫쳐있다. 닫힌 문을 여는 방법은 열리는 창문 하나의 면적을 넓히는 방법뿐이다.

마음의 창은 **하나만 열린다**

아테네 시민의 열광적 지지를 받은 아리스토텔레스는 〈수사학〉에서 설득을 "학습을 통해 습득할 수 있는 기술"이라고 했다. 아리스토텔레스는 에토스(Ethos), 파토스(Pathos), 로고스(Logos)가 조화를 이뤄야 훌륭한 설득이라고 했다.

에토스란 '성격'과 '관습'이라는 뜻으로 말하는 사람의 품성을 의미한다. 에토스는 행위나 능력이 아니라 말하는 사람과 듣는 사람 사이의 상호작용의 결과 즉, 해석을 뜻한다. 에토스에는 복장, 표정, 체형, 신장, 청결, 목소리, 명성, 제스처 등이 포함된다.

파토스란 동정과 연민의 감정으로 듣는 사람의 심리상태를 의미한다. 똑같은 말을 했어도 듣는 사람의 감정은 대화에 크게 영향을 끼친다.

로고스란 이성(理性)으로 메시지의 본질이다. 로고스는 파토스의 감성과 대비되는 개념이다. 그리스어로 '수집되어 정리된 것'을 뜻하며 그 어원은 '말하다(말한 것)'에 뿌리를 두고 있다.

대화에는 '전달할 내용', '표현한 내용', '해석된 내용'에 따라 차이가 생긴다. 전달하려고 했던 내용과 표현한 내용에 차이가 나면 커뮤니케이션 오류가 발생한다. 전달하려는 내용과 표현한 내용이 일치해도 듣는 사람이 어떻게 해석하느냐에 따라서 오해가 발생할 수 있다. 같은 내용도 표현과 해석 여부에 따라 다른 내용으로 둔갑한다.

마음의 창은 하나만 열린다

대화할 때 마음의 창은 4개다. 우리는 그중 하나만 열고 대화한다. 인지심리학자 조셉 루프트(Joseph Luft)와 해리 잉검(Harry Ingham)은 자신들의 이름을 따서 만든 '조해리 창(Johari's Window)'이라는 분석틀에서 마음(자아)의 창이 4개라고 말한다.

	나는 아는	나도 모르는
네가 아는	**열린 창** Arena(무대) 나도 너도 안다	**닫힌 창** Blind Spot(장님) 난 모르고 넌 안다 Feedback
네가 모르는	**닫은 창** Mask(가면) 난 알고 넌 모른다 Self-disclosure	**잠긴 창** Potential(잠재) 누구나 모른다

1. 열린 창

자신이 알고 있는 나와 타인이 알고 있는 내가 일치한다. 친구가 될 수 있는 영역이다. 열린 창이 넓으면 넓을수록 대인관계가 좋아진다. 어쩌면 아리스토텔레스가 에토스라고 하는 게 열린 창인 것 같다.

사례 – 이름, 피부, 체형, 표정 등

2. 닫힌 창

자신이 모르고 있지만 타인은 알고 있다. 타인은 당신의 스승이 될 수 있다. 훌륭한 스승을 만나면 행운이지만, 도덕성에 문제가 있는 사람(적)을 만나면 치명적이다. 닫힌 창이 파토스가 아닐까?

　　사례 – 성격, 감정, 특성, 습관, 예절 등

3. 닫은 창

자신은 알지만 타인이 모르는 영역이다. 가면이나 위선의 영역이 될 수 있다. 타인은 당신의 연극을 보는 관객일 뿐이다. 자신을 표현하고 노출하는 게 바람직하다. 닫힌 창이 로고스가 아닐까? 자신의 본심과 다르게 의도적으로 연기하니까 말이다.

　　사례 – 절제, 비밀, 단점, 욕망, 본능 등

4. 잠긴 창

자신에 대하여 본인도 모르고 타인도 모르는 미지의 영역이다. 인간의 힘으로는 어찌할 수 없다.

　　사례 – 무의식, 초능력 등

사각지대를 조심하라

닫힌 창과 닫은 창은 인생의 사각지대다.

　닫힌 창의 사각지대는 자신이 모르는 영역이기 때문에 타인에게 피드백 받아야 한다. 스승에게 배우지 않고는 닫힌 창을 열 방법이 없다. 사람들은 인생을 경쟁으로 생각해서 자기와 함께 더불어 살아가는 모든 사람들을 경쟁자나 훼방꾼으로 여긴다. 그래서 동시대의 살아있는 사람을 존경하거나 사랑하지 않고 혐오스러워 한다. 죽은 자의 우월성은 별수 없이 인정하지만 곁에 살아있는 자의 우월성은 결코 인정하지 않는다. 측근 중에서 훌륭한 사람을 스승이나 멘토로 삼으면 참 좋으련만. 그들에게 피드백을 받는 사람은 인생의 사각지대를 확실히 좁힐 수 있다. 존경하는 사람이 많을수록 사각지대는 사라진다.

닫은 창의 사각지대는 자신만 알고 있는 영역이다. 자아를 개방해야 닫힌 창의 사각지대가 줄어든다. 어빙 고프만은 〈자아표현과 인상관리: Presentation of self in everyday life〉에서 현대인의 자아란 불확실한 것이라고 했다. 고프만은 사회를 연극무대로 봤다. 사람들은 정의된 상황에 맞추어 연기를 한다. 대인관계가 원만해지려면 자신을 확실하게 개방하든가 아니면 고도의 연기력으로 타인 앞에서 연기해야 한다. 사회생활에서 '척'하지 않을 수는 없다. 하지만, 모든 행동을 의식과 가식으로 일관해서는 안 되고 할 수도 없다. 자아개방(Self-disclosure)을 통해 닫은 창을 활짝 열어야 대인관계가 개선된다. 솔직하고 정직하면 사각지대가 사라진다.

신규고객(1회 방문)을 유치할 때는 서비스품질요소가 거의 영향력을 끼치지 못한다. 물론 소개고객을 제외한 신규고객에 한해서다. 신규고객을 재방문(2회 방문)하게 할 때는 QSC(기술력,서비스,분위기)가 절대적인 영향력을 미친다. 재방문고객을 단골고객(3회 방문)으로 장기거래를 유지할 때는 서비스가 절대적 요소가 된다.

상황에 따른 **서비스 품질 요소**

고객유치에 필요한 품질요소

고객을 유치하고 유지하는 상황에 따라 서비스 품질 요소가 변화한다. 신규고객을 유치할 때에 필요한 품질은 분위기와 요금이다. 고객 입장에서 스타일과 서비스와 시간은 시술을 받아보기 전에는 모른다. 기대나 예측으로 판단할 수밖에 없다. 처음 방문하는 고객의 기대는 스타일이 분명하지만 시술을 받아보기 전에는 시술력(스타일 품질)을 알 수 없다. 그래서 고객은 살롱의 분위기와 시술요금을 근거로 시술품질을 추측한다. 이러한 이유 때문에 기존에 근무하던 살롱을 옮기려 할 때에는 부담감이 커진다. 역으로 생각하면 미용사가 기존고객에게 특별한 실수를 하지 않는다면, 기존고객은 어지간해서는 떠나지 않는다. 그러므로 기존고객이 이탈했다는 것은 서비스 품질에 심각한 문제가 발생했다는 증거다. 신규고객을 유치할 때, 스타일, 서비스, 시술시간 등은 고객 유치에 영향력을 끼치지 못한다. 신규고객 유치할 때 이벤트 능력이 중요한 이유다. 신규고객을 유치하는 데 상권과 브랜드가 중요한 요소지만, 상권과 브랜드는 창업 시점에서 이미 확정된 요소이므로 여기서는 품질 요소에서 제외시켰다.

신규고객 재방문에 영향을 주는 품질 요소

처음 방문한 고객을 두 번째 방문하게 하는데 필요한 요소는 다섯 가지다.

① 스타일　② 서비스　③ 분위기　④ 요금　⑤ 시간

다섯 가지 전부가 균등하게 영향을 끼친다. 고객은 불안한 마음으로 첫 방문을 한다. 1회 방문한 고객을 2회 방문하게 하는 것은 무척 까다롭고 어려운 과정이다. 처음 방문한 고객을 시술하는 미용사는 어떻게 응대해야만 또 방문할 것인가를 의식하면서 시술해야 한다. 그렇지 않으면 사소한 실수로 고객을 잃게 된다. 1회 방문한 고객을 2회 방문하게 해야 매출이 급등한다. 기존고객 재방문율에 비해 신규고객 재방문율이 절반 정도로 현저히 낮은 원인이다. 재방문율은 TQC(종합적 품질관리)로 접근해야 한다.

기존고객 유지율

2회 방문한 고객을 3회 이상 계속해서 방문하게 하는데 있어 중요한 품질 요소는 친절이다. 스타일, 분위기, 요금, 시간 등의 요소는 1회 시술에서 이미 검증되었기 때문에 불만이 발생했다면 2회 방문이 이루어지지 않는다. 3회 이상부터 고객이 이탈하는 이유의 대부분은 친절(서비스)에 따라서 결정된다. PZB(Parasuraman, Zeithamal, Berry)는 친절을 결정짓는 5가지 요소를 제시했다.

①신뢰성 ②응답성 ③확신성 ④공감성 ⑤유형성이다. 기존고객 재방문율을 높이는 결정적 요소는 친절이다. 친절의 핵심은 인사다. 맞이인사는 현관 안에서 실시하고 배웅인사는 반드시 현관 밖에까지 나가서 인사해야 한다. 고객을 배웅할 때 현관 밖에까지 나가서 인사한다면 그 살롱의 성공은 떼어 놓은 당상이다.

품질부등식

작품은 나만 인정한 품질이다. 상품은 타인도 인정한 품질이다. 명품은 적까지 인정한 품질이다. 나만 인정하고 고객이나 경쟁자가 인정하지 않는 품질이 작품이다. 나는 물론 고객도 인정하면 상품이다. 명품이란 경쟁자까지 감동시키는 품질이다. 평범한 품질은 자신의 눈높이를 따르고, 월등한 품질은 고객의 기대를 초과하며, 위대한 품질은 경쟁자까지 탄복시킨다. 전문가라면 고객은 물론 경쟁자까지 의식하며 품질관리를 해야 한다.

감사의 말

지금까지 제 글을 읽어주셔서 고맙습니다.

저자는 참으로 빚이 많은 사람입니다. 제게 가르침을 주신 수백 명의 스승님들 그리고 제게 배운 수만 명의 제자들과 수강생들 그리고 미용마케팅연구소와 헤어랑/피부랑/아트랑의 회원님들, 비너세움사관학교의 교수님들과 수강생들, 민스헤어의 원장님들과 고객님들께 엄청난 빚을 지고 삽니다. 보건복지부와 중소기업청과 대한미용사회와 서경대학교와 산학협력을 맺은 수십 곳의 대학 관계자 분들께 진 빚을 어찌 살아서 다 갚을 수 있을까요! 열심히 살겠습니다.

위에서 언급한 것보다 더 큰 빚이 있습니다. 제 육신을 낳아주신 아버지는 돌아가셔서도 동작동 국립현충원 충혼당에서 지금도 저를 지켜보고 계십니다. 저를 길러주신 어머님의 은혜에 일부도 보답하지 못하고 있는 불효자입니다. 막내 사위를 특별히 아껴주신 장모님께도 효도 한 번 제대로 못했습니다.
열심히 살겠습니다.

저와 어려운 시절을 함께해준 아내와 가족들께 사랑한다고 말합니다. 저는 제 딸과 아들 민아 민국이가 무척이나 대견합니다. 제 자식으로 태어나 준 것이 너무도 큰 복입니다.
열심히 키우겠습니다.

끝으로 제 서재에 있는 12,000권의 저자 분들께 감사드립니다. 여러분들은 제 스승이시자 우리 회사의 직원들입니다. 제게 늘 가르침을 주시니 큰 스승이시고, 제게 필요한 정보를 월급 한 푼 안받고도 항상 간직했다가 필요할 때는 24시간 언제든 상근하며 보고해 주는 저자님들께 받은 은혜를 어찌 다 갚겠습니까! 죽어서도 다 갚지 못할 고마움입니다.
미용도서관을 세우겠습니다.